男性形体塑造攻略

NANXING XINGTI SUZAO GONGLVE

张先松　张颜　编著

中国地质大学出版社
ZHONGGUO DIZHI DAXUE CHUBANSHE

内容简介

“形体塑造全攻略”丛书以一种全新而又时尚的体裁，从人体审美学、人体形态学、人体生理学、人体运动学、审美心理学、运动技能学、运动处方学、运动营养学、健身原理与方法学、运动训练学、人体能量学、人体健美学等不同学科领域的视角出发，全面阐释和系统介绍了不同年龄、不同性别、不同体型、不同体质、不同体能素质、不同锻炼目的及不同审美向度人群的形体塑造攻略，是一本集健身与人体美的塑造于一体的著述。

《男性形体塑造攻略》一书主要内容包括：男性形体塑造的科学基础与锻炼攻略，男性形体塑造的原理及有氧与无氧运动攻略，男性健身的饮食原则与营养制订攻略，男性不同锻炼项目与目的营养攻略，男性个性化运动处方的制订及选择攻略，男性形体美的最佳标准及其评价攻略，男性体重控制的原理及减肥与增重攻略，男性身高太矮与不良体型的修塑攻略等。

本书既是男性形体塑造的指导性手册，又可作为全国高等学校体育专业和健康管理、形象设计、运动医学、运动康复、养生保健、健身休闲等专业大学生、研究生及任课教师的参考教材，还可以作为健身教练（含私人健身教练）、健身健美类社会体育指导员的参考用书，对医疗保健工作者、营养工作者、社会学研究工作者及相关研究人员也有一定的参考价值。

图书在版编目(CIP)数据

男性形体塑造攻略/张先松，张颜编著. —武汉：中国地质大学出版社，2015.5
（“形体塑全攻略”丛书）
ISBN 978-7-5625-3628-4

Ⅰ.①男…
Ⅱ.①张…②张…
Ⅲ.①男性-形体-健身运动
Ⅳ.①G831.3

中国版本图书馆 CIP 数据核字(2015)第 098226 号

男性形体塑造攻略 张先松 张颜 **编著**

责任编辑：张旻玥 责任校对：张咏梅

出版发行：中国地质大学出版社（武汉市洪山区鲁磨路 388 号） 邮政编码：430074
电 话：(027)67883511 传真：67883580 E-mail：cbb @ cug.edu.cn
经 销：全国新华书店 http://www.cugp.cug.edu.cn

开本：787 毫米×960 毫米 1/16 字数：314 千字 印张：16.5
版次：2015 年 5 月第 1 版 印次：2015 年 5 月第 1 次印刷
印刷：武汉市珞南印务有限公司 印数：1—2 000 册

ISBN 978-7-5625-3628-4 定价：28.00 元

作者简介

张先松，男，1951年生，湖北荆州（原江陵弥市）人，汉族，江汉大学三级教授、作家、武汉市优秀专家和两次政府专项津贴专家，中国著名健身健美专家，国际大师级专业健身教练，全国普通高等教育"十一五"国家级规划教材《健身健美运动》主编。中国家庭文化研究会、中国妇女杂志社和中国社会科学文献出版社"中国女性形体健康管理概论"课题组专家。

1968年11月—1975年5月在福建31军92师274团一营营部及三连（5052部队）服役（1970年4月7日加入中国共产党，1974年荣立三等功一次）；1975年5月—1976年9月任江陵县太平桥小学校长，担任基层团委书记；1979年毕业于武汉体育学院。曾任武汉教育学院（现合并为江汉大学）体操教研室主任、江汉大学体育学院学术委员会主任、休闲体育研究方向负责人、"健身健美"精品课程负责人、《江汉大学学报》编委、"江汉大学学术"丛书编委，教育部中国学生健美操艺术体操协会（健身健美）专项委员会委员，国家体育总局社会体育指导中心、中国健美协会培训指导委员会委员，中国等级健身指导员和社会体育指导员培训授课导师，中国（国家职业资格）健身健美私人教练培训授课导师，国家职业技能鉴定（健身健美项目）考评员，国家级健美裁判员，国家级健身指导员，武汉市高级专家协会会员，湖北省科普作家协会会员。他还是武汉市首任健美教练委员会主任，中国健美协会早期筹委会成员，湖北省暨武汉市健身健美运动创始人之一。现任中国健美协会专项委员会委员、湖北省高新营养健康俱乐部名誉会长、湖北省健身健美运动协会副秘书长、湖北省健身健美运动协会教练培训与裁判部部长。曾获全国健身健美先进个人、湖北省教书育人先进个人、武汉市教育工委优秀共产党员等荣誉。

张先松教授潜心科学研究，先后出版专著和教材41部，发表学术论文和科普文章500余篇，累计逾1 800万字。主持完成了国家级"十一五"规划教材立项1个，省部级重点科研课题15项，获全国和省部级奖励30余项。《人体增高的科学》一书"填补了国内空白"；《现代健美大全》获全国"金钥匙"提名奖和湖北省第三届优秀科普著作二等奖；《实用长寿全书》被推介为2003年全国十大热点畅销书目之一;《健美模式训练的建模方法再探》在全国健身健美论坛大会上,被国家社会体育指导中心和中国健美协会聘请的娄琢玉、裔程洪、郑庆继等评审专家们鉴定为“我国首创”,并获金箔证书一等奖(全国行业最高奖);“体育健身保健专业开设的可行性探讨及学生的社会需求研究”成果获湖北省第五届(四年一届)教育科学研究优秀成果一等奖,这也是本届大会上全省所有体育教育科学研究成果中唯一的一等奖;独立撰写的我国普通高等学校体育专业通用的《健身健美运动》教材,是我国同类专业著作中迄今为止唯一的一本国家级规划教材,并填补了我国高校的空白;同时合作出版了中国第一部《健身私人教练技能大全》(又名《健身私人教练理论与实践》)专著、中国第一部《人体美的表现与塑造》专著和中国高校第一本《健身教练》及《健身原理与方法》等教材。张教授还长期担任湖北省健身健美竞赛的裁判长和全国健身健美竞赛的执场裁判,长期担任国家等级健身指导员、社会体育指导员及私人健身教练的培训主讲,为推动中国大众健身健美运动作出了应有的贡献。

30 余年来,张先松教授一直活跃在中国健身健美运动科学研究和教学改革的最前沿,长期致力于健身健美、健身原理与方法、体育美学、体操等课程的教学、训练、竞赛与科学研究工作,同时受聘承担国家体育总局健身健美专项培训的教学指导工作,每年都定期到全国各地及部分大专院校讲学,并起着领头羊的作用,他除了取得众多国内健身健美界领先的研究成果外,还勇于创立新的教学体系和方法。从 1985 年开始,他先后在国内高校率先开设了“健身健美运动”和“健身教练”等课程,创建了国内高校第一个健身健美专业方向、第一个休闲健身专业方向和第一个健身教练专业方向,并在国内首次提出了小康社会阶段我国大众健身健美运动的定位、理念及发展战略。特别是根据 21 世纪休闲时代人们在锻炼内容和方式选择上的多样化、独立化等特征所倡导的“个性化教学和服务”模式,更是受到了学者们的广泛认同。早在 1982 年他就将控制论等方法引进教学训练课堂,常用“定量化”“程序化”“模式化”“最优化”等方法进行教学改革和研究,所撰写的《健美模式训练初探》《快乐体育教学的尝试》《对体操教学训练“最优化”控制的探讨》《健美运动员负荷强度定量评定模型》等 50 余篇教研论文先后在国际或国内学术会议上报告并获奖。由于他学识广博,治学严谨,加之理念独特前卫,以致在全国形成了独树一帜的教学研究体系和风格,并成为我国著名的健身健美专家。他也因其高超的教学艺术和学术造诣而赢得了国内同行、专业学子的一致好评。

我国健身健美界资深老教授郑庆继、裔程洪和被国际健身健美联合会主席本·韦德誉为“中国健美之父”的上海体育学院客座教授娄琢玉等曾评价:“张先松教授是中国健身健美界学术水平最高的人之一。”中国体育科学学会运动心理学分会主任委员、全国高等学校体育教学指导委员会委员、全国高校十大名师、天津体育学院院长姚家新教授在《健身健美运动》一书序中评价:“张先松教授对我国高校健身健美专业及学科建设的贡献更是尤为突出,这不仅仅是因为他在健身健美这一领域的研究成果一直处于全国领先地位，而是因为他不但在体育教育专业的平台上率先开设了我国高校第一个健身健美专业方向，出版了全国高校第一本健身健美专业国家级规划教材，更重要的是创立了广义上的健身健美运动这一门新兴学科，这对于推动我国高校健身健美专业的建设及学科的发展无疑写下了划时代的一笔。”教育部本科教学评估领导小组成员，时任江汉大学校长李进才教授也写信称道：“该书是新作，也是填补空白的力作，尤为可喜可贺！”

在健身健美训练与竞赛方面，张先松教授亦是成绩卓著，他曾多次带领湖北省和武汉市代表队参加国际、国内健身健美比赛，并在1988年5月举行的全国总工会首届“华康杯”职工健美、健美操比赛中夺得男子单人、女子单人、集体造型等4枚金牌、4枚银牌和全国团体总分第一名。在1991年6月的十国邀请赛中获得了第三名的较好成绩。30多年来，经他训练和指导的冠军年年涌现，金牌达150余枚，许多健身会所的老板和教练也都出自他的门下。在2006年11月“英派斯杯”中国大学生健康活力大赛暨首届中国全明星健身健美锦标赛中，更是夺得了中国高校有史以来首对男女混合双人健美明星赛冠军和健美先生冠军杯，以及最佳肱二头肌奖、最佳体能奖、最佳配对奖、集体健康明星赛最佳造型奖、集体健美明星赛最佳造型奖，囊括了混合健美明星赛全部奖牌，还有三位队员获得了全国校园“十大偶像”奖荣誉称号，一位队员获得了大赛唯一的最佳形体金像奖，并以22座奖杯，42个奖项，总分121分的三项纪录名列中国全明星健身健美锦标赛全国省区和全国高校之首（即奖杯总数、奖牌总数、团体总分数3个第一），夺得此次健身健美锦标赛全国省区团体总分第一、全国高校团体总分第一和大赛唯一的最佳团队奖，其所带领的江汉大学健身健美代表队亦因此被媒体和同行们誉为“全国高校健身健美运动竞技水平综合实力最强的一支团队”。鉴于张先松教授的资历和成就，2015年4月28日，国际健美健身联合会（IFBB）和中国健美协会（CBBA）授予张教授“国际大师级专业健身教练”证书和荣誉称号。

全国众多媒体曾对张先松教授其人其文做过数十次的报道，从风靡全国的《健与美》杂志和《中国体育报》，到有关学报、杂志的“学者风采”，无不留下过他的踪迹，即便在新华社的文字通讯或中央电视台的视频图像中也曾经出现过他的身影。《楚天都市报》《武汉晚报》等媒体誉其为“美的种子”“美的创造”“美的旋律”“美的收获”，《长江日报》称其为“美的摇篮”，湖北电视台、武汉教育电视台为其拍摄的专题片中称其为“杏坛中的一棵常青树”，《长江开发报》等则把他誉为“弹奏美的旋律的人”。

张颜，女，1982年生，湖北武汉人，汉族，毕业于清华大学信息科学学院自动化系，工学学士；清华大学医学院生物信息学，理学硕士；美国密歇根大学统计系，统计学硕士；美国密歇根大学医学院计算医学与生物信息学系，博士；现在耶鲁大学从事计算生物学博士后研究工作。

在国内，曾参与中国人类肝脏蛋白质组项目的研究，从事蛋白质修饰数据库和流程处理系统的设计开发；在美国，主要研究蛋白质组、基因组数据与生物功能的关系等。张颜曾在 *Nature*（《自然》）、PNAS（《美国国家科学院院刊》）、*Cancer Research*（《癌症研究》）和 *PLoS Computational Biology*（《计算生物学》）等世界权威期刊上发表科研论文多篇，出版《减肥瘦身立体健身处方》等著作多部。

张颜在求学期间，曾于 2008 年获得密歇根大学拉克汉姆研究生院国际留学生奖学金，2006 年获得清华大学光华奖学金，2003 年获得清华大学文艺优秀奖学金，2001 年获得清华大学（跨校跨年级）生物竞赛特等奖，2001 年获得清华大学新生奖学金，2000 年获得全国中学生生物奥赛总决赛一等奖，并入选国家集训队。曾担任密歇根州清华大学校友会主席（2010—2011），密歇根大学中国学生学者联合会理事（2008—2009），清华大学医学院研究生会副主席（2006—2007）。

目　录

第一章　成年男性形体塑造的科学基础与锻炼攻略

古希腊和古罗马人特别欣赏躯体的力量与健康活泼的形体及姿态。他们认为:“健美的人体应具有宽敞的胸部、灵活而强壮的脖子、虎背熊腰的躯干和块块隆起的肌肉。”受其影响,当今世界上的人也开始注重塑造健、力、美三结合的形体。至今仍脍炙人口的著名雕塑《掷铁饼者》,就是人类早期人体健美的真实写照,同时也几乎是现今所有成年男性的形体偶像。

古希腊雕塑家米隆借助于现实生活中的掷铁饼活动,刻画出了强健男子在掷铁饼过程中最具表现力的瞬间,使整尊雕像充满连贯的运动感和节奏感,还把和谐、健美的肌体和青春的力量表达得淋漓尽致。直到今天他仍然是代表体育运动的最佳标志。人们从他定格在铁饼即将抛出的一刹那的静态美中,悟出了强烈的“引而不发”的动态美,让人们在心理上获得运动感觉效果的同时,洞察到了运动给参与者带来的色彩斑斓的生命律动和绚丽人生。

可能有人要问,一般人能够通过锻炼实现人体的形体美吗？能！形体塑造与健美运动的开山鼻祖就是一面镜子和成功案例。形体塑造与健美运动的创始人——德国大力士山道(Sandow),少年时体弱多病,十岁时还不知道什么是“体育”,有一次山道随父亲去罗马旅游,在参观佛罗林美术展览时,被古代角斗士雕像的雄健体魄所感染,从此走上了致力于形体塑造的健美之路。他坚持每天锻炼身体,并从实践中摸索出一整套锻炼和发达形体及肌肉的方法,并塑造出各种优美姿势的人体形象,受到广泛的赞誉。山道集健、力、美于一身,他既是体育家,又是表演家、艺术家。由于他力大无穷,竟能和雄狮搏斗而取胜,更由于他对国际健美运动的开创性贡献,后人一致公认他为现代健美运动的开山鼻祖。

为了帮助大家达到形体健美之目的,本书将向广大男性健身者介绍一些形体塑造和健身健美锻炼方面的知识和攻略,作为大家在进行形体锻炼和健身锻炼时的参考。

第一节　成年男性形体塑造的身心特点与锻炼攻略

男性从 18 岁进入成人的行列起,便标志着人体发育的基本成熟,接着还要走过旺盛的青年期(18～35 岁)、成熟的中年期(36～59 岁)和逐渐衰退的老年期(60 岁以上)这一个个人生的不同阶段。在男性所经历的漫长生命过程中,由于受生活方式、卫生习惯、营养条件、客观环境、健身锻炼等因素的影响,每一个个体的生命历程又会不尽相同。

青少年正处于人体发育最旺盛的阶段,也是青少年男性的身体从发展到逐渐成熟和完善的阶段,青少年强则国强。中年则是男性人生旅途的一个重要里程碑,它一方面表现出精力充沛、极富魄力和创造力的特点;另一方面从最大呼吸量、肺活量、肾脏血流、肾小球清除率、基础代谢、传导速度、心脏指数、细胞含水量八大生理指标看,均开始走向衰退,许多疾病或病理变化也相继出现。中年男性不论在精力还是经验等方面也都处于人生最活跃、最充实的阶段,承受的来自各方面的压力也最大,所以这一阶段更要重视健康的生活方式,也就更要从健身和营养等几个方面着手,打造健康的体魄。而老年男性则是人类的宝贵财富和智慧之库,他们离、退休后生活节奏减慢,体力活动和运动强度减小,同时老年男性的消化吸收功能显著减退,使得老年男性从膳食中摄入的营养素总量受到影响,很容易造成营养素的缺乏。但总的说来,中老年男性在生理、体力和运动方式、膳食营养上有许多共同点,中老年男性的营养同样要遵循均衡的原则,中老年男性的膳食可以随着年龄的增加和生理功能的改变而做出适当地调整,但是平衡膳食的原则是不变的。中老年男性尤其老年男性是健身锻炼中必须悉心照顾的群体。而人体的衰老,其中一个重要原因就是缺少运动,为了挽回这种趋势,最明智的选择就是加强健身锻炼。俗语说,生命在于运动。运动确实是减缓衰老进程、增强身体素质的最好方法。

一、成年男性的生理特点与形体塑造攻略

(一)成年男性的肌肉力量特点与形体塑造攻略

(1)肌肉力量特点。由于雄性激素的作用,男性的肌肉体积、重量及力量均高于女性。从少儿开始,随着年龄的长大,肌肉中无机物的含量增加,肌肉力量随之增大,到 18 岁以后就接近成年人水平,20～30 岁之间肌肉力量最大。更有国外研究资料显示,人体机能在 25 岁达到顶峰之后就开始逐渐下降。肌肉含量从 25 岁开始便以每年 0.227～0.454kg 的速度递减,基础代谢率也随之下降;一般情况下,30 岁男性肌肉可占体重的 40%～45%,而老年男性肌肉仅占体重的 25%左右。随着年龄的增长,肌肉蛋白合成能力降低,肌纤维变细,肌细胞水分减少,肌肉失去光泽和弹性。同时,由于肌纤维数目减少和肌球蛋白 ATP 酶活性降低,老年男性肌力下降,且肌细胞内线粒体数量减少,肌肉摄取氧的能力降低,肌肉负荷能力变差,容易疲劳。

(2)形体塑造攻略。健身锻炼和形体塑造可以优化骨骼肌的结构,改变骨骼肌的形态,增强骨骼肌的功能,增大肌肉体积和重量还有力量,促进形体健美等。但

必须根据人体骨骼肌纤维的特性和类型(表1-1)及男性的形体需求安排练习,例如,身体肥胖的男性可以多安排以锻炼慢肌(红肌)纤维为主的有氧练习;瘦弱者可以多安排以锻炼快肌(白肌)纤维为主的抗阻力量(无氧酵解)练习,并根据成年男性不同年龄阶段的生理特点来安排运动的负荷强度和内容等。

表1-1　人体骨骼肌纤维的特性和类型

特　性	慢肌纤维	中间型肌纤维	快肌纤维
收缩速度	慢	中间	快
收缩力量	小	中间	大
抗疲劳性	强	中间	弱
供能系统	有氧氧化	有氧氧化和无氧酵解	无氧酵解

这里要提醒男性朋友在锻炼时注意如下原理。科学研究证明,不同的练习对肌纤维类型的影响不同:力量练习可最大程度地发展肌纤维尤其快缩肌(白肌纤维),速度练习快缩肌比慢缩肌增粗肌纤维明显,耐力练习则可使慢缩肌纤维(红肌纤维)增粗。不同负荷的力量练习对肌纤维类型的影响也不同:用小于1/4极限重量负荷发展的是慢缩肌(有利于减肥瘦身),用1/4～1/2极限重量负荷主要发展快缩肌同时也发展慢缩肌(有利于塑身健体),用1/2极限重量以上负荷发展的是快缩肌(有利于健美增肌)。

(二)成年男性的骨骼特点与形体塑造攻略

(1)骨骼特点。成年男性骨骼重量较女性重10%,抗弯能力较女性强,柔韧性和弹性较女性差。随着年龄的增长,内分泌和代谢功能的改变,很多中老年人发生骨萎缩和骨质疏松。尤其老年人,骨骼中不仅仅是水的减少,还有矿物质的流失,特别是骨骼的重要组成部分碳酸钙急剧减少。由于老年人骨骼中钙离子减少,导致骨骼密度降低,骨骼的弹性和韧性也进随着降低,骨骼脆性增加,容易发生骨折。研究表明,骨矿物质含量的丢失在50岁以上中老年期开始与年龄成正比,每增长10岁,骨量的丢失约增加10%。骨质疏松症已被世界卫生组织列为中老年三大疾病之一,男女性比例为1∶6。且骨质疏松症是一种与激素、年龄、运动、饮食、体重和种族等诸多因素都有密切关系的退行性疾病。

此外,老年人由于关节软骨萎缩、发生纤维变性等退行性改化,关节面逐渐粗糙变形,又由于关节软骨附近常出现不同程度的骨质增生或肌肉附着部分出现骨化以及关节滑囊僵硬、韧带弹性减弱等原因,造成老年性骨关节的退行性改变或出现畸形,如驼背、脊柱侧弯等,从而限制了活动或由于刺激神经末梢而引起疼痛。

(2)形体塑造攻略。运动最有利于骨健康。正因为老年人骨矿物质丢失严重,要通过力量练习增加骨密度，同时老年人在体育锻炼的过程中，要避免大强度的承重练习。只要运动负荷适宜，肌肉力量训练就会成为塑造形体（保持优美的身体曲线和骨骼健康）的绝佳手段。

运动防治骨质疏松的机制有以下几点。①性激素效应：性激素与骨代谢关系非常密切，睾酮与雌二醇能促进骨的蛋白质合成，骨基质总量增加，使骨盐沉积保留、骨质增厚、骨髓融合，从而促进骨的生长发育。一旦二者分泌不足，骨密度就随之下降，导致骨质疏松。研究表明适度中等强度的运动训练，特别是各种力量性训练可促进睾酮及雌激素的分泌，防治骨质疏松的发生。②骨血流量效应：钙易在酸性环境中溶解，一旦骨内血流降低使局部血流酸性化，就会导致骨溶解和骨萎缩。运动时骨血流量的增加可能也是引起骨形成增加的机制之一。③骨机械应力效应：在应力负荷作用下，骨骼胶原基质发生变形，产生压电效应。改变骨细胞的生物物理环境，影响其增生和分化，这就是骨对运动负荷产生的适应性改变。骨骼的形态和骨量的多少受个体活动水平的调控，运动不足时骨发育较差，运动足够时骨发育较好。④提高钙阈值和钙吸收效应：缺钙是导致 OP 发生的主要原因。运动在增加骨质的同时，也增加了对钙的需求量，即提高了需钙阈值，这时的补钙效果较好；反之，由于长期不运动，使骨质对钙的需求量减少，此时即使大量补钙，钙从尿中排出，也不会产生明显效果。另外，如前所述，运动使骨皮质血流量增加，改善了细胞的血液供给，又进一步促进了钙的吸收。除此以外，户外充足的阳光，可使维生素 D 增加，从而促进钙的吸收。⑤增强肌肉力量效应：在骨质疏松发病机制中，非机械因素（钙、维生素 D、激素等）并不是最主要的，而在神经系统调控下的肌肉质量（包括肌纤维的质量和肌力）是决定骨强度（包括骨量和骨结构）的重要因素。因此，运动在保持肌力的同时，也保持住了相应的骨量。

（三）成年男性的心血管系统特点与形体塑造攻略

从青少年时期到老年阶段，同化作用占优势（合成代谢高于分解代谢）时，生命就旺盛，身体各组织器官就不断生长发育，人便从婴儿发育到成熟，形体也变得逐渐优美；异化作用占优势（分解代谢高于合成代谢）时，人体各组织器官的机能便开始下降，人就逐渐变得衰老；同化作用与异化作用两者趋于平衡，就是人的中年期。而 40 岁是一个很重要的转折点，40 岁之后人体的机能下降加快。到了老年后，人体各组织器官的能量储备能力降低，适应力下降，免疫系统功能下降，抵抗力减弱，代谢效率也下降。

（1）成年男性的心血管系统特点。①25 岁时的青年人心输出量最大，60 岁以上老年人的心输出量则减少 30%～40%（因为老年人血管弹性减退、动脉管壁硬化、管腔变窄使血管外周阻力增加，动脉血压升高，致使心脏工作负担加重。两方面因素共同作用使心血管系统的生理功能受到削弱，表现为心搏血量和心输出量减少），因此使得组织、器官的供氧受到影响。②老年人心血管系统机能水平的降低较为明显,70 岁老年人的心脏储备力量仅为 40 岁时的 50%。③老年人心血管系统的主要改变首先在于心脏实质细胞数目减少、脂褐素沉着、心包外层脂肪增多、心内膜增厚、心肌纤维化及发生淀粉样变使心肌细胞萎缩,以及供应心脏血管营养的冠状动脉出现粥样硬化,致使心肌收缩力量减弱,心脏泵血能力受到影响。

(2)形体塑造攻略。老年人运动时,心率不能充分代偿加快,心率增加次数较青年人少,为增加心输出量,往往要升高血压,且运动后恢复时间长。由于老年人毛细血管脆性升高,轻微的损伤就易造成毛细血管破裂,故不宜进行剧烈的体育运动。

中老年男性在进行形体塑造和健身锻炼的过程中,要特别注意有氧运动,因为有氧运动不但是健身锻炼最重要的形式之一,也是养生长寿、减肥瘦身及发展心血管系统耐力的最好手段。

(四)成年男性的呼吸系统特点与形体塑造攻略

(1)呼吸系统的特点。男性的胸廓较女性大,呼吸肌力量较女性强,安静时呼吸频率较女性慢 4～6 次/分,且呼吸深度较女性深,呼吸功能亦高于女性,老年人的呼吸机能减退很明显。老年人肺泡融合、间隔萎缩失去弹性,使肺组织弹性降低,氧弥散功能出现障碍。老年人呼吸肌力量减弱、肋软骨钙化、韧带弹性减弱使胸廓的活动幅度减小。由于以上原因,肺的通气和换气功能降低,肺活量一般从 35 岁就开始下降,到 80 岁约下降 25%,而残气量却增加了近一倍,使动脉中的血氧含量降低。此外,有的老年人胸廓还会出现畸形,如桶状胸等,更加重了呼吸功能的衰竭。

(2)形体塑造攻略。运动锻炼时,要注意呼吸节奏,少做静力性和剧烈性的练习,适当多安排一些周期性的运动项目,如慢跑和游泳等,以及韵律性强的有氧舞蹈等,还可进行一些力所能及的户外活动。尤其是在寒冷气候中运动时,更要注意防止吸入太多冷空气而影响呼吸系统机能。

(五)成年男性的神经系统特点与形体塑造攻略

(1)神经系统的特点。青年人的神经细胞发育相当完善,只要体能素质具备,完全可以承受最大强度的练习。而老年人由于大量的神经细胞发生萎缩和死亡,不仅使神经细胞数目减少,而且细胞中核糖核酸的含量也在迅速减少,神经纤维也出现退行性改变。60 岁之后急剧下降,脑重量也减轻。70 岁老人的大脑重量与 30 岁时相比减少近 10%,大脑皮层的表面积也减少了 10%左右。老年时期,脑的生理学变化以脑血管硬化、脑血流阻力增加、血循环减慢、脑血流量及氧耗量降低为主。由于以上这些变化,引起老年人大脑皮层神经过程的兴奋和抑制转换速度减慢,神经过程的灵活性降低,对各器官、系统活动的调节功能减弱,建立新的条件反射较困难,记忆力减退,认知功能也显著下降,对刺激的反应较迟钝,保持体位、支撑力、平衡力有障碍。神经细胞工作耐力差，容易疲劳，疲劳后恢复得也较慢。

另外，老年人的思想易于集中，各神经中枢之间的联系也较巩固。老年人脑血流量也比成年时期减少17%左右，而且脑细胞对缺氧十分敏感。因此，老年人要避免剧烈的体育运动。

(2)形体塑造攻略。在形体塑造和健身锻炼中，一定要遵循男性不同年龄阶段的生理变化规律和运动负荷的价值阈规律等，来安排不同时期的运动项目、手段、方法和运动量。尤其中老年人应以有氧练习为主，尽量避免大强度的速度、力量及爆发力练习。

二、成年男性的心理特点与健身锻炼促进心理健康的攻略

(一)成年男性的心理特点

1. 感知觉功能特点

人的听力的最佳年龄是20岁，30岁之后，听觉阈限随年龄增长逐步提高，60岁之后，听力的下降速度就非常明显。视力一般在55岁之后开始明显下降。科学家研究表明，人的味觉一般在50岁之前没有太大变化，50岁之后，味觉的刺激阈便增大。在老年人的各种心理活动中，感知觉的变化最明显，其中变化最大的是听觉和视觉。感知觉的变化有次序性，首先是听觉，其次是视力和味觉，然后是嗅觉。

2. 记忆力特点

青少年有着惊人的记忆力。记忆力衰退是老年人的又一个明显特征。我国的研究材料指出，人的记忆在40岁以后有一个较为明显的衰退阶段，然后维持在一个相对稳定的水平，直到70岁之后又出现一个较为明显的衰退阶段。一般来说，老年人的记忆有如下主要特点。

(1)机械记忆减退。研究表明，老年人对自己所理解的材料的识记与青年人没有多少差别，但对自己不理解材料或无意义联系的材料(如无意义音节或数字等)的识记成绩却远不如青年人。

(2)记忆广度下降。随着年龄的增长，老年人的记忆广度逐渐变窄。针对60岁以上老人的研究表明，65岁组的记忆广度最大，平均能记住6.25个数，而66～75岁与76岁以上组老年人的记忆广度比较差。研究还发现，文化程度与记忆广度有关，同年龄段但文化程度高的老年人的记忆广度要大些。

(3)速度记忆衰退。这一特点与老年人神经系统的衰退有关。由于神经系统功能的下降，老年人的心理活动(包括记忆)和动作反应比较迟缓。在记忆上的一般表现是老年人要在较短时间内记住某些材料或要求对记过的材料迅速回忆起来，常常感到非常困难。

(4)再认能力较差。再认和回忆是记忆的基本过程，也是衡量一个人记忆能力的重要指标。老年人的再认能力普遍下降，这可能与神经系统功能下降有关。

3. 智力特点

智力分为流体智力和晶体智力。一般来说，流体智力是与基本心理过程有关的能力，如知觉、记忆、运算速度、推理能力等。流体智力通常在21岁左右达到顶峰，以后随着年龄的增加而衰退。晶体智力主要是通过掌握社会文化经验而获得的智力，如词汇概念、言语理解、常识等储存信息的能力，一直保持相对稳定。随着年龄的增长，人的晶体智力水平会越来越高。

4. 情绪和情感特点

青年人的情感丰富，中年人情绪稳定，人到老年，由于生理上的变化，社会交往、角色地位的改变以及心理机能的变化，比较容易产生以下消极的情绪和情感。

(1)冷落感。老年人，尤其是离、退休的老年人，由于年老体衰、集体生活减少、工作环境和职务变化，以前身边"门庭若市"的情景突然变为"门前冷落车马稀"，巨大的心理反差会给老年人带来冷落感。如果解决不好很可能发展为抑郁，严重影响老年人的生活质量。

(2)孤独感。老年人从工作岗位退下之后，由于周围环境的变化，社会交际和信息渠道急剧减少，很容易产生孤独感，尤其对于那些丧偶的老年人，退休之后往往无所适从。调查表明，失去配偶的老年人和子女经常不在身边的老年人的死亡率明显高于正常的老年人。

(3)忧郁感。忧郁感也是老年人容易产生的情绪之一，主要是对自己健康状况的担忧，另外还有对物价水平、经济收入、晚年生活等的担忧。

(二)健身锻炼促进心理健康的效益

许多关于青少年和中年人的研究已经证明，有氧锻炼可以改善心理，降低抑郁、焦虑，提高自尊和认知功能，还有改善情绪状态、提升身体意象、增强自信心和提升自我效能感等。关于锻炼对老年人心境的影响的研究也得出了差不多的结论。许多研究认为，与不锻炼者相比，锻炼者有更低的抑郁和焦虑，尤其是对于那些抑郁和焦虑病人来说。身体锻炼能够增强老年人的幸福感。

年龄可能是衡量锻炼带来心理变化的一个合适的变量，因为它在人一生的不同阶段可能有不同的意义，性别或许也会缓和与锻炼有联系的心理健康益处。另外，一些研究者已经观察到参加身体锻炼的老年人的心理健康水平提高了。

尤其是激烈锻炼之后，心境量表里面的紧张、抑郁、疲劳、愤怒等维度有明显的减少，活力维度显著增加，紧张维度没有明显变化。姒刚彦等人是我国最早利用心境量表(BFS)来研究锻炼者心境改变的学者，他们对老年人的一项研究表明，锻炼者在锻炼后心境有了明显的改善。

如果锻炼能改善老年人的心境，那么，什么是诱发因素呢？对此，有两个可能性的解释：一是心境的提升归结于人们在锻炼环境中注意力从压力刺激中解脱出来；二是由机体释放的β-内啡肽水平的降低可以解释心境的提升。也就是说，心

境的提升与体内 β-内啡肽的水平有关。

参与身体锻炼的另一好处就是身体自我概念和控制点的显著改变。知觉控制点涉及行为结果的内部或外部原因。例如，一个人会倾向于解释发生在他身上的事，不管事情发生的原因在不在他控制的范围之内。我们对健康负责任的程度与我们感觉到的自我控制水平有关，许多老年人解释说，随着年龄的增长，他们对健康的自我控制力减弱了。那些相信他们控制诸多生活变迁能力减弱的老年人更倾向于放弃控制。然而，有规律的锻炼可以改变他们的知觉，最后增强自我概念。

与老年人参加身体锻炼相关的心境变化和自我知觉的调查研究已经提示了这种因果关系。对自主活动能力的觉知和关于身体任务的独立程度影响着老年人的生活方式和伴随焦虑，锻炼似乎对这些变量有积极的效果。即便如此，学者们对身体锻炼能够使心境改善这一观点的意见还是不一致的，并且，能够解释心境改善的潜在机制也没有被准确分类。

中老年期，人的认知功能开始逐步衰退，主要表现在信息加工的速度和信息加工的容量下降、反应速度减慢、记忆力下降、注意功能衰减等方面。而身体锻炼能够对认知活动产生积极的影响。例如，大脑功能，包括颜色识别，在一系列有氧训练之后都有所提升。1993—1995 年期间，上海市体育协会、上海市体育教育科学研究所对体育锻炼与认知功能的关系进行了研究。结果发现，不参加体育锻炼而认知功能受损害的人数在增加，参加体育锻炼者比不参加体育锻炼者其认知功能损害得少，无论男女通过短期或长期的体育锻炼都能改善认知功能。毛志雄等人对北京城区 182 名中老年人的研究表明，在控制年龄、随机生活事件以及锻炼期望值等变量的影响之后，积极参加锻炼的中老年人其简单反应时和复杂反应时的值均短于不参加者，且差异极其显著。在短时记忆方面，积极参与身体锻炼的中老年人在“数字广度测验”（韦氏成人智力量表中的一个分测验）上的得分高于不积极锻炼组，而且达到了显著性差异。

另外，Dustman 等观察到，被试者以最大心率的 70%～80%参加为期四个月的有氧健身操训练，其流体智力显著提高。虽然目前关于中枢神经系统功能和锻炼之间积极关系的充分证据还不可能得到，但这种关系似乎是很有可能的。

Elsayed、Ismail、Young 指出以下机制可以解释锻炼和由锻炼产生的身体适应为何能增强认知功能：增加大脑摄氧量、增加大脑摄入的葡萄糖、增强自尊，降低影响复杂心理任务表现的心理压力。

复杂任务的表现被强调似乎与适应水平没有可靠的相关性。这些复杂任务有问题解决、持续性注意和双重任务操作。而且，需要新颖的复杂过程的任务与锻炼的联系更多。尽管已有的研究结果支持了锻炼对各种心理功能有积极作用的假设，这一假设仍然没有被肯定。或许缺少一致性的结果要归结于其他因素，比如教育水平和社会经济地位。另外，由于人类伦理，许多研究的训练时间不得不减少，通常仅有不超过几个月的时间。这也使锻炼对中枢神经系统的功能的影响不明显。

(三)健身锻炼促进心理健康的理论机制

健身与心理健康(健心)有着密切的关系。心理健康是指个体心理在本身使用环境条件许可的范围内,所能达到的良好功能状态。也就是说,个体心理具有平稳的、良好的状态,对自然环境、社会环境有良好的适应性,并具有最好的功能状态。心理健康对人的生活、学习和工作都有重要意义。良好的情绪对人的行为具有增力作用,消极的情绪会影响人的正常学习工作,还会对人的身体心理产生许多不良影响。长时期的情绪压抑、忧虑和紧张,还可导致疾病。有调查表明，人运动时大脑会产生一种类似吗啡作用的物质——内啡肽,它可以降低抑郁、焦虑、困惑,以及其他消极情绪的程度。健身锻炼也给人们提供一个机会，使人们能够分散对自己的忧虑和挫折的注意力,在单调重复性的技术动作中，通过冥想、思考等思维活动，可能促进思维反省和脑力的恢复，这种对注意力的有效集中或转移,可以达到调节情绪目的。Berger(1988)指出,有氧运动、封闭式运动、没有人与人之间竞争的运动,有助于锻炼者的心理健康。经常参加健身锻炼,可使机体产生极大的舒适感。在各种运动项目中,去感受运动的美感、力量感、韵律感,从而陶冶情操,开阔心胸,激发对生活的自信心和进取心,形成豁达、乐观、开朗的良好心境。

(四)通过健身锻炼促进成年男性心理健康的攻略

(1)主动培养对健身锻炼的兴趣。

(2)树立对健身锻炼的自信心。

(3)对参与健身锻炼的男性给予鼓励及必要的指导。

第二节　成年男性锻炼项目的分类与运动负荷的选择攻略

一、健身运动的概念与锻炼项目分类

(一)健身运动的概念

健身是指为促进人体健康,达到理想的生活质量的一种行为方式。而以强身健体、健全心智为目的进行的一切身体活动,都可以称之为健身锻炼。而健身运动,是根据人体生命科学的原理,运用不同的运动方式,通过各种形式的练习,以增强人的体质、提高人的生活质量、促进人体完美、延长人的生命为目的的体育运动。它不是某一个单一的项目,而是一个广义的概念,是所有益于身心的运动项目的概

括，包括健美运动、康复健身、体型修塑及娱乐与休闲健身等。

(二)健身锻炼项目的分类

(1)根据锻炼目的分类。根据锻炼的目的可以将锻炼项目分为健身运动(狭义)、健美运动、康复运动、矫形运动、休闲运动、增高运动等。从锻炼的目的性切入，对活动进行分类，有助于我们有针对性地选择和运用适当的方式展开健身锻炼。

(2)根据能量代谢特点分类。按照人体运动时能量代谢的特点，可将锻炼项目分为有氧运动、无氧运动和混合运动三类。

在健身锻炼实践中，两者不规则而混合存在的锻炼项目较多，而且也有同一项目，由于方法强度的改变，而转变为有氧运动锻炼或无氧运动锻炼的项目，例如长跑、放松慢跑是有氧运动锻炼，而竞赛时短距离全力跑则转为无氧运动。按体力水平，同样的速度，体力强的人为有氧运动锻炼，而体力差的人则可能成为无氧运动锻炼等。因此，只按项目本身不能一概判定是否属有氧或无氧锻炼，要具体问题具体分析。

二、健身锻炼项目的选择及其锻炼原则

(一)最佳健身锻炼项目的选择

选择最适宜的运动项目进行健身锻炼，是达到身心健美状态的前提。而达到人体的完美状态也可以说是锻炼者的终极目标。新概念运动健身锻炼要求包括 3 个运动种类。

第一类，有氧运动的耐力性锻炼：如步行、慢跑、走跑交替、游泳、骑自行车、滑冰、越野滑雪、划船、跳绳、上下楼梯、室内功率自行车、活动平板(跑台)、健身操锻炼等。

第二类，伸展性锻炼：如专门伸展操、太极拳、太极功、气功、瑜伽、普拉提、五禽戏、八段锦及各种医疗体操和校正体操等。

第三类，负重锻炼：中强度的，足以发展和维持去脂体重、发达肌肉、健美体格的力量性锻炼，必须成为成人身体锻炼的计划中的重要组成部分。美国运动医学学会推荐的力量锻炼形式为：有主要肌肉群参与，每组练 8～10 次，重复做 8～12 组，每周至少锻炼 2 次。

科学合理地选择并安排好上述锻炼项目及内容，处理好有氧、拉伸和力量练习之间的比例关系，是获得最佳健身锻炼效果的基础。

(二)健身锻炼必须遵循的原则

健身锻炼的原则，是运动健身过程客观规律的反映，是运动健身实践普遍经验的总结和概括。为了取得最佳健身效果，达到健身的目的，除了要遵循体育锻炼的

普遍规律之外，还应遵循健身锻炼特有的原则。

1. 目的性原则

运动健身是一个主动接受负荷刺激，克服一定的困难和疲劳的活动过程。如果没有明确的健身目的，就会缺乏思想动力，行动上也就不会自觉，健身锻炼就不会坚持下去。只有充分意识到健身锻炼的价值，有着明确的目的才能真正接受困难和疲劳的经验，在吃苦和流汗中找到欢乐，在辛勤中获得硕果。

2. 超负荷原则

在健身活动中，既有一定的变化，又有一定的身体疲劳程度，才有助于有效地刺激机体、增强体质。一般来讲，有机体适应某种水平的负荷刺激后，若长此以往，身体的反应就会越来越小，工作能力（体力、体能）也只能保持在原有的水平上。因此，为了不断提高体力和体能，就应适时而不断地提高和加大运动负荷，只有这样才能不断获得“超量恢复”，持续实现增强体质的健身效果。

3. 渐进性原则

人体内脏器官系统的功能活动有一定的惰性或处于相对稳定的状态，因此，机体对外界环境的适应能力和工作能力的提高有一个逐步变化的过程。所以，在参加健身锻炼及学习技能时，目标的制订、内容和手段的选择、方法的运用、运动负荷的安排必须贯彻由易到难、由简到繁、由浅入深、由小到大的原则，逐步提高，使机体逐渐地进入工作状态，不可急于求成、毫无铺垫，否则，易发生运动伤害。

4. 个别对待原则

健身锻炼者应根据主客观的需要和条件，有针对性地进行健身锻炼。即从个人的学习、工作、生活的角度出发，根据自己的年龄、性别、健康状况、兴趣爱好、传统习惯、职业特点、作息制度、自然条件、可用的健身器材设备和场地等综合因素，来确定锻炼目标，制订锻炼计划或运动处方，选择针对性较强的项目、内容、方法、负荷等来进行锻炼，以达到增强体质、健益身心、延年益寿的良好效果。个别性原则一般分为可接受性和个别对待两大因素。贯彻个别对待原则就是要做到因人而异，区别对待，不强求一致。

5. 特异性原则

特异性原则，是指健身锻炼所产生的适应与锻炼类别的选择有关。比如，两个双胞胎兄弟，一个参加耐力项目锻炼，另一个参加举重锻炼，最后产生的运动适应会有所不同，参加耐力项目锻炼者的身体变瘦，心脏功能增强，另一个则会在肌肉块和力量上发生积极适应。这种由于施加的负荷类型不同所产生的结果上的差异即为特异性原则。在健身锻炼中，一般将重点放在心肺机能的改善上，并将力量锻炼（主要是健美肌肉练习）包含在其中，合理安排。

6. 系统性原则

在运动健身锻炼中，不论是初练者，还是长年坚持锻炼的人，都必须按计划、有步骤、不间断、科学地安排和进行系统的锻炼。只有这样,才能保证良好的健身锻炼效果,不断提高健身锻炼的水平,最后达到预期的健身锻炼目的。贯彻系统性原则包括制订好健身锻炼计划、循序渐进地安排运动负荷、保证负荷内容间的内在联系等方面。

7. 全面性原则

从整体出发,全面锻炼和发展身体的各个部位、各器官系统的机能,各种身体素质与基本活动能力。健身锻炼以追求身体形态、机能、身体素质与心理等身心全面和谐发展为首要目标。在锻炼过程中,全面性原则主要体现在力量与速度、耐力、协调、柔韧等素质练习相结合,促进身体素质的全面发展;动力性和静力性相结合,大肌肉群和小肌肉群相结合,促进全身肌肉群的匀称发展;练习形式多样化,全方位刺激、发展身体各部位与各器官系统;主动性运动与被动性运动相结合;无氧运动与有氧运动相结合等方面的安排与实践上。

8. 经常性原则

健身锻炼者根据自己所确定的近期和远期的锻炼目的,保持有计划、持续不断的参加健身锻炼即为经常性原则。按照"用进废退"的学说,根据健身运动增强体质靠"积累"、提高锻炼机能有"过程"、锻炼效果"不稳定"(研究表明:停止锻炼后,原来锻炼所获得的效应,将按增长耗时的 1/3 速度消退)的特点,每周参加健身锻炼不宜少于两次,每天都进行规律性的锻炼最为理想。克服惰性、排除干扰、形成条件反射般的锻炼需要和生物节奏,以及养成经常性锻炼的习惯即为健身活动经常性原则的具体贯彻。

以上八项原则相互独立、联系密切,并构成健身活动互为依存的整体,在锻炼实践中,应予以全面贯彻、实施。然而,在对待具体问题时,各项原则则各有适宜与指导作用。

三、运动负荷价值阈规律的运用攻略

运动负荷(Exercise Workload,EW)是指加载于机体上的各种外部物理"功"的总称。健身运动过程中都存在运动的负荷,它包含运动量与运动强度这两个方面。前者反映负荷对机体刺激的量的大小,后者反映负荷对机体刺激的深度。负荷的量和强度分别通过不同的侧面表现出来,但是也可以运用不同的指标反映运动量和运动强度。不合理的运动时间、运动负荷、运动量非但不能达到锻炼目的,而且还会对身体造成慢性伤害。长期无效的健身不但浪费时间,而且可能在不知不觉中侵害我们的健康。

运动量是指在一定运动强度下维持的时间长短和一定时间内的次数,是运动强度、持续时间和频率的乘积,即运动的总量。运动量是运动健身计划中最重要的内容,是健身有效性和安全性的关键。根据年龄、性别、运动强度的大小,运动量还有许多分配方法。总趋势是强度越大，间隙越大；年龄越大，运动量越小。从低强度、小运动量到中等强度、中运动量的训练过程是不同的。年轻人用1～2个月的时间进行过渡期的训练，而心脏病、高血压患者可一直采用轻度持续的训练，而老年人要用3～4个月进行过渡期训练。

运动强度是指人体单位时间所完成的运动量，由运动密度、每组运动数和每组运动之间的休息时间等因素构成。这些因素相互联系和制约，任何一种因素的改变，都将改变运动强度，从而影响到运动量。运动强度可分为绝对运动强度和相对运动强度两种。绝对运动强度指机体所承受的物理负荷量，如做了多少功等，又叫物理负荷强度。采用物理负荷的优点是强度大小简单明了，能对体力进行绝对评价，其不足是难以了解运动者身体机能的变化情况。相对运动强度是根据个人最大摄氧百分数或最大心率百分值等生理指标来反映某一负荷量对身体的刺激程度。

所谓运动负荷的价值阈是指人体的健身活动应承受适宜的对人体有着良好健身效果的负荷强度，且应按照一定的心率区间去确定运动负荷的计量标准（图1－1）。健身锻炼应根据不同个体的特点安排运动负荷，不能参照一个绝对标准，但正常人之间差异不大，因此，运动负荷价值阈对多数人来说有着普遍的意义。

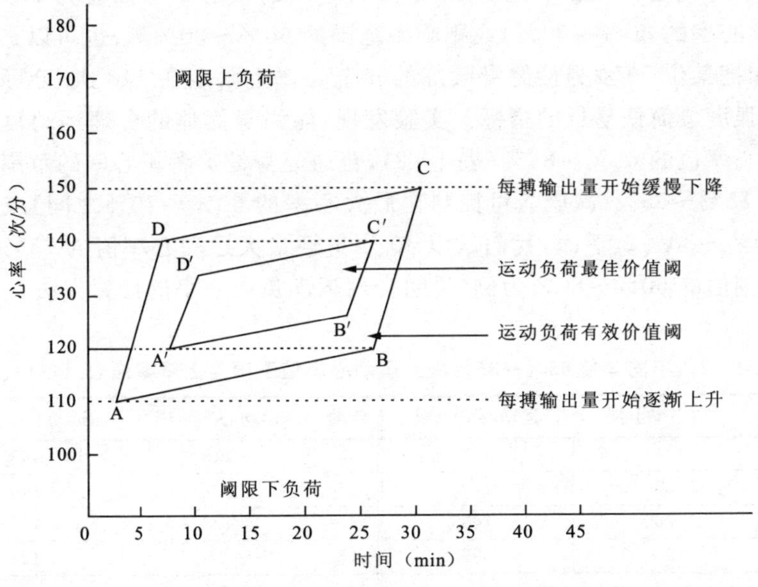

图1－1 运动负荷价值阈示意图

相关研究认为，心率在120～140次/分时，心脏的每搏输出量达到最高值，身体各器官系统能够得到充分的血液供应，新陈代谢状态最好，增强体质的效果也最明显。当心率在 120 次/分以下时，心脏功能未得到充分发挥，健身效果小；而当心率达到 140 次/分以上时，机体主要靠增加心搏频率来提高心输出量，机体运动只能维持较短时间，否则会出现全身供血不足而精疲力竭。所以，为了防止运动过度而损伤人的身体，把最佳负荷价值阈定在心搏量极限脉率 140 次/分以下，对保证运动对增强人的体质具重要意义。

心率 120～140 次/分的负荷标准是针对健身运动的，不是针对知识技能教学和运动训练的。在技能学习过程中，经常用到阈限下负荷，而在运动训练中则经常采用阈限上负荷。另外，在运用价值阈规律过程中，还应注意到年龄、体质的不同，来合理确定健身负荷，以自我感觉舒适，不影响正常的工作、学习和生活为准。

四、成年男性最佳健身锻炼负荷的选择攻略

(一)不同年龄阶段最佳运动负荷的选择攻略

选择运动量(运动负荷)的方法很多，然而用锻炼时的心率来选择和评定最佳运动量，是一种既简便而又行之有效的方法。美国生理学家首推的就是心率指数法(指锻炼时每分钟的心率应达到的次数)，也称为靶心率(Target Heart Rate)或目标心率(指运动中能获得最佳锻炼效果并能确保安全的心率)。

靶心率可以是一个心率值范围，如有氧运动的靶心率可描述为 HR_{max}60%～90%(最大心率的 60%～90%)或靶心率范围的 60%～80%等；也可以是一个具体的数值，如把某位 55 岁男性健身锻炼的安全心率上限定在 140 次/分等。心率是评价负荷强度最简便易行的指标。实验发现，能强身健体的合理运动负荷是本人最大运动心率值的 65%～85%(表 1－2)，普通健身健美者靶心率的范围阈值是最大心率的 75%～85%(减肥者可控制在最大心率的 60%～70%之间)或靶心率范围值的 60%～80%。下面，我们试以 40 岁男性最大运动心率值的 75%～85%和靶心率范围值的 60%～80%为例，说明合理运动负荷心率的计算方法。

表 1－2　不同年龄 65%～85%最大运动心率值下限与上限参照表 (单位:次/分)

年龄	运动心率下限	运动心率上限	年龄	运动心率下限	运动心率上限
18	131	171	45	113	148
20	130	170	55	107	140
25	126	165	65	100	131
35	120	157	75	94	123
计算公式:心率区间下限＝(220－年龄)×65%；心率区间上限＝(220－年龄)×85%					

1. 最大运动心率阈值计算方法

最大运动心率＝220－年龄；

合理运动负荷心率的上限＝最大运动心率×85％；

合理运动负荷心率的下限＝最大运动心率×75％；

该男子的最大运动心率为220－40＝180(次/分)。那么，合理运动负荷心率：上限应为180×85％＝153(次/分)，下限应为180×75％＝135(次/分)。这就是说，他锻炼时的心率在135～153次/分之间，表明运动运动负荷是合理的。

通过计算可以看出，35岁以下各年龄的运动心率下限和上限都在阈限内负荷，即120～171次/分之间；35岁以上各年龄的运动心率有逐渐减少的趋势，符合中老年人身体机能减退、运动心率亦应减少的生理法则。因此，心率指数法适合不同年龄的人评定最佳运动量。

2.靶心率范围阈值计算方法

靶心率范围是指为了达到锻炼效果所需的最大心率和最小心率的阈值区间。实际上，最大运动心率阈值法和靶心率范围阈值法都是心率指数法，也都讲的是靶心率范围，都得到了广泛的运用，所不同的是"靶心率范围法"考虑了不同人的安静心率这一特点，更具针对性，近年来，适宜负荷强度的确定有不少人采用靶心率范围法，而不是单一锻炼时的心率值。我们仍以上述某40岁男子最大靶心率范围的60％～80％为例说明合理运动负荷心率的计算方法，假若他的静止心率为60次/分，最大心率为220－年龄，即等于180次/分，如表1-3所示。则该男子安全心率(靶心率)范围在132～156次/分之间。如此看来，最大运动心率阈值的75％～85％与靶心率范围阈值的60％～80％的合理运动负荷心率比较接近。

表1-3 靶心率范围法的计算方法

心率	下限	上限
最大心率(次/分)	180	180
静止心率(次/分)	60	60
心率储备(次/分)	120	120
适宜强度	60％	80％
60％～80％心率储备(次/分)	72	96
靶心率范围(次/分)	132	156

注：最适宜运动心率＝心率储备×(60％～80％)＋静止心率；心率储备就是实测的最大心率(在实验室测定的)和静止心率之差。

(二)抗阻运动负荷的选择攻略

在抗阻力量训练中不论是扩大肌肉横断面积或者是减缩多余脂肪的练习，主要目的都是"塑形"健美，即塑造和改变身体形态；而发展力量耐力练习的主要目的是抗疲劳和强身健体，即通过练习改善血管状况(增加高密度脂蛋白，降低胆固醇),减少心血管疾病的发生,增加骨骼、肌腱、韧带的力量,预防肩、腰、腿等部位的损伤,当然也可减脂瘦身。

对于刚参加健身锻炼的人来说,应该选择提高肌肉力量、发达肌肉体积、提高肌肉耐力、去脂减肥、增进肌肉弹性和提高心肺功能水平的负荷量,表 1-4 可供参考。

表 1-4 不同健身锻炼负荷量的作用参照表

极限负荷重量(%)	完成组数(组)	每组练习重复次数(次)	间歇时间(s)	动作节奏(次/分)	主要作用	适用等级水平
85%~100%	4~6	1~6 一般 3~5	60~120	15~20	提高最大力量,提高肌肉力量素质	高级 中级
70%~80%	3~5	8~12	45~60	8~10	发达肌肉,增长力量	中级 初级
55%~65% <50%	2~3 4~6	15~20 >25	45~60 30~40	8~12 <25	增强体能和肌肉耐力,去脂减肥,增进肌肉弹性,提高心肺功能	初级或 体能类 减肥者

为了便于初级健身者运用抗阻力量训练的负荷重量,特将国际通用的"RM"数值与相当 1RM 重量百分数的对应关系介绍如下,以供参考。

1. RM 数值与相当 1RM 重量的百分数参数

"RM"是英文 Repetition(重做、反复做)和 Maximum(最大量)的缩写。在力量素质训练中,RM 是一个"重量"概念,意思是用某个负荷量能连续(反复)做(推或举起)的最高重复次数所显示的该重量。如 8RM 即为能推(拉)举起 8 次的最大重量(表 1-5)。

表 1-5 RM 数值与相当 1RM 重量的百分数对应参数表

RM 数值	相当 1RM 重量的百分数	RM 数值	相当 1RM 重量的百分数
1RM	100%	13RM	70%
3RM	95%	16RM	65%
5RM	90%	19RM	60%
7RM	85%	22RM	55%
9RM	80%	25RM	50%
11RM	75%	28RM	45%

2. 强度(RM)与锻炼目标的关系

不同的运动项目有不同衡量运动强度的方法,健身健美锻炼以重量评定运动强度。

低次数(1～4 次):主要是增长力量和体力。

中次数(6～12 次):主要是增长肌肉块(但不同水平有不同要求,对初、中级阶段为 8～12 次,高级阶段为 8～10 次,重点增长肌肉群的块和高级以上水平为 6～8 次)。

高次数(15～20 次):主要发达小肌肉群的块和增进肌肉线条及其弹性等。

超次数(30 次以上):有助于减缩局部脂肪和增强肌肉弹性,超次数还可以增强心肌功能。

(三)有氧运动负荷的选择攻略

有氧运动是指全身大肌肉群参与、周期性、长时间、有一定强度、以有氧代谢为主的活动。

有氧运动安全有效的锻炼负荷应控制在靶心率(目标心率)的阈值范围内,即选择在心率范围的 60％～80％之间,或者最大心率的 75％～85％,锻炼次数为每周 3～5 次,每一次运动持续 30～60min。不同锻炼目的者有氧运动负荷(安全心率)可参照表 1－6。

表 1－6　最高心率的百分比控制法

训练目的	百分比	周训练次数(次)	训练时间(min)
改善体型	40％～50％	5～7	20～30
减　肥	50％～70％	4～6 3～4	30～40 40～60
改善功能	60％～75％	3～4	15～60
专项训练	80％～85％	5～7	30～60

(四)运动负荷在不同锻炼阶段的应用攻略

由于健身者的健康状态、运动水平、锻炼目的和锻炼阶段的不同,对其运动频率、运动强度、运动时间、运动负荷及重复组数等的应用也不尽相同。不同阶段的具体要求如下。

1. 健康准备阶段的锻炼

主要包括心肺功能锻炼和骨骼肌锻炼等。

(1)健康准备阶段的心肺功能锻炼。根据运动技能形成的过程(泛化—分化—巩固—自动化)特点和运动负荷的价值阈规律,在开始进行有氧锻炼之前,体力较差者一般要先进行 10～16 周(最少应保证 6～8 周)的预备性体力锻炼,年轻人可用 1～2 个月的时间进行过渡期的锻炼,老年人可用 3～4 个月的时间进行过渡期的锻炼,才能按正常锻炼标准进行运动。而心脏病、高血压患者则建议一直采用轻度持续锻炼。

在通常情况下，要达到锻炼心肺功能的效果，从运动频率来看，每周至少要锻炼 2～3 次才会开始进步，若要保持状态则每周至少需锻炼 1 次，但间隔时间不要超过 12 天；从运动强度来看，需达到 40%～85%的最大重复次数，或最大心率的60%～90%，或 5～9 次重复次数；从运动时间来看，需达到 12～20min；从运动负荷来看，要求连续不断或循环不断地锻炼。在每次锻炼课中，某动作的重复组数为4～6组，然后才进入身体的适应阶段。

(2)健康准备阶段的骨骼肌锻炼。男性要想使骨骼肌的锻炼达到更好的效果，每周需锻炼 2～3 次，运动强度要达到 10～12 次的最大重复次数，每组的组间休息时间一般需 30～90s，每个动作做 1～2 组，每个身体部分做 1～2 个动作，运动负荷可采用杠铃、哑铃等器械或自身重量，每个练习的重复周数为 4～6 周。第三周起每组约做 10 次，做 2 组，直至完成此阶段。

2. 身体适应阶段的锻炼

(1)适应阶段的心肺功能锻炼。此阶段的心肺功能锻炼需达到每周 3～5 次；运动强度需达到最大重复次数的 60%～80%，或最大心率的 60%～90%，或 6～9 次重复次数；运动时间需 20～45min；从运动负荷和手段的运用来讲，此阶段可将持续性锻炼、循环锻炼、速度游戏锻炼或间歇锻炼单独或综合使用；每个动作可重复 12～20 组。在周期性锻炼中应采用积极休息方式。

(2)适应阶段的骨骼肌锻炼。希望身材变得健美的男性，此阶段的骨骼肌锻炼可达到每周 3～4 次；运动强度需达到 8～12 次最大重复次数；每组间隔时间需 30～60s；重量负荷可采用杠铃、哑铃等器械和自身重量等；每个动作可视情况重复12～20 组，如开始时练习 2 组，每组 8 次，渐增至每组 12 次，然后增重，再从每组 8 次开始重复练习。

健身目的不同，锻炼的负荷强度及手段方法亦不同。如为了健美增加肌肉(以下简称增肌)和增长力量，就应以力量和体型锻炼的负荷强度及手段方法为主，并注意其他机能锻炼的配合。而减肥瘦身者则应以有氧锻炼和增进心肺功能为主，以利于脂肪的充分消耗。减肥者进行骨骼肌锻炼的负荷重量、完成组数、每组重复次数、间歇时间以及动作频率等可参照表 1-4。

(五)运动负荷在维持阶段的应用及其能量代谢对锻炼的影响

能量储存于糖、脂肪、蛋白质的各类物质中的化学键间，但要被神经、肌肉及其他细胞所利用，必须首先转化成三磷酸腺苷(ATP)，ATP 是细胞可利用能量的唯一形式。基于 ATP 转运至肌肉的速度及时间，我们将肌肉在运动时的能量供应归为瞬时(直接)能量供应(来自三磷酸腺苷-磷酸肌酸的分解放能)、短时间能量供应(来自肌糖原的糖酵解放能)和长时间能量供应(来自糖和脂肪可能还有蛋白质的氧化放能)3 类。

由于能量代谢与所从事的运动项目及锻炼的目的不同，还有健身锻炼计划及运动处方内容上的区别，导致能量合成的途径也各异。

1. 瞬时能量代谢系统及其维持阶段的锻炼

我们的肌肉细胞储存的 ATP 仅能维持大强度运动约 1s。而且，肌肉内存在着另外一种高能量化合物磷酸肌酸(CP)，它能瞬间地转换成 ATP。然而 CP 也只能维持大强度运动 3～5s。因为这种能量供应是不需要氧气的，故又称之为无氧代谢能量供应系统。由于该代谢系统总共只能维持 3～5s 的最大强度工作或 15～20s的次最大强度工作，所以，运用瞬时能量代谢系统(ATP－CP)进行维持阶段的心肺功能锻炼时每周至少 3 次；运动强度需达到最大心率的 85%～100%，或最大重复次数的 80%～100%，或 8～10 次重复次数；每组循环时间为 12min，总体锻炼时间为前一阶段的 1.5 倍；运动负荷可采用间歇锻炼的方式，锻炼与休息时间之比为 1∶3；休息采用静态、走路或身体轻度摆动等形式。

2. 短时间能量代谢系统及其维持阶段的锻炼

该代谢系统能产生乳酸，主要是在运动后的第 1～3min 开始提供能量，所以对心肺功能锻炼来说，要想取得更好的效果，每周需运动 3～5 次，若保持状态则需每周运动 1～2 次(此时期最长为 12 周)；运动强度需达到最大心率的 60%～90%，或最大重复次数的 60%～85%，或 6～9 次重复次数；每组循环时间为 12min，总体锻炼持续时间为前一阶段锻炼的 1.5 倍；负荷可采用间歇锻炼法，锻炼与休息时间之比为 1∶2，休息时采用动态形式(如慢跑等)。一般是在经过 12 周的健康准备阶段或身体适应阶段后，再经过此维持阶段 6～8 周，然后再进行周期性锻炼。

对于维持阶段骨骼肌的锻炼(周期性锻炼模式：健身锻炼与增大肌肉块)，一般每周锻炼 6 次；运动强度以 8～12 次为最大重复次数，做 1～6 组，也可每组 12～15 次，组间休息时间为 30～60s，每个身体部位做 2～4 个动作，每个动作做 2～4 组；运动负荷可采用杠铃、哑铃等器械或自身重量等；通常以 10～12 周为一个循环，然后积极休息或改变身体部位的锻炼顺序，以减少休息时间。

3. 长时间能量代谢系统及其维持阶段的锻炼

健身锻炼计划中能量供应的形式与心血管系统锻炼的适应性的关系是最关键的。健身锻炼的重点是：通过进行需要肌肉有氧代谢供能的亚极量运动来刺激心脏运输所需的血量。该代谢系统主要是为长时间持续次最大强度的工作提供能量。一般每周锻炼 3～5 次才能达到提高心肺功能的目的，若保持状态则需每周 1～2次(此时期最长为 12 周)；运动强度需达到最大心率的 60%～90%，或 60%～85%最大重复次数，或 6～9 次重复次数；锻炼时间为 30～60min(在特定运动的需要下可将时间延长)；运动负荷可采用持续锻炼或间歇锻炼，锻炼与休息时间之比为 1∶1 或 1∶1～1∶2，一周中辅助增加静态休息。从健康准备阶段或身体适应阶段至长时间锻炼的维持阶段一般需要 2～20 周，随后以 1～2 周来维持水平或积极休息，完成后进入新的锻炼阶段或参加新的锻炼课程。

对骨骼肌的锻炼可采用周期性锻炼模式（如长距离跑、有氧操、球类等耐力性运动项目）；每周锻炼需达到 2～3 次；每个动作的运动强度采用 12～20 次最大重复次数，组间休息时间为 20～45s，每个身体部分做 1～2 个动作，每个动作做 2～3 组；运动负荷可采用杠铃、哑铃等器械和自身重量等。参加竞赛者当比赛季节接近时，应将锻炼量降低，并增加锻炼强度，减少休息时间。

为体型美观，很多人参加心肺功能训练或有氧运动，以求达到减肥瘦身或维持理想体重的目的。而运动持续时间一般适宜在 45～60min 内。时间过长只会降低运动所带来的益处，并容易造成劳损或受伤。而且运动以外的时间应严格控制热量的摄入，并且要加强自我管理（主要包括生活制度、饮食调节、心态调控和个人嗜好等方面）。

要说明的是，身体负荷锻炼的方法是多种多样的。同一种锻炼手段可以采用不同的负荷锻炼方法，同一种负荷锻炼方法也可以用于不同的动作，这就是在负荷运用上所谓“条条大路通罗马”或“殊途同归”的道理。

五、运动负荷强度的判断攻略

（一）运动负荷的综合判断攻略

目前在健身运动中应用较多且较简便的是靶心率（THR），运动强度可根据锻炼时的心率、梅脱[即代谢当量比值（METs），是指运动时的耗氧量（能耗量）与安静时的耗氧量（能耗量）的比值]及主观感觉程度[如自觉疲劳分级（RPE）等]进行量化。运动强度的判断可参照表 1－7 进行。

表 1－7　运动强度判断参照表

运动强度	相当于最大心率的百分数（%）	自觉疲劳程度（RPE）	代谢当量（METs）	相当于最大吸氧量（VO_2max，%）
低强度	40～60	较轻	＜3	＜40
中强度	60～70	稍累	3～6	40～60
高强度	70～85	累	7～9	60～75
极高强度	＞85	很累	10～11	＞75

（二）运动负荷的仪表测定攻略

仪表测定法，即是用电子仪表仪器监测有机体在运动过程中各项生理、生化指标的变化情况。世界一些发达国家和国内相关机构已采用仪表监测心率、血压、吸氧量、血液成分、尿蛋白、心电图、脑电图等。根据监测所得各项数据及其变化情况，及时评定并调控运动量和强度。采用仪表监测既准又快，当场便可进行评定，但限于条件一般难以在锻炼之中普遍推广。

(三)运动负荷的自我感知攻略

自我感知法又叫自我监督或自我身体检查。它是根据参与运动的人在锻炼过程中和锻炼结束后3～12h(甚至24h)内，身心对疲劳程度的自我感受。

1.心率恢复评定法

(1)用锻炼结束后5min时的心率来评定。每次锻炼结束5～10min立即测脉搏，并与安静心率比较。高出安静心率6～9次/分以上，说明运动量过大；在2～5次/分之间，说明运动量适度；若基本恢复安静心率状态，说明运动量偏小。

(2)用晨脉评定。每日(次)锻炼后，次日早晨醒后静躺1～3min，自测脉搏，并与安静心率比较。高出6～9次/分以上，说明运动量过大；在2～5次/分之间说明运动量适度；若基本恢复安静心率状态，说明运动量偏小。

2.自我感受评定法

自我感受评定，主要包括以下五个方面的内容。

(1)运动过程中或结束后，如感到全身舒展，精神焕发，有再运动一会儿的要求，说明运动量适度。

(2)运动过程中或运动结束后，稍有疲惫感，肌肉略有酸胀，但不影响学习、工作、食欲和睡眠，且肌肉酸胀在1～3h内自然消除，说明运动量适度。

(3)运动过程中或运动结束后4～12h(甚至24h)内，有吃不香、睡不实、对再运动持冷漠态度或运动后次日早晨醒来自感很疲劳、全身乏力、萎靡不振甚至头晕等，说明运动量过大。有上述反应，要适当调整运动量。

(4)运动过程中或运动结束后，局部肌肉有酸痛，痛点(区)扩大并加剧时，可能是肌肉或肌腱有隐性炎症，也可能是练习手段安排不当所致。如有上述反应，要适当减量或降低强度，甚至停止练习。

(5)运动过程中或运动结束后，肌肉有不同程度发紧或麻木感，说明运动量过大。如有上述反应，同样应减量或降低强度，甚至停止练习。

评定运动量大小，在没有仪表的条件下，最好采用运动心率和恢复心率以及自我感知三者相结合的方法进行综合评定，这样既有助于准确、客观地掌握身体机能变化，又便于及时地调控运动量。

六、晚间健身锻炼指导攻略

(1)不宜做剧烈运动。临睡前需要安静舒适的环境，以便使大脑皮质神经细胞的抑制作用逐渐加强，使人尽快进入睡眠状态。如果睡前活动剧烈，会使大脑皮质神经细胞兴奋，延缓入睡时间。同时，剧烈运动使机体的物质代谢加强，体温升高，均不利于入睡。

(2)锻炼项目和场地要适宜。晚上的锻炼项目要根据本人的兴趣爱好、健康情况和训练基础而定。开始锻炼时应选择一些轻松和运动量小的项目,如散步、打太极拳、放松性的慢跑等。如果在室外,应当考虑灯光照明度的因素,注意安全,防止运动损伤。

(3)晚餐与锻炼要留有间隔。晚餐后1h再开始锻炼较适宜,如进餐后立即运动,容易引起消化不良等肠胃病。

(4)锻炼时间不宜过长。晚间锻炼最好安排在1h以内。结束锻炼的时间不要过晚,最好离睡觉还有1h左右的间隔时间,以使身体各器官的功能在睡前恢复至平静状态。

晚上睡觉前如何运动?为避免夜晚血压过高,睡前不宜进行长时间的紧张的脑力活动,也不要进行激烈的运动,可以进行较为缓慢的散步及舒缓的保健操。

七、防范健身锻炼风险的可行性攻略

怎样才能保证在健身锻炼中既能避免危险,又能取得良好的健身锻炼效果呢?长期的实践经验告诉我们只要重点注意以下几点,就可以防患于未然。

(1)注重体格检查。体格检查对于身体健康、体格正常、无心血管疾病症状、无心血管病危险因素(高血压、高血脂、肥胖、吸烟、有家族史等)的青少年,一般可以不进行运动前的负荷实验,也没有必要限制他们的运动方式,但对于有健康危机的青少年不可忽略。

(2)加强锻炼的自我监督。在锻炼时要加强自我监督,如当发现有胸痛、胸闷、恶心,甚至呼吸困难时,应立即停止活动;当锻炼后出现食欲下降、睡眠不好、体重下降等征象时,表明运动量过大,需要调整或暂停锻炼活动等。

(3)注意循序渐进。开始锻炼的运动量和强度要小,随着身体适应能力的提高而逐渐加大。

(4)坚持经常性原则。运动锻炼,只有经常坚持才能收到良好的健身效果。一旦间断,与人的体力、工作能力等一样,也将随之下降。

(5)特别要避免风险动作。大多数危险运动是可以避免的,关键是有没有得到正确的指导。如果没有医生、运动专家、健身教练或其他有资格的专业人士开出的运动处方,动作练习应该遵循以下原则:①不要过度弯曲膝和颈;②不要过度拉伸膝、颈或腰背部;③不要给膝施加扭力或侧力;④避免运动时屏住呼吸(强抵抗力训练除外);⑤避免过度拉伸原本就长而弱的肌肉,同时也要避免过度缩短原本短而强的肌肉;⑥避免可能损伤韧带和关节囊的过度拉伸关节练习;⑦避免给椎间盘施加猛烈的压力,如同时伸展、扭转脊柱,绕躯干和颈部,以及举双腿;⑧避免易导致关节和软骨损伤的练习,如掌心向下绕手臂练习;⑨如果运动需要经常违背人体力学原理(如练棒球时接球手需要深蹲,练体操时想做分腿慢起手倒立等),先要确定肌肉和关节是否能接受;⑩避免对脊柱急速、用力地过度伸展和弯曲。

第三节　成年男性不同年龄阶段健身锻炼方案的选择攻略

一、青壮年男性健身锻炼方案的选择攻略

(一)青壮年男性健身锻炼的内容与手段

青壮年期包括青年和壮年两个时期,一般是指 18～35 岁这个年龄阶段。

在我国,进入 18 岁是成人的标志。此时,身体的正常生长发育已基本完成,身高等的发育一般已达到一生的最高水平,性的发育已完全成熟。青壮年期是人的一生中体力最为旺盛的时期,身体素质的发展达到了一生最高水平,具备了参加各种体育项目的健身锻炼特别是竞技运动的身体条件。在青壮年期,身体的横径仍有一定的发展,体重一般随年龄的增长而增长,身体力量和一般耐力呈提高的趋势,速度、灵敏等素质能在较长时间表内保持在较高水平上。

青壮年期是由学校体育走向社会体育的重要时期,是人的终身体育的重要环节。它要将学校里所学各种体育知识和技能在个人的体育健身生涯中得到运用。在活动方式上,要由有组织的集体体育活动转变为分散的、以个体需要为前提的、注重锻炼实效的健身锻炼上。在活动场地条件上,会显现明显的个体差异。青壮年期的健身锻炼在内容上有如下特点。

1. 青壮年期的健身锻炼的内容具有多样性和多层次性

青年人的兴趣广泛,爱好多样,因此,在安排健身锻炼内容时,要考虑这一特点。由于前二三十年的人生道路不同,所受的教育及体育素养存在着巨大的差异,他们在运动技术水平和身体素质上均有很大的不同。在考虑青壮年健身锻炼时,要十分注意其个体差异,选择适合自己的锻炼内容、手段和方法,开展多种类型的健身锻炼,为每个人提供身体锻炼的机会。

2. 青壮年期的运动负荷具有较大的变异性

青壮年的身体肌肉、骨骼系统和内脏器官的机能均已发育到人生中的最高水平阶段,身体远端环节的控制能力和感觉运动的竞技能力均有十分明显的发展,这就为系统地从事竞技运动和大强度的健身运动创造了良好的条件。因此,这一时期,可从健身、健美、娱乐、竞技的多样需要出发,进行较大强度和较大量的锻炼、训练和比赛活动,以扩大身体的机能潜力。当然,所谓大强度和量是一个相对的概念,是因人而异的,不要片面追求大的强度而使身体受到伤害。

(1)运动强度。运动强度应达到最大心率的70%～85%甚至90%左右,或最大吸氧量的60%～75%。男性18～30岁的最大心率为150～160次/分;31～40岁的最大心率为140～150次/分。

(2)运动频率。每周3～5次。

(3)运动时间。每次30～60min。

(二)青壮年男性可以优先选择的健身锻炼方案及运动方式

对青壮年尤其青年男性来说,选择性可以非常广泛,最简便有效的方法是每天慢跑30min(至少隔天)、俯卧撑或仰卧起坐数十个、哑铃扩胸举高数十次。关键在于坚持。

如果经济条件允许可到健身俱乐部运动,每周3～4次,每次40～60min即可,不要超过2h。养成习惯后自己可以在户外运动,但集体运动的效果明显大于个人活动。

(1)活动平板或功率自行车运动。在活动平板(或功率自行车)上在低于6级、小于5°的坡度慢走(或骑行)15min;在低于8级、小于10°的坡度中速走跑交替15min;不必大汗淋漓。也可只做一项,持续35～40min就可结束锻炼。

(2)力量器械训练。在力量训练器上做小力量而间隔时间较长的腹肌、背部肌肉(这是保护办公室白领及计算机从业人员脊柱健康的良方)、上肢胸大肌练习,持续15～20min,可消耗热量418kJ(100kcal)。休息10min后进入下一步。也可从事系统地健美训练和竞赛。

(3)游泳或打乒乓球。在28～30℃的温水泳池中缓慢游泳10～20min或打乒乓球20min;然后冲温水澡,这对于疲劳的恢复十分有利,可消耗209～335kJ(50～80kcal)的热量。

(4)瑜伽或普拉提或有氧舞蹈及健身操练习。也可做户外瑜伽或普拉提健身操等柔韧牵拉(包括力量训练在内)运动,每周1～2次。以上运动安全有效。每次选择2～3项即可。

(5)旅游或球类运动。可进行户外休闲旅游和集体球类活动,每个月1～2次。另外,争取每天在太阳下活动15min。

(三)青壮年男性健身锻炼注意事项

(1)要进一步明确对健身锻炼重要性的认识。

(2)要根据生活和工作的实际需要,调整好健身锻炼的内容与方法。

(3)要注意发挥健身锻炼的多种功能。

二、中年男性健身锻炼方案的选择攻略

一般将36～60岁年龄阶段称为中年期。中年是人生旅途的一个重要里程碑,

它一方面表现出精力充沛、极富魄力和创造力的特点；另一方面从最大呼吸量、肺活量、肾脏血流、肾小球清除率、基础代谢、传导速度、心脏指数、细胞含水量八大生理指标看，均开始走向衰退，许多疾病或病理变化也相继出现。为了挽回这种趋势，最明智的选择就是加强健身锻炼。俗语说，生命在于运动，运动确实是减缓衰老进程、增强身体素质的最好方法。

(一)中年男性健身锻炼的内容与手段

鉴于中年男性的血管和运动器官的发病率较高，他们的健身锻炼方法应当有自己的特点。一般说来，宜多进行全身性的轻缓项目，尽量不要参加短跑、踢足球等竞争激烈的活动，否则会使血管系统承受的压力过大，造成心动过速、血压过高，以致引起全身不适，甚至危及生命。根据一些运动专家的意见，中年人的健身锻炼应从以下几方面入手。

1. 改善心脏功能，预防血管过早老化

适宜的运动项目有慢跑、快走、骑自行车、游泳等。行进距离可逐步增加，时间宜在30～60min。也可选择有氧舞蹈、瑜伽或普拉提、健身健美操等项目。这些有氧代谢活动可增强呼吸、促进血液循环、降低血脂在血管壁的沉积，对推迟机体衰老有积极意义。

2. 注意形体锻炼，防止肌肉过早萎缩

适宜的运动项目有匀速跑、徒手体操、俯卧撑、哑铃和拉力器练习等，也可选择中等偏低强度的抗阻力量练习，当然强度可随运动的深入而加大。在此要特别强调腿部的锻炼，俗语说："人老腿先老"，只有通过深蹲、拉韧带等有利腿部四头肌、小腿和足部肌肉的力量练习，才能增强肌体的弹性、延伸性和灵活性，以保持矫健的青春步态。

3. 依照自身特点，加强锻炼的针对性

患有高血压、神经衰弱或各种慢性病的中年人，可进行太极拳、气功、有氧舞蹈的练习，有颈、肩、腰、腿痛的患者可进行"练功十八法"锻炼，长期坚持，均对病体有缓解和康复功效。

4. 调节紧张情绪，增强锻炼的娱乐性

中年人由于负有事业和家庭的双重担子，平日很少有机会进行适当的娱乐和休息。因此，应尽量利用节假日安排自娱性较强的活动项目，如旅游、垂钓、周末舞会等，对于调节情绪、强身健体有独特效果。

5. 科学安排，讲究锻炼的实效性

中年人进行锻炼的时间、次数和强度要适当，运动量太小，起不到健身的作用；运动量过大，超过机体所能承受的生理限度，则易造成各种损伤，于健康反而不利。一般应以运动后精力充沛、食欲增加、睡眠改善、全身舒适，或虽有疲劳，但经一夜休息后症状消失为适宜。

(二)中年男性可以优先选择的健身锻炼方案及运动方式

目前,可供选择的健身运动项目越来越多,适合中年男性健身的基本运动方式亦不少。由于中年男性大多年富力强,能够胜任中等甚至较大强度的练习,故在选择上,可根据具体情况挑选简单易行和自己喜爱的运动方式。

如为了增强心血管系统的功能,有人喜欢跑步,有人喜欢骑自行车,还有人喜欢游泳等。对于缺乏锻炼的中年人来说,在开始的一段时间内,只适合练习快走、太极拳或简单的社区健身器械位(如慢跑机、登山机)等负荷较小、简单易学的运动项目。而对于经常运动或体力较强健的中年人则可以选择一些强度较大、有一定难度的项目,如打网球、打门球、游泳等运动,甚至可以选择一些时尚的健身运动,如抗阻训练(健美运动)、壁球、高尔夫球、登山、滑雪等。

中年男性一般可进行中、低强度的有氧运动,辅以力量器械和柔韧训练,可选择打排球、打乒乓球、打网球、打壁球、跑步、跳绳、溜冰、登山、水中有氧操、器械抗阻练习等。此外,建议中年男性可以在睡前进行散步、做操等运动量较小的项目,每次不超过 20min,以不感觉疲劳为宜。睡前运动既可使协助呼吸的胸膈肌、肋骨等活动自如,从而增强呼吸功能,也可促进各系统的新陈代谢,同时还可提高机体恢复的效率。

从当代大多数中年人的实际状况来看,不论在精力还是经验等方面,中年人也都处于人生最活跃、最充实的阶段,承受的来自各方面的压力也最大,所以这一阶段更要重视健康的生活方式,也就更要从健身、营养和心理保健等几方面着手,打造健康的体魄。四五十岁的中年人已青春不再,体力、柔韧性、速度等方面可能都赶不上年轻人了,但只要积极运动,那么中年人的人生就像一出刚刚演出过半的好戏,后半场将更加精彩。在制订中年人的运动处方时主要考虑以下因素。

(1)运动强度。运动强度应达到最大心率的 70%~85%,或最大吸氧量的 50%~70%。30~39 岁的最大心率为 140~150 次/分;40~49 岁为 123~146 次/分;50~59 岁为 118~139 次/分。

(2)运动频率。每周 3~5 次。

(3)运动时间。每次 30~60min。

(4)尽量选择肌群参与较多的运动项目。这样才能加强心肺功能锻炼,如跑步、快走,并相应增加上肢和躯干的运动。中年人腹部容易肥胖,应注重腹部肌群的锻炼。还可根据自身需要和爱好,选择步行、跑步、游泳、有氧舞蹈、瑜伽或普拉提、健身操、登山、跳绳、骑自行车、健美等运动项目。

(5)循序渐进地增加运动强度。每周或每次的运动强度、时间、距离都不要超过上周或上次的 10%。

(6)一旦为自己制订了合理的运动处方,就要坚持执行。不可“三天打鱼,两天晒网”,不要以工作忙、疲倦等为借口间断运动,要养成良好的运动习惯。

(三)中年男性健身锻炼注意事项

(1)在参加锻炼前要做好医务检查和健康诊断,并听从医生的指导与安排。

(2)要养成良好的锻炼习惯,运动前做好准备活动,事后放松调整。

(3)锻炼既要持之以恒,又不要勉强进行,在睡眠、食欲和情绪不佳时,可以停止几天。中年朋友们应当充分认识健身锻炼带来的益处,多多参与符合自身特点的各项运动,以延长自己的青春活力和生命旅程。

三、老年男性健身锻炼方案的选择攻略

男性进入老年阶段(60 岁以上),身体结构和各项生理指标也随之进入衰老状态,其中一个重要原因就是缺少运动。因此,加强健身锻炼一直被视为老年保健的必由之路。大量实例证明,健身锻炼有助于增强体质,能促进新陈代谢,改善各系统器官功能,提高对环境变化的适应能力,起到预防疾病、延缓衰老和健康长寿的作用。但老年男性在健身运动方式的选择和运动负荷的正确把握上显得比其他人群更重要,只有科学的运动才能真正保持老年男性的健康状况,提高老年男性的生活质量。

(一)老年男性健身锻炼的内容与手段

老年男性的身体健康状况千差万别,且生理年龄和实际年龄相差悬殊,如有些人年事虽高,但生理功能还相当强;有些人年纪虽较轻,却已不能从事某些活动,因此,不可能规定统一的健身锻炼标准。在这方面,主要应结合各人的习惯、爱好和平时的锻炼基础等情况作出适当安排,其总体要求有以下几点。

1. 锻炼项目和运动方式的选择

老年男性选择运动项目时要根据自身的兴趣和体力状况进行选择。一般来说,老年男性适宜从事耐力性有氧运动项目,适当进行一些负荷不大的力量练习(肌力锻炼)和柔韧锻炼,不宜进行速度练习,而且应以动力性活动为主,避免静止用力和憋气。一些竞争性强的项目以及运动强度不确定的项目应避免参加。常见的运动项目有散步、慢跑、走跑交替、原地跑、上下楼梯、交谊舞、秧歌、健身操、有氧舞蹈、骑自行车、登山、打乒乓球、游泳、太极拳、太极剑、木兰拳、五禽戏、气功、医疗体操、保健按摩、打网球、打门球、打高尔夫球等。身体较健康的年轻老年人(根据世界卫生组织的划分标准,60～74 岁为年轻的老年人)还可以视情况进行适宜的器械力量项目运动(重量训练或称阻力训练),但这类运动负荷必须在老年人适宜的生理负荷内,才能达到健身的效果。不太爱运动的老年人可多参加日光浴、空气浴、冷水浴、钓鱼和棋牌类等活动。对运动量大、对抗性强、速度快、可能出现摔跌或憋气的活动不宜参加,以免引起心肌缺血、脑血管破裂、骨折或其他伤害事故。老年肥胖者可用 5km/h 左右的速度进行减肥锻炼,因为 4.8km/h 速度减肥效果

最快。

2.锻炼时间的安排

清晨是老年人锻炼的最好时机，有利于促进肾上激素的正常分泌，对人体健康十分有效。上午9～12时、下午15～21时之间，人体的生物节奏也处于机能的高峰期，也可依据自己的日常习惯安排适宜的运动项目。但不要在空腹（空腹锻炼易得胆结石，且早晨是心肌梗死、心脑血管发病最高的时候，最起码要喝一杯温开水）、疲惫、有病时硬性参加锻炼活动。

3. 锻炼强度的确定

要注意使运动量不要超过心脏负荷。体弱和高龄者在运动后增加的心率应控制在20次/分以内，体质较强者可控制在40次/分左右。如平时心率在60次/分以下的，那么每分钟增加的心率可掌握在原来的50%～75%，否则就会酿成不良后果。

4.锻炼场合的择定

应多到户外活动，尤其是冬季。户外空气清新，有利肌体吐故纳新。有资料表明，冷空气（14℃以下）或清凉空气（14～20℃）可使皮肤表面血管产生舒张压，对增加肺活量、加强造血器官的能力、提高红细胞和血红素含量颇有好处，也有助于年老体弱者恢复和治疗疾病。此外，活动地点应平坦宽敞，较少有车辆和行人，以防发生危险。

5. 锻炼方法的讲究

要注意运动卫生，养成良好习惯，运动前应做好准备活动，使关节、肌肉和内脏器官能够满足运动中的需要；运动后要做好调整活动，以消除体育健身锻炼时出现的疲劳和缺氧状态。同时还应做到循序渐进、持之以恒。

6. 锻炼医疗的实施

为了保证安全和增强运动效果，老年人在参加运动前后或运动期间均应配备医学监督，依照医生的检查结果，合理而有针对性地安排锻炼计划和确定锻炼项目，并改进锻炼方法。有较好锻炼基础的老年人参加球类、长跑等大运动量和对抗性强的项目时，更须注意这个问题，以确保运动中的安全。

（二）老年男性可以优先选择的健身锻炼方案及运动方式

老年男性是健身锻炼中必须悉心照顾的群体。而人体的衰老，其中一个重要原因就是缺少运动，为了挽回这种趋势，最明智的选择就是加强健身锻炼。

1.制订老年人运动处方或计划应遵循的原则

（1）运动前要做身体检查。全面了解自身体质和健康状况，发现潜在的疾病和危险因素。

（2）安全性。因个体差异大，老年人运动不提倡竞赛、与人攀比，而是提倡量力而行、安全第一。健身计划中要注意区别年龄、性别、身体等情况。不论是何锻炼目的、是何种人群，健身锻炼都要量力而行、因人而异。

(3)必须根据体检结果确定运动强度。"运动处方"要求把运动量规定在恰好达到健身治病效果的"剂量"上。故而，合理地安排运动量是制订健身运动处方的关键(即老年人运动时的最高心率应当控制在"170－年龄"的水平上)。

1999年，美国运动医学会推荐，老年人运动强度阈值是60%HR_{max}(50%摄氧量)，其适应心率为110～130次/分，每周3次，每次20～30min(体质较好者每次30～60min)。开始运动时强度应较小，时间也应较短，并有5～6周的适应期。老年人运动时，也可用运动后即刻脉搏变化和恢复时间来控制运动负荷。一般运动后即刻脉搏以不超过110次/分为宜，老年人的适宜运动负荷也可用"170－年龄"这个公式来掌握，运动后5～10min内脉搏恢复到安静时水平较为合适。这样的脉搏反映了一般老年人在运动中，身体氧的需要量和消耗量之间的平衡，这种强度对一般老年人是适宜的。对于健康及素有锻炼基础的老年人可采用"180－年龄"这个公式来掌握其运动负荷。

(4)最好选择自己喜好、有兴趣、能长期坚持的运动项目。老年人可从事以轻度运动为主的耐力性运动、伸展练习和增强肌肉力量的运动。可选择步行、慢跑、太极拳、老年健身操、门球、柔力球、游泳等运动项目。

(5)考虑循序渐进。健身锻炼是一门科学，它需要实事求是、一切从实际出发和认真刻苦的精神，需要一步一个脚印打基础，一次又一次逐步提高。因此，在健身活动中，首先要有一个科学的计划安排。

(6)持之以恒。锻炼身体是一个漫长的过程，将伴随人的一生，它不是一朝一夕、一劳永逸就能练就强健身体，是要经过长期艰苦的锻炼。因而，要有坚强的意志，树立长练不懈的决心，遵循经常性原则。

(7)注重实效。最好的运动是在练习后有微汗，但身体轻松舒畅，脉搏在10min内能恢复，食欲很好，睡眠很深为宜。因此，在制订计划或者锻炼中要克服"这山望着那山高"的思想，一定要从自己的实际情况出发，量力而行，否则会适得其反。

2. 制订健身锻炼计划的程序

对于想获得健康的人来说，如何计划好积极运动的生活方式是十分关键的，但无论多好的健身计划都需要实施才能获益。现代社会的人面临的挑战是，如何让有计划的运动锻炼成为自己生活方式的重要部分。制订一个有效的健身计划需要以下几个步骤。

(1)确定个人身体适应力的现状，明确运动锻炼的目的和要求。

(2)建立短期和长期目标。

(3)选择有助于实现长期目标的身体运动。

(4)制订一个周计划表。

(5)每月记录练习和身体适应力的变化。

(6)阶段性地重新评估、修改健身计划。

3. 老年人的健身活动计划应包括的内容

老年人的健身活动应以低强度、舒缓运动为主,随年龄增加逐渐放弃对抗性的运动,如球类、长跑类。基本内容如下。

(1)少看电视,以每天1～2次,每次不超过40min为宜。

(2)每天做力所能及的家务劳动30min。

(3)每天晒太阳30min,还可到空气新鲜、阳光灿烂的郊外或户外游玩半天,每周1～2次。

(4)每周进行2～3次健身路径器械练习,每次20～30min。

(5)每周至少进行2～3次休闲娱乐活动(如钓鱼、唱歌、书法等),每次不超过半天。

(6)每周至少进行3次有氧运动(如慢走或快走、游泳、秧歌、交谊舞等),每次30～40min。

所有年龄段的老年人前3条必选;60～70岁的老年人加后3条中的2条;70～80岁的老年人加后3条中的1条;80岁以上的高龄老人至少满足前3条,身体健康的还可以从后3条中再选择1条。

4. 能终身坚持的运动项目

除了走路外,东方传统的养生运动也属于终身可以坚持的有氧运动,如太极拳、太极剑、导引功、六字诀、五禽戏以及与上述相似的瑜伽等。传统的养生运动要求调身、调息和调心三者密切配合,调身即特殊的形体运作;调息即有意识的深呼吸;调心即放松精神。这些运动项目和谐、宁静、修身养性、舒缓绵长,对于促进人体健康是非常有益的。

(三)老年男性健身锻炼注意事项

(1)要组织或参与群体性的健身锻炼,满足老年人怕孤独、喜交往的心理。

(2)要与防病、治病、延年益寿结合起来。

(3)锻炼内容方法要从简,贵在养成锻炼习惯。

(四)中老年人暂停锻炼或停止运动的指征

中老年人运动时如发现下列症状,应停止运动或暂停锻炼,及时就医:上身不适(包括胸、臂、颈或下颌,表现为酸痛、烧灼感、紧缩感或胀痛)、无力、气短、骨关节不适(关节痛或背痛等)等,具体情况如下。

(1)体温升高,如感冒、急性扁桃体炎等。

(2)各种内脏疾病的急性发作阶段。

(3)身体某一部位有出血倾向的患者。

(4)运动器官外伤未痊愈者(功能恢复者除外)。

(5)各种传染性疾病未愈者。

平时经常锻炼的中老年人,体内各器官的代谢和功能增强,神经灵活性和均衡性提高。一旦突然停止运动,可能会出现烦躁不安或身体不适等不良的心理和躯体反应,运动医学中称之为“运动成瘾症”。有些因特殊情况需停止锻炼的,也应逐渐递减每天的运动量,以防止不良心理反应的发生。

总而言之,中老年人在健身锻炼方面要做到量力而行、适可而止、因地制宜、注重卫生和持之以恒。

第四节　成年男性不同时期重点锻炼方案的选择攻略

20 岁时你每天可以跑 10km,一口气能做 30 个俯卧撑,但到了 40 岁你就会发现关节已发出咔咔的响声,不那么灵活了。人的衰老是不可避免的,难道就这样任其发展吗? 不能。事实上你只要从现在开始坚持锻炼,你就能保持青春活力。为此,有专家为各年龄段的男性朋友设计了一套增强肺功能及保持肢体灵活性的锻炼方案,每个人都可以按照这个方案进行锻炼,每周 3 次,每次 45～60min,坚持下去你就不必为体质不佳和身体臃肿而烦恼。

1. 20 岁左右男性的重点锻炼攻略

这个时段身体功能处于鼎盛时期,心率、肺活量和骨骼的灵敏度、稳定性及弹力等各方面均达到最佳点。从运动医学角度讲,这个时期运动量不足比运动量偏高更对身体不利。这个年龄段的人可进行高冲击有氧运动、跑步、拳击或举重、健美等运动方式。好处是消耗大量热量、强化全身肌肉,增进精力、耐力与手眼协调。

这个时段通过肌肉强化锻炼取得的“常规体力”,在锻炼终止后也不会消失。心脏通过耐力锻炼可提高输血量。总之,20 岁的人能为今后的身体健康储备。这个时段一定要注意坚持锻炼,以保持体重,否则 30 岁以后再去减肥就很吃力了。

锻炼可星期一、三、五(或星期二、四、六)隔天进行一次,每次大约 20min 的心血管系统锻炼,如进行慢跑、游泳、骑自行车等,大约 30min 增强体力的锻炼,诸如拳击、举重、健美等,强度为脉搏 150～170 次/分。

2. 30 岁左右男性的重点锻炼攻略

此年龄段的人身体功能已超越了顶峰。这时如忽视身体锻炼,对耐力非常重要的摄氧量会逐渐下降。但不必恐惧,因为你依然年轻。此时身体的关节常会发出一些响声,这是关节病的先兆。为了使关节保持较高的柔韧性,应多做伸展运动。还要注意心血管系统的锻炼。

锻炼仍是星期一、三、五(或星期二、四、六)隔天一次,每次进行 10～30min 的心血管系统锻炼(慢跑或游泳),强度不像20岁时那样大。20min增强体力的锻炼,与20岁相比,试举的重量要轻一些,但做的次数可多一些。5～10min的伸展运动。重点是对背部和腿部肌肉尤其脊柱周围肌群的锻炼。

久坐办公室的人更要注意伸展运动。方法是:仰卧,尽量将两膝提拉到胸部,坚持30s;仰卧,两腿分别上举,尽量举高,保持30s。

这个年龄段的人仍可进行各种体育锻炼。若间断一段时间,重新进行锻炼时要遵循"循序渐进"的原则。医生建议,35岁以上的人锻炼前应做心电图检查。

3.40岁以后男性的重点锻炼攻略

与20岁相比,40岁以后人的肌肉的可锻炼性已下降25%,体力逐渐下降,肌肉逐年萎缩,身体开始发福。发福与肌肉总量的减少有关,肌肉少脂肪的消耗就少,而饭量并不比年轻时少,于是肚子便开始凸起来。因此,超过40岁的人选择运动项目不仅应有利于保持良好的体型,而且能预防常见的老年性疾病,如高血压、心血管病等。

40多岁适合选择中等强度低冲击的有氧运动,如健行、爬楼梯、打网球、慢跑、游泳、骑自行车等。锻炼每星期一、四(或星期二、五)进行两次,并适当进行肌力锻炼,主要针对上班族不常用的肌群和心血管系统加强锻炼。有条件体质较好者也可每周锻炼3次。

50岁以上的人适合的运动包括游泳、重量训练、划船,以及打高尔夫、跳舞、散步等。游泳能有效加强全身各部位的肌肉锻炼与弹性,而且由于有水的浮力支撑,不如陆上运动吃力。重量训练能坚实肌肉、强化骨骼密度。

第二章　成年男性形体塑造的原理及有氧与无氧运动攻略

第一节　形体塑造的基本原理与运动量的调节攻略

一、形体塑造和健美训练的基本原理

成年男性要练就强壮的体格，丰满的形体及匀称的肌肉，最重要的是遵循“超量恢复”原理，即给予所练的肌肉以较强较深的刺激，这样才能快速地刺激肌肉的生长与发育，使某些不够丰满的部位不断发达起来。肌肉对外来的刺激——运动负荷会不断适应，一旦适应就不会快速生长，这是适应性规律。为此，就要不断地加大负荷(强度、运动量等)，给肌肉以更新、更大的刺激，这就是要不断地超过原来的负荷——超量负荷。

超量负荷的刺激要适当，应控制在人体能够承受的范围内，这样可以防止受伤或过度训练。超量负荷能给人体带来超量恢复，即超量负荷的刺激会给肌肉带来疲劳，经过短时的恢复和营养，机体的机能会获得比原来水平还高的飞跃，会使肌肉获得更快的生长和发育，这就是超量补偿。

怎样进行超量负荷训练才能更好地获得超量补偿呢？从运动生理学角度来看，负荷强度刺激的大小与机体反应的强弱有着密切的关系。太弱的强度刺激，只能使机体在机能、生物化学和结构上产生小的变化，因而就不可能使机体与机能发展到极高水平；太强的强度刺激，超过了人体的生理负担能力，会使机体遭受破坏并引起不良的反应。只有在正常生理极限范围内，采用适应人体本身机能状态的大运动量超负荷的刺激训练，才能对机体机能引起强烈而深刻的良性反应。健美训练从某种意义上说，实质上就是给(机体)肌肉以刺激。大运动量的(超负荷的刺激)训练，就是给(机体)肌肉以强大的刺激，因而机体(肌肉)所引起的反应也强烈而深刻，训练效果也就显著。

丰满某部位的形体塑造和健美训练过程中训练水平的提高要遵循生理学所叙述的“超量恢复”的原理进行。在负荷过程中，体内能量物质大量消耗，能量物质的分解代谢加强，即异化作用占优势；在训练后的休息过程中，体内能量得到调整和

补充，重新合成能量物质的合成代谢加强，即同化作用占优势，而且不仅能恢复到原有水平，还可以超过原有水平。这就是超量恢复。恢复过程是有机体的一种保护措施，可预防机体状态恶化。正常的大运动量和高强度训练后，一般有 2～3 天即可产生超量恢复过程，如果此时不再进行下一次训练，超量恢复状态又倒回到原有水平。若连续多次训练始终使人的有机体不能恢复到原来水平，则人体产生过度疲劳。原则上下一次训练应安排在超量恢复过程的最高点进行，这样前一次训练后的恢复所达到的水平便可成为下一次训练的起始水平，下一次训练就会产生更高的超量恢复，训练水平也就能逐步得到提高。

美国一学者曾说过："无论什么时候破坏了身体的平衡，有机体就会试图用一种方法来进行调整，使之恢复平衡。"他认为："应使身体处于一个强制的状态下，直到机体得到平衡为止。"随着运动训练的延续和加强，机体对某种刺激的反应会愈加减少，因此，运动量必须逐渐增加，即所谓的超量负荷的刺激。训练的目的就是要使人体不断地去适应所进行的活动。所以健美的整个训练过程实质上就是一个由不适应—适应—再不适应……波浪式发展、螺旋形上升的提高过程。而每一次由不适应到适应的循环过程的完成，都应进行强制的训练，也就是说，要用最大负荷去打破有机体的平衡，才能使有机体向更高的方向发展。从运动成绩的要求来看，成绩是健美平时训练成效的集中体现，也是比赛时激烈的竞争需要有机体发挥承担最大负荷的能力。所以，要达到现代竞技的高水平，在平时训练中，就要挖掘出自己的一切潜在能力。要达到此目的，唯有用最大负荷刺激才行。当然，最大负荷刺激不可无限制地一味增加下去，它应根据运动员训练年限的不同、训练水平的不同，有机体承受负荷强度能力的不同，进行合理安排、调节，同时也应根据训练计划、各阶段训练任务的不同而有所侧重，做到既要突出负荷强度的特点，又要考虑诸多的不同因素。因此，在训练中对于负荷强度的大小和刺激频率的快慢，应考虑以下几点。

(1)负荷应适合于有机体的可接受性，也就是要充分考虑负荷的个人特点，如身体瘦弱的成年男性在刚开始进行健美训练和形体塑造时，运动负荷要由小到大、循序渐进，这是相对性的。

(2)训练负荷安排的节奏，要有延续且有不断加强的过程，也就是说要保证有机体生物学适应过程能顺利进行。

(3)训练负荷的内容要有合理的比例。也就是说要具体体现各阶段训练计划，且有固定的训练课的落实、实施。

(4)训练负荷量和强度要有适宜比例。例如，青年男性丰满胸部的练习应采用中等负荷量和中等强度(8～12RM)，而雕塑腹部的减脂缩身锻炼则应采用小负荷强度的高次数(15～20 次)和超次数(30 次以上)练习。

(5)训练负荷量与强度的大小及强度刺激频率节奏快与慢的安排，要有强有力的措施得以保证，要确实能提高与创造优异成绩，不能华而不实。

二、形体塑造和健美训练中运动量的调节攻略

安排健美训练和形体塑造的运动量要本着有利于增进成年男性的身体健康，有利于确保机体训练及恢复。因此，要掌握好训练的节奏，要注意区别对待及加强思想教育，以确保运动量的完成。

在考虑运动量的安排方法时，主要有两个问题：一是运动量（主要是数量和强度）大小如何掌握，中、小运动量的范围又怎样，在各种不同运动量中，各个因素又如何掌握；二是各种不同的动作如何安排和搭配，也就是说，是集中刺激好，还是全面影响好？

在影响运动量大小的几个因素中，数量和强度是两个主要因素。时间与数量有密切关系，一般来说，数量多时间就长，因而通过数量基本可以反映出时间因素，而密度一般变化不大。在几个因素之间，关键是如何处理好数量与强度的关系。运动量大小总是因人因时而异，很难提出一个统一标准。关于运动量的数量掌握与调节，有下面几种方式：①增加量减小强度；②增加量保持强度；③增加量增加强度；④保持量增加强度；⑤减小量增加强度；⑥适当减量保持强度；⑦适当减强度保持量；⑧量和强度均适当减小。

以上①～⑤种是加大运动量的方式，⑥～⑧的方式适用于对运动量的适应和巩固阶段。如果要减小运动量，则基本还是采用⑥～⑧的方式，只不过减小的幅度比较大。

在上述8种方式中，究竟采用何种方式，要视训练时期、训练任务以及运动员习惯的不同而变化。但健美运动量的增加依然遵循量变质变的一般规律，总是先有组数、次数、总重量等数量的增加，然后才会转化为强度的增加和成绩的提高。如果没有一定量的积累，而是硬拼强度，那不仅达不到发达肌肉的目的，而且容易造成损伤或伤害事故的发生。

在一次健美训练和形体塑造课内，不同发达肌肉动作的安排主要有3种类型。

（1）全面影响肌肉。此种安排方式适应初级训练者及初学的健美运动员。一次课内几个动作的选择，要兼顾到对身体各部位肌肉的全面影响，既有发展上肢肌肉的动作，也有发展下肢肌肉的动作。这种安排方法对身体各部位肌肉都能刺激到，但对任何一部位的肌肉刺激不深，肌肉围度增长缓慢。

（2）分部位影响肌肉。此种安排方式适应身体消瘦的要求丰满体形者及中级训练的健美运动员。一次课内几个动作的选择，对身体2～3个部位肌肉的影响，安排时可有上肢发展肌肉动作，又可有下肢肌肉动作。这种安排方法对身体各部位肌肉有选择的刺激，对肌肉的刺激就较全面，效果也较好，肌肉围度增长较快。

（3）集中刺激。这是国内外优秀运动员训练中采用的一种安排方法。其特点

就是一次训练课中的几个动作相当集中地刺激身体某一部位的一块肌肉，又称“孤立训练法”。如发达胸大肌孤立训练、大腿肌孤立训练、肱三头肌的孤立训练等。这种方法的优点是可以集中刺激身体某一部位的一块肌肉，因而对肌肉刺激深度加深，故能较快地增长肌肉的围度和提高竞赛成绩。其缺点是对身体的局部肌肉刺激过分集中，容易造成局部肌肉负荷量过重，甚至出现局部肌肉劳损。因此，采用这种安排方法应该慎重而仔细。

作为身体某些部位过瘦的矫形男性，亦可集中刺激某一部位或某块肌肉，只是强度和量均保持中等既可。

第二节　有氧与无氧运动锻炼的作用及强度分类攻略

一、有氧与无氧运动的区别及运动强度的分类攻略

(一)有氧运动和无氧运动的主要区别

(1)运动强度不同。无氧运动包括最大强度及次最大强度的运动。有氧运动包括无氧阈强度运动、中等强度运动和低强度运动等。有氧运动中心肺功能指标的变化不超过本人最大值的50%～60%。

(2)运动持续时间不同。强度越大的运动持续时间越短，无氧运动持续时间不超过3min，有氧运动可持续几分钟乃至几小时。

(3)血液生化指标不同。无氧运动结束后血液中的乳酸值在4～20mmol/L；有氧运动结束后血液中的乳酸值浓度小于4mmol/L；血液乳酸值在4mmol/L左右的运动称之为无氧阈强度运动。

(4)个人感觉不同。进行无氧运动的人，运动中或运动后会感到很累，且心慌气短、大汗淋漓，不能完整地说中等长的句子。进行适度有氧运动的人呼吸和心跳会适度增加，运动中能完整地说一句话，少量出汗，感觉不太累或有点累。

(5)对减少腰围的作用不同。一定时间和中低强度的有氧运动可以动员肚子里所谓的“花油”、游离脂肪酸进入血液循环，作为能源被消耗掉，因此可减少腰围。但短时间大强度的无氧运动只动用肌肉内的能源，不动用体内脂肪，对于减少腰围是没有作用的。

(二)运动强度的分类

运动强度可分为极限强度、次极限强度、大强度、中等强度、小强度。

(1)极限强度(最大强度)运动。其属于无氧运动，指人体持续以最大速度或最大力量(肌肉快速紧张活动)进行的运动，持续时间约数十秒，如短跑、短距离游泳、

短道速滑等周期性运动，以及跳远、跨栏、投掷、举重等非周期性运动。

(2)次极限强度(次最大强度、亚极限强度)运动。其属于无氧运动，指人体快速紧张的运动，持续时间为 0.5～3min，如 400～1500m 跑、100～200m 游泳等周期性运动，以及自由体操、武术、散打、摔跤和拳击等非周期性运动。

(3)大强度运动。其一般指人体能持续 5～30min 的紧张工作，如 10 000m 赛跑、竞走等运动。

(4)中等强度运动。其指人体持续 30min 以上的运动，如马拉松、公路自行车、长距离游泳和越野滑雪等。

(5)小强度运动。如太极拳、健身操、慢速行走等。

二、有氧运动与无氧运动健身锻炼的不同作用

(一)无氧运动健身锻炼(尤其肌肉力量抗阻训练)的益处

(1)延缓衰老(长期力量训练者比实际生理年龄年轻 5～7 岁)。不经常参加锻炼的人在 20～25 岁达到最大肌肉力量，以后每十年将会损失 10%左右的肌肉重量和肌肉力量，60 岁后力量损失加速。经常参加锻炼的人可以把最佳状态保持到 60 岁以上。

(2)美化体形体态[发达肌肉——增长白肌纤维，改变(修塑)体型]。

(3)增加骨密度，减少骨质疏松、关节病以及其他相关疾病。

(4)消耗更多热量，防止肥胖，改善脂肪代谢。即使在不运动的状态下，每千克肌肉每天都要消耗 75～110kcal 的热量。通过力量训练，每增加 1kg 肌肉，其消耗的热量等于在一年内燃烧掉 3～5kg 脂肪。经常参加力量训练，可以使血液总胆固醇下降，低密度脂蛋白下降，高密度脂蛋白升高，有利心血管健康。

(5)减少运动器官的损伤和疼痛。肌肉力量的不足和退化会造成肌肉劳损、疼痛及身体形态改变。力量训练可以使颈部和腰部等重要部位的肌肉力量增强，延长工作时间。

(6)改善身体对碳水化合物的代谢机能，促进心血管健康，预防和帮助治疗糖尿病。力量训练可增加肌肉重量，更多的肌肉组织使机体对胰岛素的敏感性加强，从而更有效地从血液里摄取所需的糖并加以利用，降低血糖，起到预防和治疗Ⅱ型糖尿病的作用。

(7)降低患癌风险。瑞典研究人员 2009 年宣布，经过 20 多年跟踪 8 677 名男性志愿者生活方式的调查，并对每名参与研究的志愿者定期体检和做肌肉力量测试。结果显示，定期做举重等锻炼且肌肉发达的男性比其他人患癌症丧命的几率低 30%～40%。

此外，无氧练习(训练)还可以锻炼速度、力量及爆发力和培养神经、肌肉的“强度”。

(二)有氧运动健身锻炼的益处

(1)有氧运动可以有效地改善心血管系统、呼吸系统功能,提高人体的最大摄氧能力。

主要表现为:①降低心率;②增强心肌力量;③能增加开放的血管的数量并增大其口径,从而增加血流量,并充分地把氧送到每个组织;④能提高最大耗氧量,增强整个身体特别是心肺、血管等功能,提高抗病力。

(2)改善脂肪代谢,燃烧多余脂肪。有氧运动可以消耗身体脂肪,有效防止过多的脂肪在体内过多地储存;预防动脉粥样硬化。

(3)增强肌肉耐力(红肌纤维为主)及体力。

(4)减肥塑身。采用60%～75%最大心率(或50%～70%最大摄氧量时,脂肪氧化的绝对速率处于理想状态,也就是说这时脂肪燃烧最快)持续时间超过40min,就可使脂肪代谢的速度增加。当持续时间达120min以上时,脂肪供能成为主要方式,可达50%～70%之多。此时,脂肪细胞释放出大量游离脂肪酸,脂肪细胞的体积随之变小;同时,体内多余的血糖也被消耗殆尽而不再转化为脂肪。

(5)预防和治疗糖尿病(同力量训练),经常运动的人发生糖尿病的危险小20%。

(6)预防和治疗高血压。有氧运动能使肌肉和血管的张力改善,使软弱无力的肌肉和血管变得坚韧,可以消除紧张消极情绪,缓解紧张状态,同时减少脂肪沉积,延缓血管硬化,从而有效地降低血压。

(7)提高骨密度,保持或增加瘦体重(LBM)。

(8)增加胰岛素的敏感性,改善内分泌系统的调节机能。

(9)有氧健身能健脑,并延缓老年人认知功能的下降。

美国哥伦比亚大学神经学家斯莫尔在经过近10年动物研究的基础上,第一次把这个原理运用到人身上:连续锻炼3个月之后,所有参加实验的人都有了新的神经细胞。美国伊利诺伊州立大学神经学家查尔斯·希尔曼认为,肌肉与大脑之间存在着某种关系。

第三节　有氧与无氧运动健身锻炼的选择攻略

一、有氧运动锻炼方案的选择攻略

(一)经典的有氧运动锻炼方案

有氧运动锻炼法是指锻炼者通过呼吸能够满足运动对氧气的需要,不负氧债的情况下进行健身锻炼的方法。这种锻炼的运动负荷强度适中，运动时间较长，以增强心血管系统和呼吸系统功能为主要目标，是近年来国外和国内较流行的一种锻炼方法。

有氧运动(Cardio)一词是在20世纪60年代末由美国学者肯尼斯·库珀提出的。库珀是一位美国军医，负责指导美国飞行员、宇航员的体育锻炼。他目睹工业国家文明病四起，便利用其有利条件，埋头钻研四年，研究了3万多人，从而创造了闻名世界的“有氧锻炼法”，特别是他创造的12min跑，曾经为世界大多数国家所采用，几乎成了运动场上众人皆知的通用方法。

库珀认为，只有根据吸氧能力才能判定一个人体力的强弱。平时对氧的最小需要量和激烈活动时对氧的最大需要量之间的差别大小，就成为测量人的体力强弱的标准。从事这种有氧锻炼的目的，是使身体每一部位都能得到充分的氧的供应，促使参加循环的血量增多。这种锻炼需要强而有力的心血管和呼吸系统作基础，通过锻炼，又能使其变得坚强有力。

1. 有氧运动锻炼强度和效果的度量方法

在进行有氧锻炼前，要进行身体检查，这是保证锻炼安全的前提。

在身体检查合格以后，要进行体力测试，以确定锻炼者的体力程度，为确定有氧活动的时间和距离提供依据。确定锻炼者的体力水平可采用12min跑，其标准如下(表2-1)。当然，也可采用24min跑或定距离跑。通过体力测试，将锻炼者的体力分成5个等级。体力水平达到Ⅳ、Ⅴ级者，说明其体力水平较高，可以直接按照锻炼方案进行锻炼；体力水平为Ⅰ、Ⅱ、Ⅲ级者，需要进行预备性体力锻炼。

有氧锻炼最常用的运动项目为三大运动：长跑、游泳、骑自行车。此外，还有步行、原地跑、耐力体操和球类运动等，这些运动项目的特点是：运动持续时间相对较长，运动负荷强度相对较小，运动中负荷变化相对不大。

表2-1 体力评价标准表(12min跑) (单位：m)

体力级别	30岁以下	30～39岁	40～49岁	50岁以上
Ⅰ极差	<1 600	<1 500	<1 400	<1 300
Ⅱ差	1 600～1 999	1 500～1 799	1 400～1 699	1 300～1 599
Ⅲ稍差	2 000～2 399	1 800～2 199	1 700～2 099	1 600～1 999
Ⅳ好	2 400～2 799	2 200～2 599	2 100～2 499	2 000～2 399
Ⅴ极好	>2 800	>2 600	>2 500	>2 400

如何确定每周有氧锻炼的量度，这是一个运动适度的问题，同时也是一个十分棘手的问题。库珀提出以标准分作为每周有氧锻炼量的标准。他曾对数千人进行测试和训练，结果是每周取得 30 分的人，有 80% 都达到了理想的体力水平，他结合本人的实践经验和瑞典的体力标准，提出每周锻炼量应达到 30 分。

制订标准分的要领是运动的强度（即每分钟每千克体重的耗氧量），其基本数据如表 2－2 所示。

其他的运动项目，只要达到相应的时间和强度，也可得到相应的评分。甚至劳动和日常生活的体力投入，都可加入相应的评分。譬如，每周锻炼要取得 30 分，其典型方案是：长跑 2 400m，用时 12min，每周一、二、四、五锻炼 4 次，每次取得 7.5 分，总计 30 分。这是取得 30 分最快的方法。也可以采用跑步、游泳、骑自行车、球类运动等相结合的办法，以获得相应的分数。

表 2－2　男性有氧锻炼计分标准

1 600m 跑或走的时间(min)	分数	耗氧量 [mL/(kg·min)]
20～14.5	1	7
14～12	2	14
12～10	3	21
10～8	4	28
8～6.5	5	35
6.30↓	6	42

在开始正式的有氧锻炼之前，体力较差者必须先进行预备性身体锻炼（如年龄小、训练水平低的就以匀速低强度为主）。库珀认为，Ⅰ、Ⅱ、Ⅲ级体力者，要进行 10～16 周的预备性体力锻炼，才能按照正常的锻炼标准进行运动（表 2－3）。

表 2－3　男性预备性体力锻炼方案

Ⅰ级		Ⅱ级		Ⅲ级	
周数	每周应达到的分数	周数	每周应达到的分数	周数	每周应达到的分数
1～2	5	1～2	5	1～2	5
3～4	10	3～4	10	3～4	10
5～7	15	5～6	15	5～6	15
8～11	20	7～9	20	7～8	27
12～14	27	10～21	27	9～10	30
15～16	30	12～13	30		

采用有氧锻炼法的关键是掌握练习强度，这种练习强度既要处在有效健身价值阈以上，又不能超过无氧阈值，以保持“有氧”的性质。国内外较为流行的是用运动时心率控制练习强度，可以用130次/分左右，不高于150次/分作为控制指标，或以180减去锻炼者年龄的值，作为控制强度指标。最新科研成果表明，心率低于130次/分则锻炼效果不佳；高于160次/分；则不会出现更好的健身效果，高于180次/分则易于产生疲劳和运动伤害。随着锻炼者年龄的不同，最佳心率范围值也应有所变化。

另一种意见认为，运动强度处于最大吸氧量的70%以下，属于有氧锻炼强度范围。此外，运动强度与年龄有一定的依存关系。日本学者在广泛研究的基础上，提出了运动强度与不同年龄锻炼者心率对照表(表2-4)，可作为有氧锻炼者的参考心率指标。有了这种对照表，要保持最大吸氧量的70%以下，就显得容易多了。

表2-4 男性运动强度与不同年龄锻炼者心率对照表 (单位:次/分)

强度 \ 年龄(岁)	20～29	30～39	40～49	50～59	60以上
100%	190	185	175	165	155
90%	175	170	165	155	145
80%	165	160	150	145	135
70%	150	145	140	135	125
60%	135	135	130	125	120
50%	125	120	115	110	110
40%	110	110	105	100	100

生理学分析得出，5min(持续运动)是全身有氧耐力运动所需的最短时间，60min对于坚持正常工作的人是最长时间。一般中老年都以健身为目的，应选择强度小而时间长的方法；青少年则可选择时间相对较短，强度相对较大的方法进行锻炼。一般以30～60min为宜。

从锻炼的次数看，研究也证明，一周运动1～2次，锻炼效果不明显；一周运动3次，基本是隔日运动，不仅不会疲劳，反而锻炼效果产生积蓄；一周运动4～5次，效果最佳。当然最好要以自己不感觉疲劳为原则。

2.有氧运动锻炼时必须注意的事项

(1)在从事有氧锻炼之前要进行医学检查，以确定身体是否能够从事有氧运动。这种检查的目的是了解其心脏、血管、肺脏等器官的功能是否正常，是否存在运动中可能发生意外的隐患。患有严重的心脏病、高血压、糖尿病和过度肥胖者，除步行外，绝不可从事长跑等激烈运动；上述疾病症状较轻者，以及肾脏病、贫血症、肺病、下肢血管病、关节炎患者，也应“相对地禁止运动”。相对禁止运动即并非完全不可运动，但要在医学监督下因人而异地进行。

(2)要根据有氧锻炼的特点选择锻炼项目。有氧锻炼以提高心血管和呼吸系统功能为目的，以有氧耐力水平提高为标志，其项目特点是长时间、小强度、匀速运动。因此，在项目选择上，不宜采用肌肉等长运动方式，一般不采用举重、肌肉健美、力量体操等一类的等张运动，也不主张运用短跑等无氧运动手段。因为这些项目或手段是与有氧锻炼的目标不相吻合的。当然，也不是说这些项目或手段对身体无锻炼价值，从身体全面发展的角度来说也是必要的。

(3)锻炼的强度和时间要因人而异。每个个体及其在不同的年龄阶段，其心血管和呼吸系统的功能是有差异的，有氧锻炼的强度也应有所不同。为此，首先要通过耐力测验的结果来衡量锻炼者的体力情况，据此定出个人的有氧锻炼方案。库珀根据自己研究的测验方法所得出的结果，把锻炼者的体力分成5级，各自提出了不同的负荷标准，这种方法值得我们借鉴。此外，在锻炼的时间安排上，也应因人而异。

(4)要做好准备活动和整理活动。心血管和呼吸系统从相对安静的状态转入功能较高的运动状态，要有一个准备过程。否则，关节、肌肉就容易受伤，对于40岁以上的人来说更是如此。跑的准备活动应使全脚掌着地，以利伸展下肢和关节，准备活动的节奏也要由慢到快，逐步达到基本练习的要求。

许多人往往不太注意整理活动，运动结束后马上坐下休息，这就难免发生眩晕或昏迷。因此，在有氧锻炼后进行5min左右的走步或慢跑是合适的。

(二)理想的有氧运动锻炼方案

当今世界最常用的有氧运动锻炼项目是长跑、游泳、骑自行车，还有步行、甩手、爬楼梯、有氧健身操及球类运动，有条件的还可以进行滑雪运动等。下面仅就上述部分健身技法进行简要介绍。

1.步行健身锻炼方法

步行，就是轻松的散步。是最简便、最安全、最受人喜爱的健身方法。它不受年龄、性别、身体健康状况、场地器材设备等条件的限制，不论男女老幼，谁都可通过步行达到健身的目的。步行时，四肢动作自然而协调，全身关节筋骨都可得到适度运动，可使人气血流通、经络畅达，壮筋骨、益五脏，能防治神经衰弱、冠心病、肥胖病、糖尿病、消化不良等多种疾病。特别是年老体弱和脑力工作者，尤其适合在空气清新、鸟语花香的环境中散步。散步是非常有效的精神调节剂和健身法。

散步虽不拘形式，但也要讲究要领。散步时，应放松全身，调匀呼吸，悠闲自得，百事不思，心平气和。步行要做到：身体端正，挺胸收腹，两肩放松，目视前方，不低头，不驼背，步履轻松自如，犹如闲庭信步。其呼吸方法一般是两步一吸，四至六步一呼。

散步时间，可安排在清晨、饭后或睡前。清晨，如在空气清新的花前树下，从容踱步，悠哉游哉，乃是人生一大享受；饭后散步可健脾消食，但应稍事休息一下后再去散步，若行走中以手摩腹，效果尤佳；睡前散步，可使人心平气静，解乏安神，有益睡眠。

步行锻炼方法可归纳为5种。

(1)缓步锻炼法：以每分钟60～70步的慢速和每分钟80～90步的中速，每天步行锻炼1～2次(隔天一次也可)，每次30～60min。此法最适于年老体弱者和一般人饭后活动。

(2)快步锻炼法：指步履速度稍快的行走，每分钟约120步，每次锻炼30～60min。此法适用于中老年人增强心力和减轻体重。步行时最高心跳应控制在120次/分以下。

(3)逍遥步锻炼法：指散步时且走且停，且快且慢。步行一段距离后稍事休息，接着再走，或快步走一程，再换缓步走一段。走走停停，快慢相间，量力而行，自由随便。此法适用于病后康复或体弱者锻炼。

(4)摆臂散步法：步行时两臂用力向前后摆动，可增进肩带和胸廓活动。此法适用于肺结核、慢性支气管炎等呼吸系统病人锻炼。

(5)摩腹散步法：指一边散步，一边自我按摩腹部。此法适用于消化系统疾患者锻炼。

另外，患病者进行步行锻炼，还应根据病情，选择好环境。如肝气郁滞、心情不畅的人最好到花香鸟语的公园；心情烦躁、心火较重者宜去湖边和密林深处；水肿病人和风湿性关节炎患者，应选择沙地干燥处；口干舌燥者宜去梅林水果园；畏寒者宜选阳光充足处。

步行的运动量要自我掌握。最佳标志是：呼吸平稳，不气喘。四肢发热，身体稍有汗，感觉轻快，稍有疲劳感，心率比平静时增加10～20次/分，经5～10min后可恢复正常。

2.慢跑健身锻炼方法

健身慢跑是一项轻松的具有中等强度的健身运动，特别适合中老年人进行有氧运动锻炼。实践证明，健身慢跑能增强心肺功能，减少体脂储存，促进新陈代谢，增强消化能力、免疫能力及肌力，调节神经系统功能，预防高血脂症、冠心病、肺气肿、肌肉萎缩、便秘及消化不良等疾病。平时，如果能坚持慢跑，一定能使精神状况得到明显改善，推迟人的衰老。

当然，进行慢跑锻炼，要掌握正确的方法，才能取得良好效果。跑步时，上体正直稍前倾，头和上体应成直线，两臂屈肘前后自然摆动，前摆时稍向内，后摆时稍向外，全脚掌落地，然后到脚外侧，最后再用前脚掌蹬离地面。身体各部肌肉、关节尽量放松，配合协调。呼吸要有节奏，可采用两步一吸、两步一呼，或三步一吸、三步一呼；尽量做到吸气要深，呼气要充分，最好采用口鼻兼用，以鼻为主的呼吸方法，呼吸时应半张开口，轻咬牙，舌头上卷，轻抵上颚，让空气从牙缝中进入。跑步强度要适当，跑速一般以 120～130m/min 为宜，开始时，每次可跑 5～10min，逐步增加到 15～20min 或 20min 以上。跑时心率最低不少于 120 次/分，最高不超过 180 次/分，最佳心率应是 180 减去本人年龄。

初跑时可采用走跑交替的方式，先走后跑，或先跑后走，走走跑跑交替进行，如走 200m，跑 300～500m，再走 200m，接着再跑……熟悉掌握后，再视身体情况选择匀速跑、变速跑、重复跑、间歇跑，定时跑等方法进行练习。研究证明，3 000m 持续慢跑（或走），几乎是 100％的有氧系统供能。

跑后应做些放松和自我按摩下肢的活动。如放松按摩后仍有酸痛感，可进行局部热敷或洗热水澡，这样更易消除疲劳。为了保证安全，跑前到医院检查一下身体很有必要。患病者一定要经医生同意再确定可否参加健身慢跑。

3. 甩手健身锻炼方法

甩手运动是我国民间的一种健身法，它对全身经络可起到有节奏的按摩作用。甩手时，由于两臂前后摆动，胸部活动增加，呼吸加深加快，有助于治疗呼吸系统疾病。甩手时，由于膈肌上下活动，可有节奏地按摩腹腔的内脏器官，促进胃肠蠕动，减轻肝脏淤血，改善消化吸收功能，有助于治疗消化系统疾病。甩手时，全身肌肉放松，排除杂念，心静脑空，把意识集中到手上，可改善大脑的功能，有助于治疗神经系统疾病。

甩手运动最好在早晨起床后和晚上临睡前进行。饥饿或过饱时，都不宜做甩手运动。地点宜在空气清新、环境安静的庭院或公园，也可在室内或凉台。

甩手时，须摒除杂念，全身放松，两脚自然开立，双臂下垂，掌心向内，在腰腿带动下，双臂前后来回摆动，前摆时与身体垂直线角度为 40°～60°，后摆时不超过 30°，摆动速度 50 次/分，每回可摆动 500～1 000 下。如应用此法得当，坚持一段就感到精神振奋，食欲旺盛，睡眠良好，体质增强，如锻炼中出现头晕、胸痛、臂酸沉、疲乏无力，说明运动量过大，应减少甩手次数或暂停此项运动。

4. 爬楼梯健身锻炼方法

近些年来，爬楼梯已成为人们喜爱的健身方法。的确，利用楼梯进行健身锻炼，非常简便，既不需设备器材，又不受时间和气候的影响，况且，爬楼梯所消耗的能量又很大。据有关专家测定，快速上楼梯所消耗的能量是静坐的 10 倍，散步的 5 倍，游泳的 2 倍，快速跑的 1.8 倍。经常上下楼梯可改善心肺功能，增强下肢肌肉的力量，改善髋、膝、踝等关节与韧带的柔软性、灵活性，促进胃肠的蠕动和胃液的分泌，对增强消化系统功能和肥胖者减肥都是很有益的。

爬楼梯也应讲究方法。初练时，运动量不可过大，例如，爬一层用 30s、3min 爬上六层楼；下楼用2min，休息几分钟再登。先重复2～3组，逐步增至5～6组，甚至10组，如此循序渐进，坚持不懈。

爬楼梯所选台阶不要太光滑，要有坚固的栏杆，光线要明亮。如感到心慌气短、头晕腿软，不要惊慌，可手扶栏杆休息一会儿，平静一下，如无其他不适，可继续上下楼梯。爬楼梯时最好穿平底布鞋或胶鞋，忌穿高跟皮鞋，精力要集中，步态要从容。最好选在行人较少的时间进行锻炼，每天至少1～2次，每次一般为15～20min。

另外，利用楼梯还可进行塑造优美体型的锻炼，锻炼方法如下。

(1)俯卧撑。将膝盖跪在第1台阶上，手撑在高几级台阶处，先屈肘，后撑起，如能将腿伸直更好。

(2)反坐撑。坐在第2台阶，脚放地上，手置于第三台阶，直臂撑起。

(3)腹腿练习。一脚站地，一脚上抬置于第2或3台阶上，挺身、臀部向抬起脚的方向反复移动。换脚重复以上动作。

(4)仰卧起坐。面对楼梯躺于地上，脚跟置于第2或第3台阶上，双臂交叉置于胸前，起身向上，反复做。

(5)足跟起落。重心脚站于第1台阶，脚掌踩于台阶边缘，另一脚踏于第2台阶，重心脚抬高直至脚趾撑地，暂停片刻，再把脚跟降至平面以下。换脚重复上述动作。

(6)压腿前屈。面对楼梯站立，一腿放于第4或第5台阶上，支撑腿上体前屈，两手握台阶上的足踝处。换脚重做。

(7)胸腿运动。面对楼梯站立，脚尖距楼梯10cm，双手撑于与腰同高的台阶上，伸直双腿，尽力下压胸部和肩部，臀部向后移动。反复数次。

5. 游泳健身锻炼方法

游泳与骑自行车、慢跑及滑雪是当今世界首推的最佳健身、健美和减肥运动项目。

游泳可使形体变得健美。因为，人的脊椎状态是决定人们体态的关键因素，而游泳锻炼的重点正好在强健脊椎上。因为无论何种游泳方式，都是平卧在水中进行的。爬泳，不仅要俯卧，而且还要略呈背弓，使身体在水中尽可能呈流线型，最大限度地减少水的迎面阻力；海豚泳，则要求躯干做波浪动作，背部肌肉须保持紧张；蛙泳，虽然腿不能蹬出水面，但在抬头吸气时，臀部和下肢仍要保持较高的位置，也要求背肌有一定的紧张度。各种游泳姿势都要求脊柱充分伸展，以便加长划水路线，使游泳动作更符合力学原理。而脊柱伸展对矫正和防止驼背及其他职业性脊柱侧弯是有益的。

游泳时，腿臂并用，全身肌肉都对称地参与运动。长期从事游泳不仅可以使四肢肌肉匀称发达，而且还可以使身体的一些小肌肉群得到锻炼。此外，因为水的密度比空气的密度大320倍，游泳时胸廓所承受的压力为117.7～147.1N，因此，游泳对人的呼吸肌提出了更高的要求，喜欢游泳的人，一般都胸部肌肉丰满，肩部宽阔。

由于游泳多在露天进行，因而能经常接受阳光中紫外线的照射。这对皮肤中的胆固醇转化为骨骼发育所需的维生素D具有强化作用，有助于骨质钙化和佝偻病的防治，长期坚持能使青少年大幅度增高。

游泳还是一种有效的减肥运动。科学试验证明，水的导热性比空气高28倍，其阻力远远超出空气。当在水温为12℃的水中活动4min时，它所消耗的热量几乎等同于在同温度空气中活动1h释放出的能量。因此，通过游泳锻炼，可使人体变得苗条而富有曲线感。

与此同时，有些人还把游泳视为高效的“血管体操”。这是因为：其一，水对身体各部分有按摩作用，有助于血液循环和促进表皮细胞的新陈代谢，使人的肌肤更加光滑细腻，富于弹性和美感；其二，人体在水中运动时，节奏方面一般都比较缓慢，这对心脏的工作很有好处；其三，当进入水中时，人体皮肤和皮肤血管会急剧收缩，大量血液被驱入内脏和深部组织，使内脏器官增大。接着，皮肤血管也随之扩张，血液开始回流。这种来回往复有利于增强血管弹性，提高心脏机能，从而也促进形体健美。

游泳的姿势不限，距离可视体力等情况而定。研究表明，仅400m游泳而言，有氧系统供能就接近70%，如果采用持续游的方法游较长的距离则效果更佳。对体力较差者可采用间歇锻炼法练习。间歇时间的长短，可用心率来控制，在下一次练习前，心率一般为120次/分左右为宜，因为此时心脏处于良好的功能状态。普通健身者，完全可以采用嬉水、重复性慢游、间歇性慢游、定额慢(快)游等方式来练习。

然而，游泳锻炼也需认真注意。游泳前一定要做好准备活动，使全身肌肉和关节都活动开，以免抽筋，发生危险。不要空腹下水游泳，以免体内出现入不敷出，使大脑血糖供应不足，直至引发头昏眼花、四肢无力、面色苍白乃至晕倒等症状。同时，刚吃过饭就游泳也不好，容易造成体表血管扩张，胃肠血液相对减少而影响消化功能。鉴于此，游泳最好安排在饭后一小时进行，每次不要超过3h，而且每隔半小时应休息10min。若遇雷雨天气，不要游泳。游泳时，还应保护好眼、耳、鼻等器官，以免造成疾患。

6.骑自行车健身锻炼方法

中国是一个“自行车王国”，自行车是我国城乡广大人民的代步工具。骑自行车亦因为对下肢关节负荷较小，参加运动的肌肉较多(达100多块)，锻炼效果全面，运动量适中而受到人们的钟爱。人们或上班时权作交通工具，或郊游时以健身健心，或减肥时以车代步。更有人研究证明，自行车运动员的快缩肌(白肌)因运动反而变细变小。因此又是减肥者首推的运动项目之一。

骑车的时间可长可短，几十分钟至数小时均可。只须注意姿势和方法即可。骑车的姿势主要取决于自行车的结构。首先，骑车者要选用适合自己体型的车型。腿长的男性要选用横梁较长的男车，肩宽的要选用车把较宽的型号。其次，要对自己的用车进行适当的调整。自行车可调整的部位主要是车座和车把。车座的高度应调整到能使腿伸直或基本伸直为度，这样既可保证骑车时腿有伸直的休息阶段，也给人舒展的感觉。车把是调整上体姿势的主要部件，男性骑车时上体应保持略微前倾。

骑行时头部保持正直，双眼看前下方15～20m处，下颌不要前探，身子不要摇晃，亦不要用脚心和脚跟蹬车。蹬踏方法最好是用前脚掌踏在脚蹬子上，脚蹬转向前方时，脚、小腿、大腿能成一线，髋关节和膝关节依次用力。踝关节也可以协助用力，以减少动作的幅度。呼吸与车速配合，用腹式呼吸方法，尽量用鼻腔呼吸。骑车健身的方式不限，可慢骑行、定时骑行、定距骑行、重复骑行、变速骑行、间歇骑行等。

另外，上、下车时还要注意动作协调敏捷，不宜过猛，以免显得十分局促。上车时在车充分滑行后，内侧腿再舒展地摆过车座；下车时应在车速减慢时再下，不宜在高速行驶或完全静止时下车。此外，更要注意马路上的交通安全。

二、无氧运动锻炼方案的选择攻略

(一)无氧运动锻炼的供能特点

无氧运动是以无氧供能占优势的运动。运动中，如果ATP－CP系统的最大供能速率或输出功率为56J/(kg·s)，供能持续时间仅为7.5s左右。其供能特点是，供能总量少，持续时间短，功率输出最快，不需要O_2，不产生乳酸物质。随后体内的葡萄糖或糖原在无氧情况下分解产生乳酸的过程中，再合成ATP的能量系统，并释放能量，称无氧酵解。如果最大供能速率或输出功率为29.3J/(kg·s)，供能持续时间为33s左右。专门的无氧训练可有效提高乳酸能系统的供能能力。

从健身健美的角度看，无氧运动主要是发展人的速度、力量和爆发力，培养神经、肌肉的“强度”，提高人体的某些极限体能等。国际健身健美专家认为，对中老年人来说，应主要采用有氧负荷强度或混合强度练习，不宜强调无氧锻炼，他们认为，只有以有氧锻炼为主，对中老年身体好处才更大。故此，这里介绍的无氧运动健身技法一般只适宜健身健美运动员的体能性训练和供体质较好的健身锻炼者参考。

(二)无氧运动锻炼的分类

根据不同练习的不同特征，以人体的运动能力结合技术动作结构，可将无氧运动练习分为周期性练习、非周期性练习、混合性多元练习、固定组合练习及变异组合练习等。根据体能周期性练习中无氧供能的能量输出功率又可以分为三种强度的无氧练习。

1. 根据体能性周期性练习中能量输出功率分类

(1)极量强度的无氧练习。在这类练习中,无氧供能占总能需量的90%~100%,其中主要是磷酸原系统供能,能量输出功率可达480kJ/min,最长运动时间仅几秒。此类练习包括100m跑、短距离赛场自行车、50m游泳和50m潜泳等。

(2)近极量强度的无氧练习(混合的无氧强度练习)。在这类练习中,无氧供能占总能需量的75%~80%,其中一部分靠磷酸原系统供能,大部分靠乳酸能系统供能。能量输出功率为200~400kJ/min,最长运动时间为20~30s。属于这类练习的项目有200m和400m跑、100m游泳和500m速滑等。

(3)亚极量强度的无氧练习(无氧有氧强度练习)。在这类练习中无氧供能占总能需量的60%~70%,主要靠乳酸能系统供能。能量输出功率为160kJ/min,最长运动时间为1~2min,运动后血乳酸高达20~25mmol/L。氧运输系统功能一些指标可以接近或达到最大值。属于这类练习的项目有800m跑、200m游泳、1 000m和1 500m速滑以及1 000m赛场自行车赛等。

2. 根据体能性非周期性无氧练习的形式分类

(1)爆发性的练习。特点是快速完成一个或几个非周期性的、短时间的、大强度的、用力的动作。完成这类练习的时间从几秒到十几秒,有的项目还包括周期性动作。跳跃、投掷和举重项目均属此类练习。

(2)有定规变化的练习。它是由一些不同形式的单个动作按严格规定组合在一起的联合动作。竞技体操、技巧、武术、花样滑冰和跳水等均属此类练习。

(3)无定规变化的练习。它是由无定规的、急剧变换的、不同性质的、不同强度的动作组成的练习。其中既有爆发性用力,又有较小强度的负荷;既有紧张的活动期,又有一定的间歇休息。突出特点是随机应变。所有的球类项目、摔跤、拳击、山地滑雪等均属此类练习。

3. 根据人体运动能力和技术动作结构分类

(1)周期性单一练习方法。周期性单一练习手段是指周期性重复进行单一结构动作的身体练习。由于该类练习动作相对简单,动作环节相对较少,因此,较易使练习者学习、掌握并强化主要环节的训练。由于该类练习的动作方式较易设计,因此,可以作为体能主导类速度性、耐力性运动项群的主要练习手段和其他项群的基本练习手段。

1)全身周期性练习,分以下3种。

各种快跑练习:不同距离或时间的跑的练习。步法可为向前跑、垫步跑、交叉步跑、后蹬步跑及并步跑等。要求在动作正确的情况下,强调步法动作的规范性,提高速度素质和动作的节奏。

跳推杠铃练习:立姿,两脚自然站立,与肩同宽。两手翻握轻重量杠铃放置胸前。全身用力时,两脚交叉步或并步跳起,同时,两手上推杠铃到头顶至两臂伸直,连续练习若干次,练习若干组。要求在动作正确的情况下,重点发展无氧供能条件下的力量耐力和协调性素质。

拉测功仪练习:坐在测功仪上,按划船动作,做全身性拉桨练习,练习时上下肢配合,全力做 6～10min,做若干组。要求在动作正确的情况下,重点发展无氧与有氧混合供能条件下的速度耐力和力量耐力。

2)局部周期性练习,也可分为以下 3 种。

快速挥臂练习:原地站立,头上方悬吊重沙袋,做扣排球动作,连续挥臂拍击沙袋若干次,练习若干组。要求在动作正确的情况下,强调挥臂和鞭打速度。

卧推杠铃练习:仰卧卧推凳上,两手与肩同宽握杠,由胸前上推杠铃至两臂伸直,连续向上推若干次,练习若干组。要求在动作正确的情况下,强调提高胸、臂部位肌群的最大力量与速度力量,以及发达相应部位的肌肉。

拉橡皮带练习:立式上身前俯或俯卧式,两手由前方向后体侧拉橡皮带,反复多次做 3～10min,练习若干组。要求在动作正确的情况下,提高胸、臂部位的力量耐力。

(2)混合性多元练习方法。混合性多元练习手段是指将几种单一结构的动作混合进行的身体练习。由于该类练习的动作相对复杂、动作环节相对较多,因此,有利于形成复杂动作的神经联系、提高技能的储备量,有利于学习、掌握较为复杂的技术动作;由于该类练习的技术动作以非周期的方式表现于练习的整个过程,因此,有利于提高动作的协调性素质和时空感知能力,进而有利于提高运动员的整个运动能力。由于该类练习动作的环节较多,因此较易掌握不同环节的动作方法;由于该类练习动作特点与体能主导类力量性、技能主导类对抗性项群技术特点类似,因此,该类练习手段可以作为这些项群的主要练习手段。

1)全身混合性练习分以下 3 种。

跑动跨跳练习:中速跑,每跑 3 步跨步跳 1 次,连续跨跳 10 次。如固定距离可计时进行。每组练习 3～5 次,练习 2～3 组。要求:摆动腿尽量向前摆出,速度始终如一,跨步的幅度要大,以提高爆发力素质。

助跑掷枪练习法:按完整掷标枪动作练习。要求:助跑快速,变步清晰,制动有力,挥臂快速,出手利索。

助跑扣球练习:按排球助跑扣球完整动作的方法进行实际扣球练习。每组练习 5～8 次,练习 3～5 组。要求:助跑节奏清晰,起跳快速有力,跃起滞空时间较长,扣球挥臂迅速,落地缓冲轻松。

2)局部混合性练习也可分为以下 3 种。

助跑起跳练习：助跑10m起跳进行跳远练习，5步、7步、9步助跑单、双脚起跳手摸高练习；持杆助跑30m接插穴起跳练习等。要求：助跑与起跳环节衔接连贯，转换速度快。

助跑掷球练习：手持轻实心球，加速跑6～10m后侧交叉步跑3～5步，按掷标枪动作将球掷出。要求：助跑过程节奏清晰，出手速度快。

摆浪收腹练习：撑杆跳高动作的辅助练习之一。助跑起跳后，双手握在吊绳子，身体悬垂并随吊绳摆动之势屈腿或直腿收腹起。要求：摆浪收腹动作协调。

(3)固定组合练习方法。固定组合练习手段是将多种练习手段依固定形式组合的身体练习。运用该练习较易学习、掌握、巩固和应用成套的固定组合的练习动作，使练习动作娴熟化；较易获得与技术动作相匹配的运动机能和运动节奏，进而有利于提高运动能力；较易形成复杂动作的暂时性神经联系、提高技能的储备量和学习、掌握较为复杂的技术动作；较易获得运动的协调性素质和时空感知能力。由于该类练习动作特点与技能主导类表现性项群技术动作的特点类似，因此，该类练习手段是上述项群的主要练习手段。

各种自选拳练习：根据武术规则，将各种拳法、腿法及身法动作编排为成套的自选拳组合动作进行练习。要求：在动作正确情况下，按规定时间和技法完成练习，并达到提高无氧代谢能力的目的。

各种协调性练习：将各种脚步动作、跳跃动作和滚翻动作有机地编排成为各种成套的组合动作进行练习。要求：注意提高各个基本动作之间的衔接能力和动作的协调性。

(4)变异组合练习方法。变异组合练习手段是指在多元动作结构下，将多种练习手段依变异形式组合进行的身体练习。通过各种变异组合的练习，可以有效地提高运动过程的应变能力；可以提高对复杂状态的预见能力；可以提高各种运动战术的应用能力；可以提高与运动技术、运动战术相匹配的运动机能能力；可以提高对信号刺激的复杂反应能力，提高技能的储备量和掌握较为复杂的技术动作；可以有效提高运动的灵敏性素质和时空感知能力。由于该类练习动作特点与技能主导类对抗性项群技、战术动作的特点类似，因此，该类练习手段是上述项群的主要练习手段。

1)完整变异组合练习分以下3种。

各种格斗性对抗练习：摔跤、散手、拳击等格斗性项目的半场或全场实战练习。要求：攻防格斗动作快、脚步移动变换快、个人战术变换快。

各种同场性对抗练习：篮球、足球、手球等同场性项目的半场或全场实战练习。要求：攻防配合形式多、基本技术动作好、集体战术选择正确、个人战术应变快。

各种隔网性对抗练习：排球、网球、羽毛球等隔网性项目的半场或全场实战练习。要求：攻防配合密切、基本技术扎实、战术选择正确、战术应变迅速。

2)局部变异组合练习分以下两种。

进攻战术配合练习:在设置防守对手的情况下,专门进行少人或多人的某几种进攻战术配合应用的练习。要求:在恰当的进攻时机,选择适宜的进攻战术形式,并能合理地形成战术配合。

防守战术配合练习:在设置进攻对手的情况下,专门进行少人或多人的某几种防守战术配合应用的练习。要求:在对手进攻方式的变换下,能及时选择适宜的防守形式并能合理地形成防守战术配合。

第四节 形体塑造和健身锻炼后的机体恢复攻略

人类对运动性疲劳产生的机制及其恢复技法的研究已经进行了 123 年,并取得了可喜的研究成果。最具代表性的理论大致有:其一,衰竭学说——认为疲劳产生的原因是能量物质的耗竭。其二,堵塞学说——认为疲劳的产生是由于某些代谢产物在肌组织中的堆积。其三,内环境稳定失调学说——认为疲劳是由于 pH 值下降,水盐代谢紊乱和血浆渗透压改变等因素引起的。其四,保护性抑制学说——认为运动性疲劳是由于大脑皮质产生了保护抑制。其五,突变学说——认为疲劳是运动能力衰退、肌肉疲劳控制链断裂突变等因素引起的。此外还有自由基学说、神经激素学说等。

1982 年,第五届国际运动生物化学会议给疲劳下的定义是:“机体生理过程不能继续机能在特定水平上进行和/或不能维持预定的运动强度。”疲劳一般分为心理疲劳和身体疲劳。心理疲劳是由于心理活动造成的一种疲劳状态,其主观症状有:注意力不集中,记忆力障碍,理解、推理困难,脑力活动迟钝、不准确。行为改变表现为:动作迟缓,不灵敏,动作的协调能力下降,失眠、烦躁与不安等。身体疲劳是由身体活动或肌肉活动引起的,主要表现为运动能力的下降。身体疲劳分为全身的、局部的、中枢的、外周的等类型。身体疲劳常因活动的种类不同而产生不同的症状。在健身健美锻炼或竞赛中,身体疲劳和心理疲劳是密切联系的,故运动性疲劳是身心的疲劳。

疲劳的表现形式多种多样,引起疲劳或损伤的原因和部位也不尽相同,必须采用多种科学手段和技法才能加速机体功能的恢复。下面介绍几种常用的恢复技法,以供健身锻炼者参考。

一、活动性恢复攻略

1. 变换活动部位和调整运动强度

用转换活动的方式,如采用不同的肢体或部位轮流锻炼来消除疲劳,也称积极性休息。研究证明，与安静休息相比较，活动性休息可使乳酸的消除快1倍。此外，用调整运动强度的方法也可收到一定的恢复效果。

2. 整理活动

整理活动是指在正式练习后所做的一些加速机体功能恢复的较轻松的身体练习。通过整理活动，可减少肌肉的延迟性酸疼，有助于消除疲劳；使肌肉血流量增加，加速乳酸利用；预防激烈活动骤然停止可能引起的机体功能失调。例如，跑到终点后站立不动，血液大量集中在下肢扩张的血管内，使静脉回心血量减少，因而心输出量下降，血压降低，造成暂时性贫血，产生不适感，甚至出现“重力性休克”。此外，通过整理活动有利于再从事其他的练习。

二、营养恢复攻略

运动能力恢复的关键在于恢复机体的能量储备，包括肌肉及肝脏的糖原储备，关键酶的活性（维生素B复合体及微量元素等）及体液、元素（如铁）平衡，细胞膜的完整性等。无疑，补充营养是恢复的物质基础。

1. 能源物质的合理调配

如果把运动中需补充的热量按照蛋白质、脂肪、糖三者的比例划分为按需要均衡进补的方式，大多数项目运动员的膳食中，三种能量的补充比例为1.2∶0.8∶4.5；耐力性运动项目因其训练负荷的特点，要求膳食中糖的含量较高，故三种能量的搭配比例为1.2∶1∶7.5；而运动负荷量比较小的项目，则比普通人的能量补充稍高一些，三种能量的搭配比例为1∶0.6∶3.5。三种营养物质摄取总量应以能满足机体代谢需要为依据。

2. 营养物质的补充方法

(1)糖。糖是体内重要的能源物质，如果体内缺糖就会产生中枢疲劳，肌肉力量迅速减弱，运动速度减慢，甚至眼睛发黑、眩晕，产生强烈的饥饿感等。因此运动中糖的适量补充，无疑是提高运动能力的一个促进因素。长时间运动（1h以上），尤其激烈比赛时，应注意运动前、后和运动中补充糖。研究表明，运动前补糖宜安排在赛前数日内和赛前的1.5～2h，健美运动前即刻（半小时）补充适量的糖，可提高训练质量；运动中补糖可安排在每隔15～30min或每隔30～60min补糖为宜，这样可延缓疲劳发生；运动后的补糖时间愈早愈好，因为运动后是糖原恢复的最佳时间，也是肌肉吸收其他营养素的关键时期，故最好不超过运动后的6h。关于糖的补充量，一般认为，应限制为每小时50g或每千克体重1g。

一般健身锻炼者是否需要补糖应视情况而定；而减肥锻炼者一般不宜另外补糖，如运动前补糖，将减弱脂肪的分解。此外，运动员除运动前、中、后根据实际需要补糖外，其他时间也不必补充和食用加工过的糖。

(2)蛋白质。研究表明，运动员蛋白质的需要量高于一般人。日本及东欧一些国家提出运动员补蛋白质量为每千克体重2g或2g以上，而西欧一些报告提出每千克体重1.4g即可满足运动员的需要。我国普通人每千克体重约0.8g，减肥运动约1.2g或以上，增肌运动约1.6g或以上。国内根据估测氮平衡的实验结果，提出运动员蛋白质的供给量应为总热能的12%～15%，即每千克体重1.2～2.0g，健美运动员在特殊阶段每日蛋白质的补充量甚至达到每千克体重3g以上。

(3)脂肪。健身健美运动没有必要专门补充脂肪，膳食中适宜的脂肪量为总热量的20%～25%即可。游泳及冬季运动项目(如滑雪、滑冰等)因机体散热量较大，食物中脂肪可比其他项目高些，但也不宜超过总热量的35%。

(4)维生素。维生素参与机体的各种代谢，缺乏或不足时即可对运动能力产生不利的影响，表现为做功量降低、疲劳加重、肌肉无力等。补充缺乏的维生素，可以提高运动能力，同时提倡多吃含维生素丰富的食物。

(5)矿物质。参加健身健美运动使身体负荷加大，由于大量的排汗使身体对钾、钠、钙、磷、镁、铁的需要量增加，特别是对钾和钠的需要量明显增加，因而必须从食物中补充。

目前专门为运动员研制的各种强力营养食品和运动饮料对恢复体力和提高运动能力也有助益。

三、中医药和睡眠恢复攻略

应用中医药调理的目的在于提高机体抗病能力，增强免疫，改善代谢调节，提高训练效果。通过中药补剂提高免疫能力，对加速疲劳消除有良好作用。另外，通过外源性的抗氧化剂的补充可以减少大强度运动时氧自由基对机体的损害，常用的抗氧化剂中草药有人参、当归、生地、酸枣仁、阿魏酸、五味子等。

睡眠对功能的恢复是非常重要的，通过睡眠可使精神和体力得到恢复。

药剂的配制应由专门的运动保健医师负责进行，睡眠(包括午睡)的时间应视运动项目或个人需要而定。

四、物理恢复攻略

在大运动负荷训练之后，常采用按摩、理疗、吸氧、针灸、气功等医学物理手段加速机体恢复。这样往往能获得意想不到的恢复效果。这里介绍几则伤痛的自我按摩和消除疲劳的方法。

1.踝关节扭伤的自我按摩法

踝关节扭伤多因路面不平，行走不慎造成踝关节内翻、外侧韧带受损所致。一般表现为局部肿胀、疼痛、皮下淤血、不能行走。在损伤部位48h后或处于恢复期时，采用按摩疗法可尽快恢复踝关节的正常功能。

动作要领：手掌搓热、推摩踝部30次。点按腿上阳陵泉、昆仑、三阴交、足三里、绝骨穴。活动踝关节，由小范围至大范围30次。温热水泡足踝。1h后重复按揉一次。

2.腓肠肌痉挛的自我按摩法

腓肠肌痉挛是因下肢过度劳累、外伤、遭受寒冷刺激而引起，或因孕妇、老年人缺钙而引起的小腿腓肠肌突发抽搐疼痛的病症。

动作要领：端坐，以掌在腓肠肌疼痛处上端，轻摩1min。以中指或拇指按压承筋穴、承山穴，由轻到重1min，再用掌根按揉2min。以两手掌置小腿肌群两侧，用力击打共30次。两手握小腿后肌群对称用力反复搓揉30遍。将手放小腿肚后从上向下平推30次。早、晚各一次。

3.腰肌劳损的自我按摩法

腰肌劳损是一种慢性损伤性腰痛。多因经常弯腰负重或习惯性姿势不良引起腰部软组织急性损伤后迁移造成。

动作要领：仰卧，以掌揉按腹部3min，点按神阙、关元各1min。侧卧，以拇指尖在腰痛点按揉3min。坐位，两手摩擦发热后放在肾俞穴，反复熨帖30次。揉按腰眼50次。以两拳轮流捶击腰骶处50次。再以两手掌根按揉臀部环跳穴2min。中指或食指弹拨腘窝委中穴数次。以上按摩每日睡前和晨起各做一次。

4.压迫耳穴消除疲劳法

此法不仅能调节情绪，增加食欲，同时还可以使肌肉疲劳得到解除，并可降低高血压，使之处于正常值。

穴位选择：皮质下、肾、脾3个基本穴位。

方法：可选直径2mm左右的菜籽或中药种子，如草决明，用胶布将籽粒贴在选定的耳穴位，自己用手按压穴位，使其发热即可。每日早、中、晚各一次，根据需要可选择其中穴位。

5.减轻疲劳法

如果情绪过于激动，可设法做10次呼吸，并注意吸气要短，呼气要长，一次吸入，3～4次呼出。

如果双腿麻木，可以把腿使劲伸直，然后坐正，松动腿部。

如果是由于长期干重活而两手酸痛，可以将两手掌相合，来回快速搓动10～12s，使掌心产生强热感，最后摇动双手8～10次。

如果是由于紧张而两眼发胀、发酸，可以把双眼闭上5s，然后睁开，目视鼻梁，如此3～5次。

如果头部发胀、疲劳，此时宜坐直，头部用力后仰，拉动颈肌，使头在这种状态下停留8～10s，然后把头低垂在胸前静坐10～15s，如此重复几次。

6.调整平衡消除疲劳法

迅速消除疲劳的方法，是要调整生活节律，搞好以下平衡。

坐位劳动者应在工作或休息之余充分活动下半身，以调整上下平衡；右手频繁劳动，应不时活动左手，以调节左右平衡；口、鼻、眼、耳均面向前方，劳动也多为向前活动，因此下班后或休息时间，应该退着走一段路，以调整前后平衡；劳动过程肌肉多处于紧张状态，特别是有强迫体位的劳动，要时时注意松弛肌肉，以调整屈与伸展之间的不平衡；劳动易引起交感神经紧张，可通过室外呼吸（每次连续 20～30 次），以调整交感神经和副交感神经平衡；疲劳产生于觉醒阶段，每天应有足够的睡眠与觉醒之间的平衡。如果是体力疲劳，应以精神活动（如绘画、写字、听音乐、看电视等）调整，以达到精神和体力之间的平衡；要保持消耗与供给之间的平衡，就要尽量合理地补充营养，并充分利用不同食物之间营养成分的互补作用，而且不要偏食，偏食极易产生疲劳。

第三章　成年男性健身的饮食原则与营养制订攻略

第一节　健康和健身运动与营养的关系

营养是人体进行健身运动的重要物质基础。而人体的各种生理活动和体力活动，乃至人体生命的存在都离不开营养。随着体育科学的发展，人们不仅可以用科学的营养方法来维护运动者的身体健康，而且能根据不同运动项目的特点，科学地利用营养来促进运动水平的提高。

人体在激烈运动时，能量消耗很多，机体的代谢强度也很大。不同的项目和运动性质，可以促进机体对不同营养物质的利用，同时提高不同性质的代谢机能。另外，机体对营养物质利用的水平越高和不同性质的代谢机能越旺盛，人体生命活动的能力就越强，运动的层次就越高。因此，营养与健身运动互为促进，是发展和完善人体的重要因素。

合理的营养与运动对于保持人体健康，预防疾病，促进养生长寿也是十分重要的。营养不良或不合理，运动不足或不科学，会使人体的生长发育受阻，机体的免疫能力下降，人体的各种机能能力下降，生命力不旺盛，甚至影响遗传、健身、健美以及养生与长寿。可见，凡是健康完善的躯体，是与良好的营养和科学的健身运动分不开的。总之，营养与健身对于我们的身体健康而言起着异曲同工的效果。

一、营养对健康和健身运动的意义

科学、合理的营养除了保证人体正常的生长发育和身体健康之外，更重要的是可以良好地维持人的脑力和体力活动，特别是人体在参加健身锻炼活动时，营养的摄入以及科学的利用显得更为重要。如果不进行科学、合理的膳食，不仅影响运动水平的提高，更重要的是影响身体健康。

在能量代谢方面，健身运动人群具有能量代谢高的特点，例如健身健美爱好者在进行训练时肌肉代谢可以比静止状态下的代谢高约 1 000 倍。人体在剧烈运动时，机体的代谢强度更高，在短时间内可以消耗大量的能量(即营养物质)，且有许多时间是在负氧债的情况下进行的，所以对体内的营养物质提出了更高的要求。

人体在参加健身锻炼时，运动项目与运动性质有所不同，因此，在摄入营养物质时，必须要依据不同的特点进行，以适应体内代谢过程的特点，保持运动水平的提高和体质健康的增强。

人体在进行剧烈运动时，体内细胞的破坏与新生也相应增加。红细胞的组成成分是蛋白质和铁，若这类营养素供给不足，可能导致运动性贫血，影响运动时氧代谢能力，降低耐久力，长期如此，还可能严重影响健康，因此，要及时、适量地补充蛋白质和铁。在十分激烈的运动时，体内维生素的消耗明显增加，激素和酶的反应十分活跃，一旦缺乏，神经系统的兴奋性、激素和酶的活性都急骤降低，运动能力也受限。人体在运动时，体内的酸性代谢产物堆积，适量、合理地补充一些矿物质，有利于代谢产物的排泄，从而达到消除疲劳的目的。

我国居民的饮食是以糖类为主体，适应参加一些耐力性项目的锻炼，但同时蛋白质、脂肪、维生素、矿物质以及某些微量元素也不能忽视，特别是健美增肌人群，蛋白质的摄入量更是不能少。长期参加健身锻炼的人，科学、合理地安排膳食中的营养素是极为重要的。

二、健康和健身运动对营养的基本要求

长期从事健身锻炼和运动训练的人，机体的能量消耗以及代谢水平显然高于一般人，所以对营养的要求也有明显的特点。

1. 要注意不同能量物质的摄入比例

健身运动者并非是吃肉越多越好，而是要根据不同的消耗特点，合理配备各种营养素的比例，我国居民的膳食能量是以糖为主的，脂肪的摄入量最少。在多数情况下，健身锻炼者的摄入比例是蛋白质:脂肪:糖为 1∶(0.7～0.84)∶4，经常从事耐力项目的锻炼者，糖的比例更高，即蛋白质:脂肪:糖为 1∶1∶7。总的原则是高糖低脂肪。而某些健美增肌人群蛋白质∶脂肪∶糖的比例有时可能达到 1∶1∶3 左右。

2. 要注意糖的补充及保持能量平衡

人体运动时，其能量消耗很大，如果不及时地补充，可能会导致运动能力和运动成绩下降，同时影响身体健康。补充糖（碳水化合物）在健身运动中是非重重要的，体内糖的有氧氧化是运动中能量供给最主要而且最直接的来源。运动前补糖可以增加体内糖原储备和血糖来源；运动中补糖可以提高血糖水平，节约储备糖原的消耗，延长运动时间；运动后补糖可以加速糖原储备的恢复。我们知道体内糖原水平不仅与运动耐力密切相关，而且很大程度上也是造成运动疲劳的主要原因。

能量补充时，要根据运动项目的不同和运动负荷的不同来考虑补充不同量的能量。有些项目能量消耗大，有些消耗小，必须区别对待。一般大多数运动项目，如果运动负荷较大，那么一个人每天的能量消耗约为 3 500kcal。

在健身过程中如何正确的补糖呢？尤其对于健美增肌人群和大强度训练者，我们可以根据下面的原则和方法进行。在运动前的3～4h，可以补充200～300g的碳水化合物，如面包、水果等，这样可以增加体内的糖原储备。运动前30min，还要补充一些含糖的运动饮料，一般含糖10%，每次250mL左右。运动中补糖可以明显的增加运动能力，延缓疲劳的发生，因此在长时间运动中每隔30～60min，还要补充上述含糖饮料150～200mL。运动后补糖是很容易被人们忽视的，为什么我们要强调运动后补糖呢？这是因为在运动过程中，体内的糖原都被消耗了，这时候补糖对于恢复体内糖原水平最有效。运动后补糖在时间上要求越早越好，最理想的是在运动后即刻补糖及每隔1～2h连续补糖，每小时补糖25g，2h达到50g，少量多次。

那么采用什么方式补糖呢？糖的种类有很多，其中葡萄糖吸收最快，果糖引起的胰岛素分泌作用较小，二者适宜联合使用；低聚糖具有渗透压低、甜度小、吸收快等特点，非常适宜健身运动中使用；淀粉类食物除了含有各种复合糖外，还含有维生素、无机盐和纤维素，可在运动后的饭食中摄入。

一般来讲，健身运动后，能量消耗得多，补充也必须多，并且要有一定的能量储备。但能量的补充不宜过多，过多的能量将引起体脂增多，身体发胖。因此，膳食要强调科学、合理、适量、平衡。

3. 要特别注重蛋白质的摄入

长时间的有氧运动和工作使蛋白质代谢加强，会增加蛋白质的需要量；力量训练因使肌肉组织增加也需要增加蛋白质的摄入量；运动过程中，由于细胞破坏增加、肌蛋白和红细胞合成代谢亢进以及应激时激素和神经调节等反应，也会增加对蛋白质摄入的需要。因此健身人群一般都非常重视蛋白质的补充。

如何科学补充蛋白质呢？要特别注意蛋白质的营养价值，也就是必需氨基酸的含量和模式。总体来说动物性蛋白的生物学价值高于植物性蛋白，但是单纯靠一些大鱼大肉来补充蛋白质的方法是不值得提倡的，因为在鱼、肉类食物中，虽然含有一定量的蛋白质，但是同时含有大量的脂肪和胆固醇。我们摄入这些食物的时候，在获得蛋白质的同时必然会伴随着大量脂肪和胆固醇的摄入，而后者是我们所不希望发生的。因此，我们推荐在健身以后，要额外补充一些优质的蛋白粉。蛋白粉中主要是以蛋白质为主，脂肪和胆固醇的含量甚低。蛋白粉的种类很多，其中乳清蛋白是从牛乳中提取纯化的，是目前发现的生物学价值最高的一种蛋白质，具有吸收迅速、吸收完全、吸收率高、无脂肪和胆固醇等特点，是补充蛋白质的理想来源，每天补充20g左右的蛋白粉就可以起到显著的健身效果。大豆蛋白虽然在氨基酸组成和吸收利用率上不如乳清蛋白，但是由于大豆蛋白中含有一种称为“植物雌激素”的物质，特别适宜女性健身人群使用。还有奶类、蛋类和豆制品也是蛋白质的优质来源。各类海产品不仅蛋白质含量高、质量好，而且脂肪含量低，是补充优质蛋白的最佳选择。豆制品是植物性食物中蛋白质含量最丰富的食品,每日进食 100g 豆制品类食物也是一种好习惯。

4. 适当补充维生素和微量元素

人体在从事剧烈运动时,神经高度紧张,机体代谢很旺盛,激素的分泌大量增加,排汗量很多,维生素的消耗也较多,因此,必须补充适量的维生素。如果补充合理、及时,则可以有效地提高人体运动能力,促进人体健康发展。维生素的摄入量可因运动项目、强度不同而有所区别。如运动时间较长的耐力性锻炼,对维生素 B_1、C 的需要量很大。

维生素和微量元素的补充主要是通过合理的膳食来实现的,首先,要做到膳食种类的多样化,避免挑食。因为不同食物中维生素和微量元素的种类和含量是不同的,例如,水果中面维生素 C 的含量很丰富,但是维生素 B_1 则主要来源于谷类食物。其次,复合维生素和微量元素制剂的使用对于有效补充各种维生素和微量元素是必要和有益的。特别是一些专门针对运动健身人群开发设计的维生素和微量元素补充剂,充分考虑到健身人群的特殊需求和身体中各种维生素和微量元素的实际情况,做到有针对性地补充,避免了使用普通产品造成的缺少的补充不足、不缺少的又补充过量的现象。

5. 要注意抗氧化剂的合理补充

机体的抗氧化物质有自身合成的,也有由食物供给的。众多的抗氧化酶和抗氧化剂构成了身体中的抗氧化系统。膳食中主要的抗氧化剂包括番茄红素、维生素 E、维生素 C、硒和牛磺酸等。

番茄红素是类胡萝卜素的一种,属于植物来源的维生素 A。番茄红素是目前发现的功能最强大的抗氧化剂,它的抗氧化活性是维生素 E 的 100 倍。每天补充 10mg 番茄红素,对于清除体内自由基、消除疲劳、提高机体免疫力都有明显的促进作用。

维生素 E 是细胞膜内重要的抗氧化物质,并对肌肉收缩期间的能量供给和钙离子释放与摄取有重要作用。补充维生素 E(每天 400～1 600IU)可减少大强度运动和其他情况引起的自由基增加对机体的损伤。

维生素 C 具有很多生物学功能,如参与集体的氧化还原过程、造血和解毒等。补充维生素 C 可以明显降低运动引起的氧化反应。

硒是身体里一种抗氧化酶——谷胱甘肽过氧化酶的必需成分,该酶可以减轻运动引起的脂质过氧化程度。补硒能够提高谷胱甘肽过氧化酶的活力,从而提高抗氧化能力。

6. 要注意钙的补充

健身人群每天的钙摄入量应该高于普通人,每日钙的推荐食物供给量可以达到 1 000～1 200mg。钙的补充一方面要通过食物补充,其中牛奶和奶制品是钙的主要来源,其钙的含量和吸收率都比其他食物要高。虾皮、干海带、豆类和绿色蔬菜也是钙的主要来源,健身人群应该注意多选择这些含钙丰富和钙吸收率高的食物。

膳食以外的单独补钙也不容忽视,补钙要在进餐时服用,这样可以提高吸收率。同时还要注意剂量不要过大,防止补钙过量。健身人群只要补足需要的钙量即可,应避免长期过量补钙。长期过量补钙既增加了肾结石的危险,又会影响铁、锌、镁、磷等元素的正常吸收。

7. 要注意补充足够的水和电解质

健身动动中因为出汗会造成机体大量体液丢失,因此在运动前后及运动过程中要特别注意水的补充。人们在补水的问题上,存在几个误区。第一个就是口渴才补水,其实当人体感到口渴的时候,失水就已经达到体重的3%,即机体已处于轻度脱水的状态,所以我们提倡预防性补水。第二个误区就是一次补充大量的水,短时间内大量补水,会造成恶心不适和排尿增加,从而影响到机体的运动能力,补水应该遵循少量多次的原则。补水的第三个误区是在运动过程中单纯补充纯水。在运动过程中补水应该避免补充纯水,而是要将补水与补糖、补电解质结合起来,因为随着水的丢失还会损失大量的电解质,而单纯补水会进一步加重体内电解质紊乱。

因此专家推荐运动饮料是非常理想的补液形式。运动饮料在补水的同时还可以补充足够的糖和钠、钾等电解质。一种好的运动饮料应该符合以下标准:低渗透压,糖含量在10%左右,含有包括葡萄糖、低聚糖等复合糖,口感适宜,电解质含量适中,含有一定的无机盐,不含二氧化碳等。

8. 要注意食物的合理选用与烹调

对健身锻炼者的膳食调理,要尽量选择那些容易消化吸收、营养丰富的食物,同时要考虑酸碱性食物的搭配,烹调时要尽量保存食物的营养成分,如青菜不能蒸煮等。另外,还要注意食物的色、香、味,使其有利于增进锻炼者的食欲。

9. 要建立合理的膳食制度

一是严格控制饮食时间。要求锻炼者进食的时间与锻炼的时间相适应,一般运动前1.5~2.5h进食和运动后30min以上再进食为好;否则,不利于运动和身体健康。二是严格控制每餐的食量。健身锻炼者更应该重视一日三餐的食量与营养成分的科学搭配。其基本原则是运动前的一餐食量不宜过多,保证有较多的糖、维生素和磷,少量的脂肪和纤维素即可;运动后的一餐食量适当多一些,营养素更充分一些;一般晚餐的食量不宜过多,脂肪和蛋白质以及刺激性的食物也不宜过多,以免影响睡眠,不利于运动后的体能恢复;有早锻炼习惯的人,早餐应含蛋白质和维生素多一些,因为机体经过一夜的基础代谢和早锻炼,消耗了大量的能量,必须补充。健身健美锻炼者也可采用一日五餐制。

10. 要注意男性营养素补充的侧重点

性别不同，其身体结构、激素水平、物质代谢等都会有所差异，所以不同性别对于营养物质的需求也不同，这一点也要引起健身人群的特别重视。男性特别要注重铬，镁，锌，维生素 A、B_6、C、E，纤维素和水等 9 大营养素的补充。

第二节 我国民众的营养目标与健康饮食攻略

营养是谋求(营)养生(身)的意识。营养素是指维持人体正常生长发育和生存的物质，包括碳水化合物(糖)、脂肪、蛋白质、无机盐、维生素、水及膳食纤维七大营养素。每种成分在食物中都起着重要的作用，人们的健康取决于每种成分的合理摄入量及各种成分的合理搭配。

我们说毅力加科学锻炼加合理的营养，是健身锻炼的成功之路。只有科学的饮食营养，才能获取健身锻炼的最佳效果，才能促进人体的健康与长寿。毫无疑问，营养是运动锻炼与健康、健美及长寿的基础。尽管热量的摄取是当前减肥、健美与养生热中一个重要话题，但本书帮助广大健身者解决的问题不仅仅只是会计算热卡，一个人所摄取的食物类型和方式对其总体的健康状况起着极其重要的作用。在本书中，几乎每一章节都反复强调了健康、健美与长寿的法宝是运动锻炼。在此我们想告诉大家的是：饮食营养＋运动锻炼＝健身健美与长寿。即饮食营养是运动锻炼的基础，运动锻炼又是通向健身、健美、健康与长寿的必由之路。

一、我国民众的营养目标与健康饮食方案的基本要求

1. 我国民众的营养目标

1993 年 6 月，我国国务院颁布了《九十年代中国食物结构改革与发展纲要》，强调了我国 20 世纪 90 年代食物工作的重点。要求 20 世纪末人均每日营养素供给量达到世界平均水平。城乡居民人均每日的主要营养素供给水平要分别达到：热量 2 520kcal 和 2 630kcal，蛋白质 74g 和 71g，脂肪 81g 和 68g。2010 年，中国营养学会在最新出版的《中国居民膳食指南(2010)》中又提出了新的营养目标参数。然而，令人担忧的是，有着 5 000 年文明历史的中国，仅仅在 20 世纪 80 年代这一很短的时期里人们真正处于完全健康状态之中。如今，我国由于人们物质生活和饮食习惯的改变又进入了亚健康状态，这足以让我们警醒，必须尽快改变饮食结构和生活习惯，否则后患无穷。这里推荐的 WHO 的饮食结构(饮食计划)是一种平衡饮食结构，值得遵从。WHO 推荐的膳食构成是：来自碳水化合物(糖类)的能量为 55％～65％，来自脂肪的能量为 20％～30％(饱和脂肪宜少于 10％)，来自蛋白质的能量为 11％～15％。

总的来说应注意做到以下几点。

(1)增加糖类(碳水化合物)的摄取(应由原来占食物总量的46%～58%提高到55%～65%),同时要不断减少单糖的摄入量。

(2)减少总脂肪量(42%～30%)和饱和脂肪(16%～10%)的摄入量,摄入量应向下限看齐。

(3)限制每天食物中胆固醇的摄入量,不超过300mg/d。

(4)降低盐的摄入量,减少50%～85%,直到每天仅仅摄入3～5g,重体力活动者除外。

2. 国民健康饮食方案的基本要求

我们知道,合理营养是健康的物资基础,而平衡膳食又是合理营养的根本途径。根据《中国居民膳食指南(2010)》的条目并参照膳食宝塔(图3-1)的内容说明来安排日常饮食和身体活动是通往健康的光明之路。

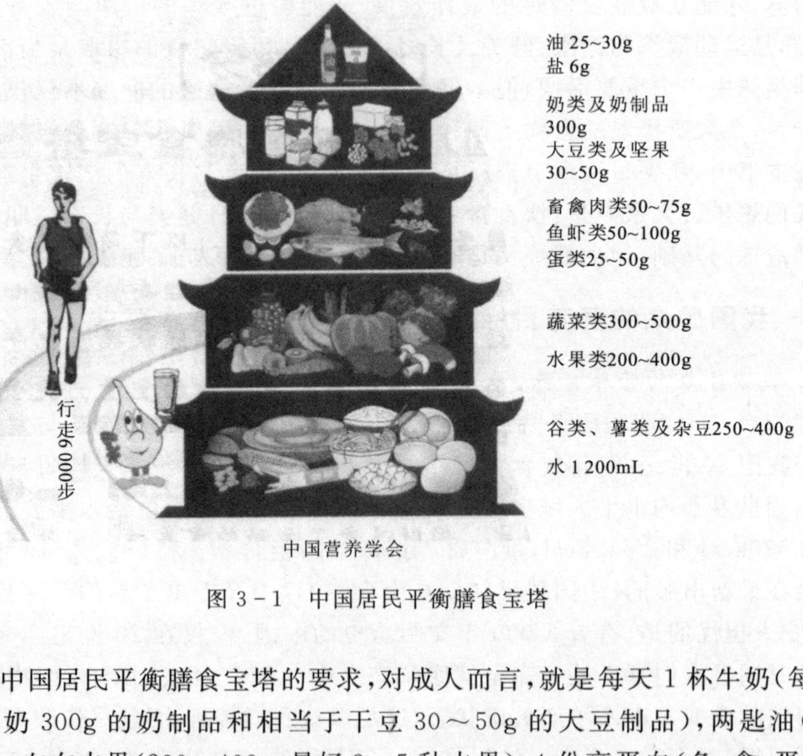

图3-1 中国居民平衡膳食宝塔

按照中国居民平衡膳食宝塔的要求,对成人而言,就是每天1杯牛奶(每天饮相当于鲜奶300g的奶制品和相当于干豆30～50g的大豆制品),两匙油(25～30g),300g左右水果(200～400g,最好3～5种水果),4份高蛋白(鱼、禽、蛋、肉等动物性食物总共125～225g。例如,鱼虾类50～100g,畜、禽肉类50～75g,蛋类25～50g),500g蔬菜(300～500g),6g盐(2006年,世界卫生组织将盐的上限改为5g),350g左右粮食(即250～400g,其中最好包括50～100g粗粮),8杯水左右(在温和气候条件下生活的轻体力活动者每日至少饮水 1 200mL 以上——即最少应达 6 杯水),九成饱,十千步(每天进行累计相当于步行 6 000～10 000 步身体活动量,如果身体条件允许,最好进行 30min 中等强度的运动)。但病人、少年儿童、减肥者、60 岁以上老人和孕妇等,普通饮食满足不了,或肠胃功能障碍吸收困难,或负担加重,就需调整膳食结构和食物量,必要时应补充维生素和矿物质甚至全营养素[注:膳食宝塔中所标示的各类食物的建议量下限为能量水平 7 550kJ (1 800kcal)的建议量,上限为能量水平 10 900kJ(2 600kcal)的建议量]。

二、制订健康膳食营养方案的攻略

怎样制订健康的饮食方案呢?人们为了满足机体的营养需求,促进健康、健美和长寿,预防疾病,应该参照中国居民平衡膳食宝塔和中国居民膳食指南,并根据个人的实际情况制订膳食营养计划或处方,做到平衡饮食。健身人群膳食营养计划或处方的制订应该是对中国居民平衡膳食宝塔科学合理的运用。制订膳食营养计划或处方的步骤如下。

1. 根据年龄、性别、体力强度、生理状态确定每天的能量需求

膳食宝塔中建议的每人每日各类食物适宜摄入量范围适用于一般健康成人,在实际应用时要根据个人年龄、性别、身高、体重、劳动强度、季节等情况适当调整。青少年、身体活动强度大的人需要的能量高,应适当多吃些主食;中老年、活动少的人需要的能量少,可少吃些主食。能量是决定食物摄入量的首要因素,一般说人们的进食量可自动调节,当一个人的食欲得到满足时,对能量的需要也就会得到满足。但由于人们膳食中脂肪摄入的增加和日常身体活动减少,尤其是都市白领人群目前的能量摄入大多超过了自身的实际需要。对于正常成人,体重是判定能量平衡的最好指标,每个人应根据自身的体重及变化适当调整食物的摄入,主要应调整的是含能量较多的食物。

中国成年男性平均能量摄入水平(表 3-1)是根据 2002 年中国居民营养与健康状况调查的结果进行适当修正形成的。它可以作为消费者选择能量摄入水平的参考。在实际应用时每个人要根据自己的生理状态、生活特点、身体活动程度及体重情况进行调整。

表 3-1 中国成年男性* 的平均能量摄入水平(修正值)

年龄组	城市 kJ(kcal)	农村 kJ(kcal)
	男	男
18～59 岁	9 200(2 200)	10 900(2 600)
60 岁以上	8 350(2 000)	10 050(2 400)

注:* 年龄 18～79 岁,BMI:18.5～24.9,无高血压、糖尿病、血脂异常。

能量是人体维持基本生命活动并进行各种体力活动所必需的，每个健身者因为其年龄、性别、体力活动的强度、生理状态的不同，能量需求也不同。如果人体摄入的能量不足，机体会动用自身的能量储备甚至消耗自身的组织以满足生命活动能量的需要；相反，能量摄入过剩则在体内会不断储存。因此能量平衡是膳食计划的首要问题。科学的膳食，不但要有足够的热量供应，以保证机体的需要；而且能量摄入又不能过量，防止体内能量蓄积造成肥胖。

根据中国营养学会的推荐，从事极轻劳动的成年人的能量需求为每天 37～40kcal/$kg_{体重}$；从事轻劳动的成年人则每天需要 41～43kcal/$kg_{体重}$；较重的体力劳动者，此值要增加到 50 以上。对于有特殊健身目的的人群，有资料推荐增肌人群的能量需求每天为 44～52kcal/$kg_{体重}$，减肥人群可以控制在每天约 30kcal/$kg_{体重}$。

以一个体重 70kg 的中壮年健身爱好者为例，每天每千克体重需要 35～45kcal 的热量，则一天大约需要摄入 2 450～3 150kcal 的热量。如果进行增肌健美训练，其每天所需热量还可能更多。

2. 根据自己的能量水平确定食物需要

膳食宝塔建议的每人每日各类食物适宜摄入量范围适用于一般健康成年人，按照 7 个能量水平分别建议了 10 类食物的摄入量，健身者应用时要根据自身的能量需要进行选择(表 3－2)，建议量均为食物可食部分的生重。进行健身健美锻炼的人各类食物需要量又要高于一般健康成年人。

膳食宝塔建议的各类食物摄入量是一个平均值。每日膳食中应尽量包含膳食

表 3－2　按照 7 个不同能量水平建议的食物摄入量(单位:g/d)

能量水平	6 700kJ (1 600kcal)	7 550kJ (1 800kcal)	8 350kJ (2 000kcal)	9 200kJ (2 200kcal)	10 050kJ (2 400kcal)	10 500kJ (2 600kcal)	11 700kJ (2 800kcal)
谷类	225	250	300	300	350	400	450
大豆类	30	30	40	40	40	50	50
蔬菜	300	300	350	400	450	500	500
水果	200	200	300	300	400	400	500
肉类	50	50	50	75	75	75	75
乳类	300	300	300	300	300	300	300
蛋类	25	25	25	50	50	50	50
水产品	50	50	75	75	75	100	100
烹调油	20	25	25	25	30	30	30
食盐	6	6	6	6	6	6	6

宝塔中的各类食物。但无须每日都严格照着膳食宝塔建议的各类食物的量吃，例如烧鱼比较麻烦，就不一定每天都吃 50～100g 鱼，可以改成每周吃 2～3 次鱼、每次 150～200g 较为切实可行。实际上平日喜欢吃鱼的多吃些鱼，愿吃鸡的多吃些鸡都无妨碍，重要的是一定要经常遵循膳食宝塔各层中各类食物的大体比例。在一段时间内，比如一周，各类食物摄入量平均值应当符合膳食宝塔的建议量。

3. 根据糖、蛋白质、脂肪三大营养素的供能比例确定能量分配

糖、蛋白质、脂肪是提供人体所需能量的三大产热营养素，不同人群三大营养素的供能比例是不同的。按照 WHO 推荐的适宜膳食能量结构，一般人群糖、蛋白质、脂肪的供能比例为 55%～65%、11%～15%、20%～30%。健身健美人群糖、蛋白质、脂肪的供能比例为 60%～65%、15%～20%、20%。而且早、中、晚三餐的能量分配也要合理，三餐能量摄入大致要遵循 3∶4∶3 的比例，参加健美锻炼的人如果每天进餐 5～6 次，可根据时间将加餐分别归入早、中、晚餐计算。

例如，有一位健壮的中年男性健美爱好者糖、蛋白质、脂肪的能量来源分别以 60%、20%、20% 计算的话，则应有 1 890kcal 热量来自糖，630kcal 来自蛋白质，630kcal 来自脂肪，分别为：

糖＝3 150kcal×60%＝1 890kcal；

蛋白质＝3 150kcal×20%＝630kcal；

脂肪＝3 150kcal×20%＝630kcal。

4. 根据供热营养素的产热系数确定三大营养素的量

每克糖、蛋白质、脂肪在体内氧化产生的能量值称为产热系数，食物中每克糖能提供 4kcal 的热量，每克蛋白质也提供 4kcal 热量，而每克脂肪提供 9kcal。所以上例健美中年男子的能量分别需要 472.5g 碳水化合物、157.5g 蛋白质和 70g 脂肪：

糖＝1890kcal÷4kcal/g＝472.5g；

蛋白质＝630kcal÷4kcal/g＝157.5g；

脂肪＝630kcal÷9kcal/g＝70g。

5. 根据食物成分表确定提供三大营养素的食物种类

将上述的营养素分配到不同的食物中，保证食物的多样化，同时要摄入足够的蔬菜和水果，以保证维生素、矿物质和膳食纤维的摄入量（表 3－3）。

上述表格及其膳食内容并非要求中老年朋友照搬运用，而是提供换算参考，一般的中老年健身者大多采用一日三餐制，且能量标准亦大大低于上述要求，故需根据实际情况灵活运用。

表 3-3　70kg 体重的男性中年健美爱好者的增肌膳食配餐处方范例

餐次	食物	摄入量
早餐	鸡蛋	1 个
	鸡蛋清	3 个
	油菜	100～150g
	瘦牛肉	50～75g
	面条	100～125g
	花生油	5～8g
早加餐	鲜牛奶	225mL
	面包	100～150g
	苹果	1 个
午餐	瘦猪肉	100～150g
	蒸米饭	200～250g
	芹菜	200g
	白萝卜	200g
	洋葱	60g
	花生油	10～15g
运动前 2h	鸡蛋清	3 个
	香蕉	2 根
	馒头	100g
运动后 30min	蛋白粉	20g
	肌酸	5g
	10%低聚糖饮料	500mL
	谷氨酰胺	4g
晚餐	鱼	100～150g
	青菜	200g
	馒头	150g
	番茄	1 个
	黄瓜	1 根
	花生油	10g

6. 注意同类食物的互换，调配丰富多彩的膳食

人们吃多种多样的食物不仅是为了获得均衡的营养，也是为了使饮食更加丰富多彩，以满足人们的口味享受。假如我们每天都吃同样的 50g 肉、40g 豆，难免

久食生厌，那么合理营养也就无从谈起了。膳食宝塔包含的每一类食物中都有许多品种，虽然每种食物都与另一种不完全相同，但同一类中各种食物所含营养成分往往大体上近似，在膳食中可以互相替换。

应用膳食宝塔可把营养与美味结合起来，按照同类互换、多种多样的原则调配一日三餐。同类互换就是以粮换粮、以豆换豆、以肉换肉。例如，大米可与面粉或杂粮互换，馒头可与相应量的面条、烙饼、面包等互换；大豆可与相当量的豆制品互换；瘦猪肉可与等量的鸡、鸭、牛、羊、兔肉互换；鱼可与虾、蟹等水产品互换；牛奶可与羊奶、酸奶、奶粉或奶酪等互换。

多种多样就是选用品种、形态、颜色、口感多样的食物和变换烹调方法。例如，每日吃 40g 豆类及豆制品，掌握了同类互换、多种多样的原则就可以变换出多种吃法，可以全量互换，即全换成相当量的豆浆或豆干，今天喝豆浆，明天吃豆干；也可以分量互换，如 1/3 换豆浆、1/3 换腐竹、1/3 换豆腐，早餐喝豆浆，中餐吃凉拌腐竹，晚餐再喝一碗酸辣豆腐汤。

7. 要因地制宜充分利用当地资源

我国幅员辽阔，各地的饮食习惯及物产不尽相同，只有因地制宜充分利用当地资源才能有效地应用膳食宝塔。例如，牧区奶类资源丰富，可适当提高奶类摄入量；渔区可适当提高鱼及其他水产品摄入量；农村山区则可利用山羊奶，以及花生、瓜子、核桃、榛子等资源。在某些情况下，由于地域、经济或物产所限无法采用同类互换时，也可以暂用豆类代替乳类、肉类；或用蛋类代替鱼、肉；不得已时也可用花生、瓜子、榛子、核桃等坚果代替大豆或肉、鱼、奶等动物性食物。

8. 要养成习惯，长期坚持

膳食对健康的影响是长期的结果。应用平衡膳食宝塔需要养成习惯，并坚持不懈，才能充分体现其对健康和长寿的重大促进作用。

第三节　健康和健身运动的饮食原则与膳食指南

一、健康和健身运动的饮食原则

人体所需要的一切营养素与热能都是来自食物。因此，饮食营养是构建身体的基础，同时也是能量的源泉。假如我们将人体比喻为一座建筑物，那么构建这个“建筑物”的建筑材料就是食物中的碳水化合物、蛋白质、脂类、维生素、无机盐与水等营养素成分。

健身锻炼是人体的一个良性刺激，而合理的膳食营养则是人体对于运动刺激做出积极反应的策应。在促进人体健康，提高人体对环境适应能力的过程中，科学的锻炼与合理的膳食营养是唇齿相连、相辅相成的。如何膳食才能在保证健康的基础上，提高健身健美锻炼的效率以及获得良好的锻炼结果，以下原则应该是健身指导员经常给会员的老生常谈。

(1)要将过去以生存为目的的餐食动机，转变到讲究营养，确保工作、学习和健身健美锻炼的餐食目的上来。

(2)要保证营养素摄取平衡，力求做到能量平衡、均衡及酸碱平衡等。

(3)要优选物美价廉、热量较低、营养含量较高的食物作为健身健美食品。

(4)要以少量的食物摄取更多的营养，从较多的营养中获得健美的优势。

(5)要坚持以粗、素、淡、果和蔬菜为主的杂食方式。不要过分迷信和追求珍馐、药物等补品，也不可过度限制脂肪。科学使用营养补剂。

(6)要大忌偏食，避免暴饮贪食或盲目节食，消除影响健康的隐患。

(7)要改变有害于健身健美锻炼的餐食习惯，日餐多次，并补充足够的水。少吃经过腌、熏、晒、烤的肉和经过加工处理的香肠等肉类食品。少吃热量高的食物，不多吃热量少的食物。

(8)要纠正不科学的烹饪方法，把营养损失减少到最小程度。

(9)要尽量做到膳不过咸、嗜不过甜、酒不过量、烟不沾嘴、食不忌讳、吃不求精、烩不求细、少食多餐、食不过饱、物不单一、定时不缺。

(10)要切忌快食、蹲食、走食、卧食、吞食、暴食、笑食、愁食、泡食、烫食和挑食。

二、中国居民的膳食指南

中国居民膳食指南是根据营养学原则、结合国情制订的，以教育人民群众采用平衡膳食、摄取合理营养促进健康的指导性意见。其具体内容包括10条：①食物多样，谷类为主、粗细搭配；②多吃蔬菜、水果和薯类；③每天吃奶类、豆类或其制品；④常吃适量鱼、禽、蛋和瘦肉(少吃肥肉和荤油)；⑤减少烹调油用量，吃清淡少盐的膳食；⑥食不过量(和体力活动要平衡)，天天运动，保持健康体重；⑦三餐分配要合理，零食要适当；⑧每天足量饮水，合理选择饮料；⑨饮酒应适量；⑩吃清洁、新鲜、卫生、不变质的食物。

三、世界发达国家居民的膳食指南

1. 美国的饮食指南

由美国国家科学院委员会提出的美国饮食指南，具体为：①每天由脂肪供给的热能不超过总热能的30%，胆固醇摄入量低入300mg；②碳水化合物供热比例达到55%，以淀粉为主；③蛋白质摄入量要适中，每1kg体重为0.8g；④不要过多服用所谓的营养辅助剂；⑤食盐摄入量限制在每天6g。

2. 英国的健康饮食八准则

由英国农业部、卫生部联合编写的英国健康饮食八准则为:①享受饮食的乐趣;②吃各种不同的食物;③饮食要适量;④多吃富含淀粉和纤维素的食物;⑤不要吃太多的脂肪;⑥不要吃太多的甜食;⑦关心饮食中的维生素和无机盐;⑧如果饮酒,要适量。

3. 法国的饮食新建议

由法国卫生部制订的法国的饮食新建议:①食用机械化的鸡比其他鸡更有好处;②不可盲目食用大量干酪;③超量饮用果汁对身体有害;④长期食用一种油不可取;⑤食用鸡蛋一定要煮熟;⑥吃饭时不要吃水果;⑦肥鹅肝是最好的无痛苦减肥食品。

4. 日本的健康饮食生活指南

由日本厚生省制订的日本健康饮食生活指南如下:①食品多样,保持营养平衡;②加强活动,热能补充与消耗要均衡,不积食;③注意脂肪的量与质;④少用食盐,每天小于 10g,但也不要毫无理由盲目减盐;⑤充满情趣,快乐用餐,增进家庭欢乐。

5. 新西兰的膳食指导指南

由新西兰健康咨询委员会制订的新西兰的膳食指导指南:①需要多种食品维持正常体重;②少食脂肪,避免吃肥肉、猪油,少用黄油,用鱼油或不饱和油来烹调以代替饱和脂肪;③如有可能,最好每周吃两次鱼;④少吃食糖;⑤每日要吃新鲜水果和蔬菜;⑥尽量选食粗粮面包和谷物;⑦每日吃面包、米、豌豆、蚕豆;⑧成人要以低脂乳代替全脂乳;⑨控制盐的摄入;⑩少吃快餐,因其饱和脂肪、盐及糖含量较高;⑪饮酒的话,每日不要超过 32g 酒精量。

6. 新加坡的饮食指南

由新加坡营养指导委员会制订的新加坡饮食指南如下:①脂肪供热能比例幅度为总热能的 20%~30%;②脂肪种类只有 1/3 为饱和脂肪;③胆固醇每日摄入量不超过 300mg;④复杂碳水化合物供热比例占总热能的 50%;⑤每日摄入精制糖控制在总热能的 10%以下;⑥食盐每日摄入少于 5g;⑦如果饮酒,不超过两标准杯,限制酒精量在 30g 以内。

四、健康食品的选择与食物的搭配攻略

自然界,人类可以吃的食物种类大约有万种之多。我国通常将食物分为谷类、豆类及其制品、蔬菜和水果、水产和肉类、蛋类、奶类及奶制品六大类。USDA(美国农业部)将食物分为:粮谷类、蔬菜、水果、肉类、奶类及其制品与单纯能量类六大类。

人们决定吃什么、什么时候去吃,以及是否以极端个人的方式去吃通常基于某

些行为或社会动机，而不完全是基于有关营养对身体健康的重要性。幸运的是，很多不同的食物选择是有助于身体健康的，但是营养知识将帮助你做出更合理的选择。

（一）健康食品的选用

1.谷类、薯类及杂豆

谷类包括小麦面粉、大米、玉米、高粱等及其制品，薯类包括红薯、马铃薯等，杂豆包括大豆以外的其他干豆类，如红小豆、绿豆、芸豆等。这类食物主要供给淀粉，其次供给蛋白质、无机盐和维生素，同时也是膳食纤维的主要来源。这类食物的摄取量应以健身锻炼者身体消耗热能的需要为度。一般人每天摄入量为 250～400g，其中最好包括 50～100g 粗粮，因为每 100g 玉米掺和全麦粉所含的膳食纤维比精面粉分别多 10g 和 6g。

2.肉、鱼、禽、蛋、大豆及坚果类

这类食物主要供给优质蛋白质和脂肪，也供给一部分无机盐和维生素。它们之间最大的区别是所含脂肪的质和量不同。一般说来，植物脂肪含不饱和脂肪酸较高，动物脂肪含饱和脂肪酸较高（鱼的含脂量较少）。这类食物能够提供优质蛋白质，并以脂肪形式补充必要的能量，故为健身锻炼者每日膳食中不可缺少的食物，其用量以 125～225g 为宜，其中动物性食品与大豆类或豆制品最好各占 50%。如果按照中国居民平衡膳食宝塔建议的食物量来具体分配，建议一般人每天摄入肉类（猪、牛、羊、禽肉）50～75g，水产品（包括鱼类、甲壳类和软体类动物性食物）50～100g，蛋 25～50g，大豆类（黄豆、黑豆、青豆等及其制品）30～50g，坚果类（花生、瓜子、核桃、杏仁、榛子等）5～10g。

3.蔬菜、水果类

这类食物主要可供给维生素、无机盐和膳食纤维。它们是维生素 C 的主要来源，也是提供无机盐和膳食纤维的主要食品。它们能增加膳食的体积，促进肠蠕动，有利于消化、吸收和排泄。它们能降低胆固醇的吸收，促进胆固醇的分解代谢与排泄（对减轻高胆固醇血症，预防动脉硬化非常有益）。蔬菜类食物应以叶菜为主，锻炼者每日摄入量以 500g 左右为宜（一般人 300～500g 即可满足日常需要）。新鲜水果 200～400g，锻炼者根据需要可多吃一些。

4.乳类及乳制品

这类食物主要可供给优质蛋白、脂肪、脂溶性维生素、维生素 B_2 和钙。建议量一般人日食相当于液态奶 300g 或酸奶 360g 或奶粉 45g。有条件者或锻炼者可多吃一些。

5.烹调油及食盐

烹调油包括各种动、植物油，这类食物主要可供给热能、不饱和脂肪酸和部分脂溶性维生素。虽然动物脂肪完全可以由第二类食物替代，但植物油则必不可少，因为它是不饱和脂肪酸的主要来源，又是烹调的必备辅料。建议一般人每天摄入量25～30g。此外，健康成年人一天食盐以不超过6g为宜。一般20mL酱油中就含3g食盐，10g黄酱中含1.5g食盐，如果菜肴中需要用酱油和黄酱类，应按比例减少食盐用量。

6. 健身锻炼者营养与膳食安排参照

人们选择食物的原因是多方面的，但是不管出于什么原因，食物的选择将影响健康。长时间的平衡食物的选择将会对健康起到重要作用。由于这个原因，将营养学知识与自己的食物选择密切地结合起来是一个明智的做法。表3-4～表3-7所提供的数据可视为健身健美锻炼参与者的营养建议与膳食安排参照。

表3-4　营养素功能、供给量及来源表

营养素	功能	需要量（每千克体重）		食物来源
		正常值	健美运动员需要量	
碳水化合物	供给热量，构成体质，营养物质交换中心	4.9～6.0g	7.5～8.0g	谷类、豆类、面包、点心、巧克力、面食
脂肪	供给热量、维生素吸收，是线粒体、酶的组成成分，能量载体	1.3～1.5g	2.4～2.6g	黄油、猪油、猪肝、鱼油、香肠、向日葵油
蛋白质	肌肉、骨骼肌、肌腱以及酶的组成成分，调节生理功能，参与肌肉收缩	1.2～1.3g	3.0～3.2g	鸡、肉、鱼、蛋、豆类、奶制品、谷类、麦芽
维生素 B_1	参与交换碳水化合物	2～3mg	8～10mg	肝、土豆、猪肉、黑面包、粗粮、豆类
维生素 B_2	参与氧化物交换	2～3mg	6～8mg	鸡蛋、肉、牛奶、肝、蔬菜
维生素 B_6	参与蛋白质交换	2～3mg	6～12mg	麦芽、肝、香蕉、花生、蛋、肉
维生素C	参与蛋白质氧化、结缔组织交换，预防传染病	50～100mg	150～200mg	新鲜水果、酸枣、土豆、蔬菜
维生素E	糖代谢、抗氧化剂、维持骨骼肌功能	10～30mg	30～50mg	肝、蛋、粗粮、黄油、豆油
钙	兴奋神经、肌肉系统，参与肌肉收缩、物质交换	1.0～1.2g	2～3g	牛奶、奶制品、虾米皮、豆类、萝卜
磷	形成ATP、骨物质交换	1.4～1.6g	3～6g	在所有食物中
钾	兴奋神经肌肉系统，碳水化合物交换，组成酶与激素	2～3g	4～6g	蔬菜、水果
钠	兴奋神经肌肉系统，组成酶与激素	3～10g	20～25g	食盐

续表 3-4

营养素	功能	需要量(每千克体重)		食物来源
		正常值	健美运动员需要量	
铁	氧化物质交换,氧气运输	20～25mg	40～50mg	肝、蛋、菠菜、芝麻、黑木耳、内脏、花生、瓜子、大豆、猪血
锌	激活剂,与生长发育、机体免疫有关,组成酶的必需成分	15mg	20mg	海产品、鲜肉
镁	肌肉收缩必需元素,ADP→ATP 的催化剂	5～8mg	7～15mg	干果、海产品、豆类、水果

表 3-5 常用食物营养成分和热量表

食物名称	100g 食物的含量			100g 食物的热量(kcal)
	蛋白质(g)	糖(g)	脂肪(g)	
大米	8.3	74.2	2.5	362
标准面粉	9.9	74.6	1.8	363
豆腐干	19.0	5.9	7.4	171
蔬菜	0.6～3.0	2.0～4.0	0.1～0.6	12～34
苹果	0.4	13.0	0.5	60
鸭梨	0.1	9.0	0.1	38
瘦猪肉	16.7	1.0	28.8	340
瘦牛肉	20.3	1.7	6.2	148
鸡	21.5	0.7	2.5	114
鸡蛋	14.7	1.6	11.6	175
牛奶	3.3	5.0	4.0	71
带鱼	18.1	—	7.4	143
蛋糕	7.9	65.0	4.7	343
巧克力	5.5	65.9	27.4	548
食油	—	—	100	930

注:表里面没有的食物可参照同类食物计算。

表 3-6 常吃食物的热量表(A)

食物名称	单位	热量(kcal)	食物名称	单位	热量(kcal)
稀饭	碗	140	干饭	碗	270
荷包蛋	个	120	豆腐(生)	块	70
肉松	2 平汤勺	70	油炒青菜	小碟	45
水煮青菜	小碟	不计热量	豆浆(甜)	碗	110
烧饼、油条	2 根	300	水煎包	2 个	250

续表 3－6

食物名称	单位	热量(kcal)	食物名称	单位	热量(kcal)
蛋饼	份	250	红烧肉	2 汤匙	160
炸鸡腿(大)	支	320	红烧豆腐	2 汤匙	80
煎鱼	手掌大	180	炒蛋	个	90
猪排	块	250	排骨饭	碗	500
阳春面	碗	250	蛋炒饭	盘	500
牛肉汉堡(大)	个	540	水饺	10 个	350
速食面	碗	350	白面条	碗	140
炒肉丝	2 汤匙	80	糖醋排骨	8 小块	30
红烧鱼	手掌大	180	牛排	400g	580
酱瓜肉	2 汤匙	160	猪脚	1 块(拳头大)	250
香肠	根	170	鸡肘	个	90
蒸蛋	个	70	煮小排骨	8 小块	14

表 3－7 常吃食物的热量表(B)

食物名称	单位	热量(kcal)	食物名称	单位	热量(kcal)
鲜奶	盒	170	果汁奶	盒	200
巧克力牛奶	盒	200	脱脂牛奶	杯(240mL)	80
菠萝面包	个	480	奶酥面包	个	450
奶酪面包	个	430	清蛋糕	片	150
布丁	杯	140	土司	片	70
火腿蛋三明治	份	420	薯条	小包	220
炸肉丸	个	500	肉包	个	220
馒头	个	270	可口奶滋	5 片	190
苏打饼干	3 片	70	肉粽	个	350
花生米	15 粒	45	瓜子	1 汤匙	45
爆米花	杯	70	啤酒(易拉罐)	罐	90
番石榴	2 个(大)	200	柑橘	1 个	40
木瓜	1 个	160	杨桃	1 个	40
草莓	1 个	5	哈密瓜	1 个	120
苹果	1 个(中)	80	葡萄	1 粒	5
荔枝	1 粒	8	香瓜	1 个	60
龙眼	1 粒	3	枇杷	1 粒	6
葡萄柚	1 个	80	香蕉	1 根	80

(二)健康食物的搭配

食物配膳的科学性很强。配膳合理,能提高食物的营养贡献价值,若配膳不当不仅丧失营养价值,而且会引发疾病。对于健身锻炼者来说,配比合理的食物即是健康食品。

1. 荤素原料搭配

荤素原料搭配烹调,是中国烹调一大特点。它不仅具备色、香、味、形,而且荤菜含有谷胱甘肽的硫氢基,能保护蔬菜里的某些营养素少受或免遭损失,有利于人体充分吸收,并能减少胆固醇的沉积。蔬菜中维生素 A、D、E、K 均属脂溶性维生素,含这类维生素的蔬菜,只有搭配含丰富脂肪的食物才能提高维生素的利用率与吸收率。例如,胡萝卜要与肉搭配,这样胡萝卜里的维生素 A 可通过溶于肉或卤汁被人体充分吸收和利用,极大的发挥其营养功能。

2. 混杂式原料搭配

无论是主食还是副食,将粗、细、动、植物性食物等混合搭配烹制能够保证营养全面、均衡、热量适宜而提高食物的生理与健身价值。

3. 补偿性原料搭配

根据人体某种营养所缺,选择具有补偿价值的食物进行搭配。例如,有些人身上长痤疹、头发易落变黄,可长期食用富含锌的酵母发面和对头发的生长和乌须有明显改善作用的葵花籽油煎烙成的黑芝麻饼,以使痤疹消除、黑发生辉。这是因为锌是体内多种酶的重要组成部分和激合剂,对促进新代谢和维持上皮黏膜组织的正常功能具有重要作用。

4. 同性酶原料搭配

人类的食物可分为酸性食物和碱性食物。判断食物的酸碱性,并非根据人们的味觉,也不是根据食物溶于水中的化学性,而是根据食物进入人体后所生成的最终代谢物的酸碱性而定。酸性食物通常含有丰富的蛋白质、脂肪和糖类,含有成酸元素较多,在体内代谢后形成酸性物质,可降低血液、体液内的 pH 值。蔬菜、水果等含有 K、Na、Ca、Mg 等元素,在体内代谢后生成碱性物质,能阻止血液向酸性方面变化。所以,酸味的水果一般都为碱性食物而不是酸性食物,鸡、鱼、肉、蛋、糖等味虽不酸但却是酸性食物。在配餐中,不要把需要碱性酶消化的食物和需要酸性酶消化的食物搭配在一起,否则会引起酸碱中和作用,导致人体消化道受阻,使其丧失营养价值。例如,"淀粉拖黄鱼"这道菜即是减低营养价值的配膳方法,因为淀粉质食物须由碱性酶消化,而黄鱼含蛋白质较多,需要酸性酶消化,故淀粉不要"拖"黄鱼为好。

5. "相克"食物禁忌搭配

所谓食物相克即是讲两种食物之间的各种营养或化学成分相互制约的关系,它们之间的配膳不当,会影响人体对食物营养的吸收,严重的还会造成食物中毒。

例如，蛋黄、大豆和动物肝脏含有较多的铁元素，当它们与含纤维素较多的萝卜、甘薯、芹菜和含草酸多的苋菜、空心菜配膳或同吃，就会阻碍人体对铁质的吸收。在我国的日常膳食中，大约有120对相克的食物，如配膳不合理或数量比例搭配不当，均会引起人体对某种食物营养素吸收的拮抗现象，甚至出现中毒反应。

第四章　成年男性不同锻炼项目与目的的营养攻略

第一节　成年男性不同年龄阶段重点食物的选择攻略

一、青年男性重点食物的选择攻略

青少年时期是人生的一个重要转折时期，此时正值青春发育期。一般男孩在12～14岁进入青春发育期，这一时期的体重身高将快速增长。男孩生长期持续增长时间较长，故有“男长30慢慢悠”的说法。男性青春期身高增长约为成人的15%，体重增长约为成人的50%，各个器官逐渐发育成熟，心理变化较大，思维能力活跃，营养需求量明显增加。

此段时期摄入食物应注意以下五点。

(1)合理补充热能。青少年期，体内组织合成快，需要补充热能，但应注意合理补充。热能供给不足易出现营养不良，体重低下，供给过多则会出现肥胖。一般来说，青少年男性为每天10 080～11 760kJ(2 400～2 800kcal)。

(2)蛋白质的补充。蛋白质的摄入量不可少，青少年男性为90g。

(3)维生素的补充。多摄入含维生素丰富的食物，每日需要维生素A 800μg，维生素B_1 1.5～1.8mg，维生素B_2 1.5～1.8mg，维生素C 60mg，尼克酸15～18mg，维生素B_{12} 2～3μg，叶酸400μg。每日需要钙1 000～1 200mg，锌15mg。

(4)青少年的营养食谱。青年男性每日需要粮食500～700g，蛋50g，牛奶250mL，蔬菜500g，肉类50～100g，豆制品50g，油20g，食糖20g。此食谱可提供蛋白质80g，脂肪80g，碳水化合物345g，热能10 164kJ(2 420kcal)。

(5)膳食平衡。青少年男性的膳食组成须平衡，粗细粮搭配，荤素菜搭配，要多食豆类与绿叶蔬菜。保证每日蛋奶供应，经常变换食谱，培养良好的饮食习惯，不暴饮暴食，不乱吃零食。

二、中年男性重点食物的选择攻略

人到中年，随着年龄的增长，机体组织成分不断改变。比如脂肪逐渐增加，细胞数量减少，导致脏器萎缩，尤其是骨骼肌、肝、脾、肾等功能明显减弱，血液中的胆固醇开始增加，患心脑血管疾病的因素增多，体液中的水分减少，腺体分泌降低，消化吸收功能减弱，脏器所需要的营养物质的补给及各种废物排泄都受到一定的影响。此时的营养素和热能的需求与青少年不同，只要维持机体稳定状态、满足劳动及工作需要即可。

中年人更应讲求膳食平衡，由于对蛋白质的利用能力低，需要量应略高些，最好50%以上是优质蛋白；食油应以富含亚油酸的植物油为好；少食含胆固醇高的食物；多食用富含纤维素的新鲜蔬菜、水果和粗粮，以防便秘；食盐要限量，每日不超过10g，以防发生高血压和肝肾疾病；少食糖和甜食，以免发生糖尿病和高血脂症。同时，应注意各种维生素的摄入；维生素E能抑制过氧化物产生，有预防衰老的作用；维生素D可促进钙、磷吸收，防止骨质疏松症，但服用应适量，过多易中毒；维生素C能增加免疫功能，随着年龄的增加，血浆及白细胞中维生素C含量降低，应适量增加，但也不宜过量，以免产生尿结石。

三、老年男性重点食物的选择攻略

老年是人生的最后一站，合理的饮食营养是延年益寿的重要环节。“饮食有方，饥饱得中”，这是《黄帝内经》中提到的长寿秘诀之一。人生进入老年期后，生理功能减退，基础代谢下降，肌肉组织减少，而脂肪组织逐年增加，加上老年人消化功能减退，咀嚼能力差，严重影响食物的消化吸收，故老年人要根据生理特点选择膳食。

此时要注意以下5点。

(1)能量供给不宜过多。由于老年人基础代谢较青壮年时期低，加之活动量减少，热能消耗也随之减少，一般每日热能供给量在7 560～8 400kJ(1 800～2 000kcal)。

(2)脂肪摄入量不宜过多。老年人心脏功能减退，过多的动物脂肪和胆固醇都会引起动脉粥样硬化。故老年人脂肪摄入量不宜过多，一般占总热能的20%～25%，应多选用含不饱和脂肪酸的植物油。

(3)蛋白质的摄入应适量。由于老年人蛋白质的合成减慢，如血红蛋白的合成减少，使老年人容易贫血。此外，酶活力减弱、内分泌功能减退、对疾病抵抗力降低，故蛋白质摄入量以每日每千克体重1g为宜，其中优质蛋白质占50%。

(4)无机盐和维生素的补充应充分。老年人经常腰背疼痛，骨质疏松，骨骼变软、畸形，这些疾病都与钙和维生素D等营养有关，应注意钙和维生素D的摄入量。要注意维生素E的摄入，因为维生素E能防止不饱和脂肪酸的过氧化，又能降低血浆中胆固醇的浓度，对动脉硬化有抑制作用，并能保护毛细血管，改善微循环。补充维生素E，能消除衰老组织细胞中特有的脂褐素，有防衰老的作用。由于循环系统机能减退，血流量减少，需要有较高的血红蛋白来补偿这种老化影响，故每日供铁量不能少于 12mg。食盐不宜过高，以预防高血压和脑血管病，每日食盐用量应以 6～8g 为宜。

(5)维持膳食平衡，提倡健康饮食。讲求膳食平衡，注意维持标准体重；食物宜清淡，烹调宜烂，易于咀嚼、消化；少食多餐，每日以五餐为宜；少食刺激性食物，不饮浓茶、浓咖啡，不饮烈性酒，以防肝炎；多食蔬菜、水果，多喝水，以防便秘；多食豆制品和植物油，以降低胆固醇。

四、不同年龄人群补充维生素矿物质的最佳时机

1. 男性补充时机

经常出差，身体容易疲劳；用脑过度，容易头晕脑胀，注意力不集中，记忆力减退；缺乏运动，可能影响心血管健康。补充多种维生素矿物质可以减轻这些症状。

2. 儿童补充时机

儿童处于智力发育、体格成长的最重要阶段，尤其需要全面的营养。面对巨大的学习压力，如果长期不重视全面均衡多种维生素矿物质的摄入，可能会引起视力下降，易疲乏乃至学习成绩下降；如果还挑食、偏食，很容易造成营养素摄入不足。因此，儿童补充维生素矿物质可以促进脑力活动，增强骨骼健康和保护视力。

3. 中老年人补充时机

中老年人牙齿不好，食欲下降，机体对营养素的吸收减退，营养素容易缺乏，导致身体抵抗力下降，更容易受高血压、冠心病、白内障、骨质疏松症等多种慢性疾病的困扰，精神萎靡，生活质量下降。中老年人补充维生素矿物质可帮助增强免疫力，增强骨骼健康和预防慢性疾病等。

从理论上讲，膳食如能做到“全面、均衡、适度”，每日所需的热量和营养素(包括各类维生素)不致缺乏。但日常膳食中，人们很难做到“全面、均衡、适度”，所以单一依赖日常膳食摄入营养素，可能达不到中国营养学会公布的推荐标准。加之中国传统的烹饪方式，更导致食物中维生素矿物质的大量流失。

五、促进青少年增高健美食物的选择攻略

从营养生理角度来说，青少年是一个人生长发育的飞跃时期，其生理和心理都会发生一系列变化，身体内分泌活跃，代谢旺盛，大、小肌群及各组织器官不断增大，体态也随之急骤变化。

据研究，12～18 岁，体重约增加 20 多千克，身高增长 25cm 左右，有的人变化还要更大些。全身各器官也逐渐发育成熟，思维活跃、记忆力强，是一生中长身体、长知识的最重要时期，而生长速度、性成熟程度、学习能力、运动成绩和劳动效率等都与营养状况有极为密切的关系。要适应并满足这种增长的需要，使身体长得健美，主要取决于各种营养素的供给是否充足，搭配是否合理。

营养素的供给量必须与青春发育过程变化相适应。男女之间青春发育过程并不完全相同，一般男性青春发育在12～16岁，乡村比城镇迟1～2年，并呈提前趋势，整个持续时间的长短也不一样。因此13岁以后男女青少年营养供给量应有所区别。如果在饮食方面不注意他们的特殊情况和需要，就会直接影响或阻碍他们的正常发育，甚至得营养缺乏病，体型和容貌都会受到损害，有的可能会影响终生。比如，在膳食中蛋白质、热量、钙长期不足时，就会造成四肢发育不全，身材瘦小，头发枯黄稀疏；缺乏维生素A，则皮肤粗糙，毛囊角化；其他几种维生素，如核黄素（维生素B_2）、尼克酸（维生素PP）、维生素C、维生素E等对皮肤的健美都有保护作用，摄入不足也会引起各种皮肤症状。钾、钠、钙、镁、磷、氟、氯、碘、锌、铁、锰、硒、钴、钼等矿物质人体的需要量极小，以mg或μg计，但却不可缺少，而摄入多了又会使人中毒。如缺铁会引起贫血，面色苍白；缺锌会阻碍青春的发育，导致身材矮小，性发育迟缓；氟摄入不足则牙不坚固，摄入太多又使牙齿失去光泽等。

造成营养不良的主要原因是食物供给不足，不良的饮食习惯，过多食用精制食品也是重要原因。如有些青少年禁食、忌食某些食物或有偏食的习惯，不吃鸡蛋、鱼、肉、番茄、胡萝卜等，以致因减少某些营养素的重要来源而引起营养缺乏症。喜欢吃糕点、糖果等零食的青少年，也会影响正常的膳食量。还有人因为怕发胖，这也不敢吃，那也不敢吃，时间长了，便导致消瘦、面色苍白、浑身无力。也有人是因食无节制而胖得气短心慌的。其他如不良的饮食制度，烹调不合理等，都会影响身体对营养的摄取量。精制食品好吃，可食物精制后，常常会使所含的营养素遭到严重损失。米、面越白，营养素损失愈多，过分加工的米、面，硫胺素（维生素B_1）损失90%，核黄素（维生素B_2）、尼克酸（维生素PP）、铁、锌损失70%～80%，其他营养素也有不同程度的损失。这是因为很多营养素，特别是维生素和矿物质都分布在谷物的表层。

近年来，由于生活水平的提高，我国南方一些农村吃精白米，吃捞饭的多起来了，以致引起了脚气病，甚至造成婴儿死亡。所以，做父母的懂得一些营养知识，正确指导子女们的饮食，对他们的生长发育是很有好处。那么，正在生长发育的青少年每天对各种营养素的需要量究竟是多少呢？1988年，中国营养学会公布了我国人民不同年龄、性别、生理状况和劳动强度的人每日膳食营养供给量的标准（详见本章第二节）。在一些重要的营养素，如热能、蛋白质、钙、铁、硫胺素（维生素B_1）、核黄素（维生素B_2）、尼克酸（维生素PP）等的需要量上，13～17岁青少年的需要量均高于成年。有的营养素，如维生素A、胡萝卜素及维生素C的需要量和成年人一样。这足以说明处于生长发育期青少年的营养特点。据调查，目前我国一些地方吃集体食堂的中学生的营养状况欠佳，很多营养素的供给量没有达到标准量。究其原因，大概是有关人员对这一年龄组的生长特点和营养需要重视不够所致。这一点应该引起有关方面的足够注意。

为了便于选择和调配食品，在可能的条件下，满足青少年和儿童的营养需要，这里介绍一些富含各种营养素的食物。

蛋白质：鱼、瘦肉、禽、蛋、奶、豆类及其制品等。

热能：各种动植物油、谷类、薯类、淀粉、糖等。

维生素 A：肝脏、蛋黄、奶、鱼肝油、绿叶蔬菜、胡萝卜、番茄、红心白薯等。

硫胺素（维生素 B_1）：各种粗杂粮、豆类、肉、鱼、蛋、干豆、绿叶菜等。

核黄素（维生素 B_2）：肝脏、瘦肉、蛋类、酵母、干豆、绿叶菜等。

尼克酸（维生素 PP）：瘦肉、蛋类、鱼、奶及奶制品、豆及豆制品、绿叶菜等。

维生素 C：各种蔬菜及水果。

矿物质：各种动物性食品、鱼及海产品等。

还有一点需要重申的是青少年的早餐，就是说，早餐需要供给足够的能量。某些青少年有抽烟喝酒的习惯也要认真纠正，因为它对生长发育极其不利。饮酒过多易发生硫胺素（维生素 B_1）缺乏，引起食欲不振，影响其他营养素的摄取。抽烟会影响以至破坏人体对维生素 C 的吸收。烟里还有尼古丁及 3，4 -苯并芘，前者有刺激并麻痹中枢神经系统的作用，后者是食癌、肺癌等癌症的诱发因子。因此，抽烟喝酒与追求健美是不相容的。总之，要想使身体长得高大健美，营养和锻炼是关键。

除上述特殊营养要求外，塑形增高人群的营养还可参考本书中不同人群的营养方案。

六、美肤养颜营养素的补充攻略

中国古代医书《黄帝内经》中提到："心者，其华在面；肺者，其华在皮；肾者，其华在发；肝者，其华在爪；脾胃、大小肠者，其华在唇。"营养专家提倡："整体调整体内新陈代谢才能够达到健康的美丽，而不是单一依靠那些化妆品。"

皮肤是表现衰老的最明显部位，随着年龄的增长，皮肤中弹力纤维含量下降，使皮肤渐渐的松弛，角质层渐渐的干燥，从而失去光泽，皮肤对营养失调最敏感，几乎所有营养素缺乏症均可以在皮肤上留下症状，如体内缺乏蛋白质和必需脂肪酸，皮肤可以变得粗糙灰暗无光；体内缺乏抗氧化维生素，皮肤会加快老化的步伐；体内缺乏维生素 A，皮肤可以变得发干起屑、长痤疮等。

1. 维生素

现代许多研究证实，自由基损伤是机体衰老的重要原因。自由基是一些最外层电子轨道上含有不配对电子的原子、离子或分子，具有高度的氧化活性，攻击损伤细胞膜、线粒体膜，并可致使基因突变从而引起各种疾病。正常情况下机体代谢产生少量的自由基，但能够被身体内部的抗氧化系统很快消除掉。由于现代社会环境污染加剧、工作压力大、生活紧张以及体力活动增加，自由基产生增多，机体的抗氧化系统不足以完全清除，需要补充氧化剂消除自由基的损伤。

维生素 E、维生素 C 以及 β-胡萝卜素是机体重要的抗氧化剂，可保护机体免遭自由基氧化损伤，减少脂质过氧化作用，而且维生素 E 和维生素 C 对于维持正常的免疫功能是必需的。番茄红素是近几年最新发现的一种更强有力的抗氧化剂，属胡萝卜素类物质，人体自身不能产生，在大多数水果和蔬菜中可以找到，如番茄、番石榴、西瓜和柚子等，是一种天然的生物色素。由于它具有独特的化学结构可消除自由基，尤其是氧自由基，从而可以预防细胞损伤并修复已损伤的细胞，有研究报道番茄红素的抗氧化能力比维生素 E 高 100 倍。

2. 蛋白质

人体的皮肤与肌肉的营养成分是以蛋白质为中心，足量的蛋白质可以保持面容的青春活力，体内如果缺乏蛋白质可引起皮肤弹性降低，早生皱纹，头发干枯脱落。选择高蛋白低脂肪的食物摄入，补充足量的蛋白质可以有效防止上述问题的发生。

3. 胶原蛋白

哪种胶原蛋白对人体最有益？答案是鱼类胶原蛋白。鱼类胶原蛋白组成结构与人体最接近，最容易被身体组织辨识吸收，吸收率也最高。鱼类胶原蛋白的来源主要是深海鱼类的软骨。但由于国际环保组织和有识之士的反对，利用名贵鱼翅养颜已不在倡导之列。但除国际组织明文规定保护的鱼类外，一般鱼类还是可以享用的。更有科学家研究得出结论，鱼翅的营养与鸡蛋差不多。鱼翅含 50%蛋白质，20%碳水化合物，5%胶原蛋白。只是鸡蛋中不含胶原蛋白，但可以通过吃鱼和其他食物来补充胶原蛋白。除鱼以外，富含胶原蛋白的食物还有动物的蹄筋、肉皮、鸡皮、甲鱼等，富含硫酸软骨素的食物有鲨鱼、鱼翅、鸡、鸡皮和鲑鱼的头部等，它们对美容养颜均具有特殊的功效。

为了使食物中的胶原蛋白释放出来，用炖、煮、烧和煲汤的烹调方法最佳。但要注意，这些食物多半脂肪含量较高，不适合经常食用。高热量、高脂肪，尤其是油炸食物都容易产生自由基，加速老化。如果能少吃这一类食物，就等于减少了身体被自由基伤害的机会及皮肤出现黑斑、皱纹等的风险。不过，可以在补充胶原蛋白的同时，多吃一些橘子、胡萝卜、番茄、葡萄等具有抗氧化功能的食物，以减少体内自由基对胶原蛋白的破坏。同时也可以搭配一些洋葱、菜花、芹菜和南瓜，降低补充胶原蛋白时摄入的脂肪含量。

胶原蛋白有 5 大功效。

(1)胶原蛋白是皮肤必需的营养，能增强皮肤蛋白质的活性。

(2)对皮肤具有独特的修复作用。

(3)具有保湿性。胶原蛋白由三螺旋结构组成，形成了宽阔的空间，胶原蛋白阴离子侧链丰富，形成了大量的亲水基。

(4)具有亲和性。胶原蛋白很容易与皮肤结合,不会有任何排异反应。胶原蛋白补充到体内几周后,逐渐与体内的胶原蛋白细胞、成纤维细胞、脂肪细胞及毛细血管结合,生成自身的胶原蛋白。

(5)具有伸缩性。胶原蛋白本身具有很好的弹性。因为它在皮肤组织中起着支架、连接的作用,所以对皮肤的伸缩性以及自动恢复原状的性能方面,有着十分重要的作用。

第二节 成年男性不同运动形式与目的的营养攻略

营养是现代健身运动尤其竞技健美训练中最重要的组成内容之一。在相当程度上,科学的膳食营养处方不仅可以促进健康,也是达到健身锻炼效果和竞技健美巅峰的重要途径之一。故健身健美界有“七分吃三分练”之说,但目的不同吃法各异。

一、不同人群三大营养素的补充攻略

1. 碳水化合物的需要量

(1)所占比例。正常人合理膳食中的碳水化合物占总热量摄入的55%~65%,其中10%单糖类及50%复合糖类,训练者的热量摄入占总热量摄入的65%~70%。一般成年男性每天摄入谷类、薯类及杂粮250~400g为宜,摄入量最少也不应少于200~250g,即每顿75~100g主食,以防组织蛋白质的过量分解。谷类为主是平衡膳食的基本保证,谷类食物中碳水化合物一般占重量的75%~80%,蛋白质含量是8%~10%,脂肪含量1%左右,还含有矿物质、维生素B族和膳食纤维。谷类食物是最好的基础食物,也是最便宜的能源。只有膳食中谷类食物提供的能量的比例达到总能量50%~60%,再加上其他食物中的碳水化合物,才能达到世界卫生组织(WHO)推荐的适宜比例。为保证机体的正常工作,一般建议普通人每天需摄入的量为500~600g碳水化合物。减肥者碳水化合物应限制在占总热量的50%~60%,甚至45%,以利于减肥。

(2)建议摄入量。一般成年男性:4~6g/($kg_{体重}$·d);力量项目运动员:5~8g/($kg_{体重}$·d);耐力项目运动员:9~11g/($kg_{体重}$·d);减肥者向下限量[4g/($kg_{体重}$·d)]靠近。

2. 蛋白质的需要量

(1)所占比例。一般成人摄入机体的蛋白质一般应占总热能的11%~15%,增肌人群15%~20%,减脂人群可达20%~25%。

(2)建议摄入量。青少年:2g/($kg_{体重}$·d),成人:0.8~1.2g/($kg_{体重}$·d),非从

事锻炼群体 0.6～1.4g/(kg体重·d)，少年运动员 2～3.4g/(kg体重·d)。增肌者：1.6～2g/(kg体重·d)[具体建议是，一般强度的锻炼需 1～1.5g/(kg体重·d)，大强度锻炼需 1.5～2g/(kg体重·d)，休息日需 1g/(kg体重·d)]，有的增肌者甚至达到 3.4g/(kg体重·d)。减脂：1.2g/(kg体重·d)，有的减肥者有时达 2g/(kg体重·d)。

3. 脂肪的需要量

(1)所占比例。世界卫生组织(WHO)推荐的脂肪能量为 20%～30%，为了保持较低脂肪，食物脂肪不超过总热量的 20%～25%较适宜。饱和脂肪酸(SFA)、单不饱和脂肪酸(MUFA)和多不饱和脂肪酸(PUFA)之间的比例约为 S∶M∶P＝1∶1∶1。健美锻炼者饱和脂肪可占 5%，不超过 10%，单不饱和脂肪酸占 8%(如适量橄榄油)，多不饱和脂肪酸占 7%。

(2)建议摄入量。一般人每天摄入 40～50g(包括植物油)脂肪即能满足必需脂肪酸(亚油酸、亚麻酸、花生四烯酸)的需求并保证脂溶性维生素的吸收。

二、不同运动形式人群的营养补充攻略(表 4－1)

表 4－1 不同形式的营养补充

运动形式	营养物质
力量练习	肉类、牛奶等蛋白质为主
大强度、短时间运动	水果、蔬菜等碱性食物
小强度、长时间运动	淀粉类食物为主
一般运动	淀粉、豆类、水果为基本营养

摘自：国家体育总局群体司组.社会体育指导员技术等级培训教材.北京：高等教育出版社，2003。

三、不同体力活动人群的热量需求攻略[kcal/(kg体重·d)]

极轻体力活动：37～40，轻体力活动：41～43，重体力活动：50 以上。

四、不同锻炼目的的人群的三大营养素需求攻略[kcal/(kg体重·d)]

1. 健美增肌的热量需求与合理比值[≥50kcal/(kg体重·d)]

蛋白质 15%～20%；碳水化合物 60%～65%；脂肪 20%。

2. 减脂瘦身的热量需求与合理比值[30kcal/(kg体重·d)]

蛋白质 20%～25%；碳水化合物 55%～60%；脂肪 15%。

减肥者应减少总热量的摄入，且能量摄入要小于能量的消耗：轻度肥胖每月减 0.5～1.0kg，少摄入 125～250kcal/d；中度肥胖每周减 0.5～1.0kg，少摄入 500～1 000kcal/d。

此外，控制食量不等于禁食，如果摄入糖、脂肪过少，“脂库”中储存的脂肪转化为热量一时难以满足人体的正常活动需要，就会导致低血糖。出现头晕、心悸、乏力等症状。因此，控制饮食既不能禁食也不能减得太快，要逐渐递减。食量控制应以有饥饿感又能保持正常活动的精力、体力为宜，一般是逐步降低到正常需要热量的 60%～70%。

需要说明的是，运动是减脂和消耗热量的最佳方法。每减少身体中 0.454kg 的脂肪，须消耗 3 500kcal 热能。如果一个人每天有 500kcal 的能量的负平衡，那么每周可以减少 0.454kg 的脂肪。建议每周降低体重的最大数量为每周 0.454～0.908kg，即每周减脂 0.5～1kg 较适宜，因此，每天的能量负平衡不宜超过 1 000kcal。研究还证明，男性降体重后保持 3 次/周，每次消耗 500kcal，35～60min 的有氧运动体重反弹最少。

3. 健美竞赛的热量需求与合理比值

一般将常规的赛前 12 周分为 4 个阶段，依据不同目的和时期执行此膳食计划。

(1)增肌期(第 1～3 周，同健美增肌)。

(2)维持期[4～6 周，≥39～44kcal/($kg_{体重}$ · d)]。蛋白质 15%～20%，碳水化合物 60%～65%，脂肪 20%。

(3)减脂期[7～9 周，≥35～38kcal/($kg_{体重}$ · d)]。蛋白质 20%～25%，碳水化合物 60%～65%，脂肪 15%。

(4)快速减脂期(10～12 周或赛前 1 周)。快速减脂期的热量需求[30～33kcal/($kg_{体重}$ · d)]。

蛋白质和碳水化合物基本上维持上阶段量，视实际情况可适当增加碳水化合物摄入量和减少脂肪摄入量。

赛前一周的营养方案见表 4-2。

表 4-2　赛前一周营养方案(供参考)

比赛前	第 6 天～第 4 天	第 3 天～第 1 天
蛋白质	70%～80%	20%～30%
糖	20%～30%	70%～80%
水	多饮水	少饮水
钠	正常摄入	少摄入
钾	适当减量	适当增加

(5)体脂的标准。非竞赛期在 15%～18%，竞赛时体脂应控制在 8%以下，优秀的健美选手可控制到 4%～7%。

五、不同体力活动人群热量消耗的简易计算攻略(表4-3)

表4-3 体力活动分级及其热量消耗

分级	心率(次/分)	能耗(kcal/min)	分级	心率(次/分)	能耗(kcal/min)
极轻	<80	<2.5	轻	80～100	2.5～5
中等	100～120	5～7.5	重	120～140	7.5～10.0
很重	140～160	10.0～12.5	过重	160～180	12.5～15.0

六、不同食物提供热量的简易计算攻略(表4-4)

表4-4 不同食物能量计算范例(下列食物均提供90kcal热量)

食物	重量	食物	重量	食物	重量
米饭	75g	蔬菜	500g	豆腐干	50g
瘦肉	50g	水果	200g	花生米	15g
鸡蛋	50g(1个)	烹调油	1汤匙	牛奶	160mL(2/3袋)

此外,100g薯片含612kcal,1个汉堡含300(小)～600(大)kcal,1片蛋糕含300kcal,1个炸鸡腿含300kcal,1g酒精合7kcal热量。水果中,西瓜以0.5倍计算能量,香蕉以一般水果的2倍计算能量,胡萝卜以一般蔬菜的2倍计算能量,土豆以一般蔬菜的4倍计算能量。

第三节 成年男性不同健身锻炼项目的营养补充攻略

一、跑步运动项目的营养特点与膳食补充攻略

(一)跑步运动的基本代谢特点及运动中能量的来源

1. 短距离跑的基本代谢特点及运动中能量的来源

短距离跑(短跑)是人体运动器官和内脏器官在大量缺氧条件下完成的大强度工作,称为“极限”强度的周期性运动。短跑包括60m、100m、200m、400m项目。短跑的特点是时间短,强度大,肌肉的活动达到最大强度。短距离跑是以无氧供能为主要的供能形式,肌肉中可供运动的能源物质主要有三磷酸腺苷、磷酸肌酸和肌糖原。

(1)60m、100m主要由ATP-CP系统供能。此项目是短距离跑的典型代表,

为短时间激烈运动，基本上依赖 ATP－CP 系统供能。当运动超过 10s 时，糖酵解供能的比例增大。随着运动时间延长，血乳酸水平呈上升趋势，直至运动终止。

(2)200m、400m 主要由糖酵解供能系统供能。由于受磷酸原储量限制，在超过数秒钟的激烈运动中，糖酵解供能是维持运动肌肉做功的重要途径。400m 跑的运动强度仅次于 100m、200m，运动时间 45～60s，耗能总量约为 42kJ，其 80%～85%以上能量是在无氧条件下提供的，在全程跑中要求运动员具有很高的速度耐力素质，在运动开始的前 10s 中，主要由 ATP－CP 系统供能，在以后的跑程中，其所需能量已远远超出磷酸原系统的供能能力，主要靠糖酵解系统来提供。这一反应过程是肌糖原逐步分解成为丙酮酸时，分别在磷酸代酶、磷酸激酶、磷酸果糖激酶及醛缩酶等作用下完成的，其后又在 LDH(乳酸脱氢酶)的作用下，酵解生成血乳酸和能量，供 ADP 和 Pi 合成 ATP。

2. 中距离跑的基本代谢特点及运动中能量的来源

中距离跑是指 800～3 000m 之间距离的运动，男性有 800m、1 500m、3 000m 等。中跑运动既要具备短跑运动员的爆发速度，又要具备较长时间的耐乳酸能力。

中距离跑的运动时间相对较长，机体在血液调整后，对能量的需求可由有氧代谢得到满足。与此同时，机体的血乳酸浓度保持在较高的水平上，说明在整体上依靠有氧代谢供能(其中以糖有氧代谢功能为主)时，部分骨骼肌内有糖酵解合成 ATP。即中距离跑主要由糖有氧代谢和无氧代谢混合供能，能源供应要求三个能源系统都要有较高水平。

3. 长距离跑的基本代谢特点及运动中能量的来源

长距离跑(长跑)是指 5 000～10 000m 之间距离的运动，男性有 5 000m、10 000m。长距离跑主要要求运动员的耐力，因此它主要由有氧供能系统供能。

长距离跑属于长时间低强度的运动，主要以糖、脂肪的有氧代谢为主。但在运动开始时，骨骼肌内血流量不能及时增大，心输出量和毛细血管床的开放需要迟缓几分钟，因而在运动开始后一段短暂的时间内，CP 是 ATP 无氧代谢的主要来源；在运动开始几秒钟后，不需氧的糖酵解被启动，起着填补氧亏空的作用，直到有氧代谢能力被充分调动起来后(数分钟)，糖酵解供能逐渐减少至安静水平。

(二)跑步运动的营养特点及膳食补充方案

1. 短距离跑的营养特点及膳食补充方案

短跑是群众体育活动中常进行的一个项目，它是以力量、速度素质为基础，以无氧代谢供能为特点，时间短、强度大，要求有较好的爆发力。

(1)能量需求。60m、100m 其运动时间短，CP 消耗较多；200m、400m 随着运动时间的延长肌糖原消耗逐渐增加，因此应对主要消耗的物质进行相应的补充。

男：17 579(15 486～19 671)kJ/d 或 251 ± 21kJ/$kg_{体重}$。

(2)合理的营养补充。在膳食中要有丰富的蛋白质，以提高肌肉质量。另外，在膳食中增加磷和糖类的含量，为脑组织提供营养，改善神经控制和增强神经传递，还要在膳食中增加矿物质以便动员更多的运动单位参加收缩，如铁、钙、钠等，增加维生素C、B和E的含量，以增加肌肉收缩质量。

也可以适量补充磷酸肌酸。饮食中肌酸的主要来源是牛肉和鱼，998g瘦牛肉含肌酸5g，特别是生牛肉和鱼肌酸含量更丰富。蔬菜中含有的肌酸低于食用肉，这些储存的肌酸，在烹饪过程中会部分丧失。由于肌酸主要存在于动物肉类和鱼类食品中，素食者无外源性来源，全由自身合成。因此，素食者可能会出现肌酸缺乏现象。

同时还应当适量增加体内的碱储备。应多吃些蔬菜、水果等碱性物质，一般要求蔬菜、水果供应的热量达到日热量的15%左右。经常进行短距离跑的运动者在能进食能量适宜的平衡膳食时，基本上不必额外补充维生素和矿物质。

2. 中长距离跑的营养特点及膳食补充方案

长跑是以有氧耐力素质为基础，以有氧代谢供能为特点，要求有较高的心肺功能及全身抗疲劳的工作能力，运动时间较长，体力消耗较大。

(1)能量需求。中(800～3 000m)长(5 000～10 000m)距离跑运动时间较长，运动者能量消耗较大，需要进行足够的能量补充。

男：17 579(15 486～19 672)kJ/d或251±21kJ/$kg_{体重}$。

(2)合理的营养补充。要求膳食中含有较全面的营养成分，增加机体能源物质的储备，在丰富的维生素和矿物盐成分中，突出加强矿物质铁、钙、磷、钠，维生素C、B和E等成分的营养，有利于提高有氧耐力。

在进行中长跑锻炼时，运动时间较长，糖类物质消耗较大，容易引起疲劳。因此在饮食中应供给充足的糖，以增加体内的糖储备。增加体内的糖储备应以淀粉类食物为主。同时供给适宜的蛋白质和铁，以保证血红蛋白维持在较高水平。但不宜补充大量蛋白质，否则会增加肝、肾的负担，影响健康。也可适当增加脂肪的摄入量，但不宜过多，一般供给量应占总热量的20%左右。此外还要提供充足的维生素B和维生素C，以促进疲劳的消除和体力的恢复。高温环境条件下进行中长跑锻炼要预防脱水，运动前饮水30～500mL，保证体内水分储备。

二、操类运动项目的营养特点与膳食补充攻略

目前，操类项目种类繁多，但大多数属于体操的内容。体操是通过徒手、持轻器械和在器械上完成的不同类型与难度的单个动作或成套动作，并具有一定艺术要求的体育项目。体操内容十分丰富，根据体操练习的特征和对人体产生的主要作用，体操的内容包括队列队形练习、技巧运动、徒手体操、器械体操、艺术体操、健美操、团体操等。

1. 操类运动项目的基本代谢特点及运动中能量的来源

一套竞技体操，开始时靠磷酸原系统供能，但由于它所供能量有限，运动时单独依靠它释放能量只能维持很短时间，因此不能满足成套动作的能量需要，还必须同时利用糖酵解供能来合成ATP。糖酵解供能是竞技体操运动合成ATP的重要无氧供能系统，它能提供一套竞技体操得以顺利完成而需要的主要能量。随着运动时间的延长，有氧代谢供能比例逐渐增加，直至运动结束。即竞技体操能量代谢特点是以无氧代谢供能为主，以有氧代谢供能为辅。

而大众健身操一般是小强度、长时间的运动，运动中主要靠有氧系统供能。艺术体操属于灵巧性运动项目，其热量消耗不大。

2. 操类运动项目的营养特点及膳食补充方案

(1)能量需求。

竞技体操类一般要求有较强的力量与速度素质以及良好的灵巧与协调性，对神经系统的要求较高。而大众健身操类热量消耗较大，要求有较好的耐力。

体操男：14 649(11 301～17 579)kJ/d或230 ± 21kJ/$kg_{体重}$。

(2)合理的营养补充。

一些群众体育活动中开展的体操、艺术体操以及其他类型的操类要求有较强的力量与速度素质和良好的协调性，对神经系统有较高的要求，要补充高蛋白质、高热量、低脂肪的饮食，维生素和矿物质突出铁、钙、磷的含量及维生素B_1、C的含量。同时不要过分控制饮食，以免造成营养不良。

在进行长时间健美操锻炼时，机体总的能量消耗很大，要求有较好的耐力。因此在饮食中应供给充足的糖，以增加体内的糖储备。增加体内的糖储备应以淀粉类食物为主。补充蛋白质保证肌肉的力量，适当进食肉类、乳制品及豆制品等以消除疲劳、恢复体能。同时补充适量的维生素B_1，提高机体有氧代谢能力。维生素B_1主要来源是豆类、花生、核桃、芝麻、小米等。为提高机体的柔韧性和协调性，要摄入大量的蔬菜水果，来保证维生素和矿物质的含量。以减脂、瘦身为目的的健美操练习者，应减少脂肪的摄入，每人每日不超过25g，在摄入脂肪时也应尽量食用不饱和脂肪酸含量高的植物油。其主要来源是花生、杏仁、葵花籽、芝麻等。在运动前、中、后也可以考虑补充水或运动功能性饮料，防止脱水，维持体内水钠平衡。

三、球类运动项目的营养特点与膳食补充攻略

我国球类活动开展的比较普遍，常用的可以作为健身运动的球类项目有篮球、排球、足球、羽毛球、乒乓球、网球等。这类项目不是周期性运动项目，且有一定对抗性，运动强度不易控制；需要一定场地、设备、器材，还需要掌握一定的技术。一般体力较好，有一定锻炼基础的人，可以选择这类项目。

球类运动能培养灵敏、速度、力量、爆发力、耐力等素质和迅速判断周围情况的

能力。各项球类运动多有许多基本动作,根据出现情况灵活运用。因此必须全面而巩固地建立这些运动技能,使它们达到高度自动化。通过球类运动锻炼,可使视觉、听觉、本体感觉、平衡感觉等得到提高。如视野扩大、眼球运动的协调性改善、关节运动的灵敏性提高等。

球类运动是一项无氧代谢与有氧代谢混合供能的运动,不同项目无氧运动和有氧运动所占的比重不同。一般来说,奔跑较多的篮球和足球运动能量消耗大,网球、排球运动次之。在这样大强度的肌肉运动中,人体的摄氧量是不能完全满足完成这些动作的需氧量的。

(一)球类运动项目的基本代谢特点及运动中能量的来源

1. 篮球运动的基本代谢特点及运动中能量的来源

篮球运动深受广大青少年的喜爱,是一项非周期性的、复杂多变的、速度快、强度大的运动。攻守双方不断变换的一项运动。在这样大强度的肌肉运动中,人体的摄氧量是不能完全满足完成这些动作的需氧量的。根据 ATP－CP 系统的供能特点(释放能量时不需氧,供能速度快 1.6mol/min),ATP－CP 此时的供能系统可维持 8～15s,可使肌肉在强烈收缩时运动 50～100m。而篮球运动的特有节奏决定了即使是在连续的攻防转换中,也有相当一部分时间要靠 ATP－CP 供能系统来供能,它需要的能量是非常大的;虽说 ATP－CP 系统中的 CP 可转换成 ATP,而人体内的 ATP 含量极少,但是人体内的 CP 含量也只是 ATP 的 3 倍,要单靠其来支持完成一场篮球运动是不可能的,必须边分解边合成才能保证人体 ATP 的含量,才能使肌肉活动持久。事实上,在篮球运动中,给人体提供能量须由三种供能途径联合完成。有报道分析:篮球运动能量供应中无氧代谢占 90%,有氧代谢占 10%。在无氧代谢能量供应中又分磷酸原系统供能和糖酵解系统供能,篮球运动特别是竞赛时,动用更多的是磷酸原供能系统。

2. 排球运动的基本代谢特点及运动中能量的来源

排球运动是一项以低到中等强度的运动,耐力素质是决定排球比赛胜负的关键因素之一。低到中等强度的运动,主要募集慢肌纤维,依靠肌糖原供能。但在完成大强度爆发性用力的扣球、拦网等动作中,主要募集快肌纤维,其中磷酸原系统供能占能量消耗的 95%左右,而乳酸系统供能只占 5%左右。因此,在用力的扣球、拦网时基本上依靠无氧供能。

总之,排球运动是一项低到中等强度和大强度爆发性用力两种类型相结合的运动,是以有氧能力为基调和以无氧能力为主体的一种特殊类型的运动。运动者除了要有良好的爆发力、弹跳力,还要有好的耐乳酸能力。

3. 足球运动的基本代谢特点及运动中能量的来源

现代足球的特点是对抗激烈,运动量大、强度高,持续时间长,能量消耗大。足球运动是球类运动中消耗能量最大的一项运动。在足球运动中,机体活动所需能量的75%左右是由有氧代谢供给的(走动和慢跑),因此有氧代谢供能是足球运动员最基本、最主要的供能系统。而无氧代谢供能(快冲跑)占所需能量的25%左右,足球比赛中的起动、急停、急转、射门等爆发式的动作都需要无氧供能。所以,无氧供能系统也是足球运动者重要的供能系统。因此,足球运动者的供能方式是以有氧代谢供能为主,并且是以无氧代谢的磷酸原和糖酵解供能贯穿于整个运动之中的混合供能方式。

4. 羽毛球运动的基本代谢特点及运动中能量的来源

羽毛球运动的特点可概括为一"快",二"全"。所谓"快",即起动快、弹跳高、击球快、回位快。"全"就是要求运动者有全面的耐力素质和有氧代谢能力。在羽毛球运动中,击球特别是扣球的一瞬间、救球时的最后一个跨步、比赛中忽然变换方向以及经常出现的加速跑,基本由磷酸原供能系统提供能量。而在运动中,为调整和恢复体力,采用打四角球、打落点以及打吊等方式结合时,糖酵解供能系统和有氧代谢供能系统发挥了它们应有的作用。3种供能系统相互影响、相互作用、紧密相连,共同完成了羽毛球运动中所需能量的供给。即锻炼者在进行羽毛球运动时的主要能量代谢方式为有氧、无氧混合型。

5. 乒乓球运动的基本代谢特点及运动中能量的来源

乒乓球运动是老少皆宜的活动,也是国人值得自豪的"国球"。从人体能量代谢途径分析该运动属于有氧代谢运动。然而每次击球瞬间,因其速度快、爆发力强、步伐的移动不同于一般的周期性运动等,为一项多次重复的高强度运动,则能量代谢途径又属于无氧代谢,且以ATP-CP供能为主。也就是说乒乓球运动是一项无氧代谢与有氧代谢混合供能的运动。

6. 网球运动的基本代谢特点及运动中能量的来源

网球运动是一项极好的活动,可以使全身肌肉得到锻炼。众所周知,网球运动的持续时间是不固定的,长者多达2h以上。从持续时间上看,其主要以有氧供能为基础;但在运动中快速的移动、迅猛扣球等又要求其具备较好的无氧代谢能力。一个网球爱好者无论在力量、速度、耐力、柔韧性和灵敏性方面,都必须具备良好的素质。可以说网球运动既是有氧运动与无氧运动的混合体,又是一项复杂的竞技项目。

(二)球类运动项目的营养特点及膳食补充方案

1. 能量需求

参加篮球、排球、足球等项目锻炼的能量需要为:17 579(15 486~19 672)kJ/d或 251 ± 21kJ/$kg_{体重}$。

参加乒乓球、羽毛球、网球等项目锻炼的能量需要为:14 649(11 301~17 579)kJ/d或 230 ± 21kJ/$kg_{体重}$。

2. 合理的营养补充

球类项目对健身锻炼者的力量、速度、耐力、灵敏、柔韧等素质均有较高的要求。能量消耗量较高，膳食应根据运动量的大小，保证充足的能量。膳食的营养也应该是全面和平衡的，食物中要含丰富的蛋白质，糖以及维生素 B_1、C、E、A。球的体积越小，对运动者的眼力要求越高，所以，在食物中维生素 A 的含量应更高些。篮球、足球活动时间较长且在室外活动，矿物质、水分丢失较多，应及时补充，在休息时间适当的补充一些运动饮料(150mL)。篮球运动锻炼者膳食中的热量应是糖类占 55%～65%，蛋白质占 12%～15%，脂肪占 25%～30%。若一名参加篮球锻炼者每天体重需 230～251kJ/kg 的热量，他每天每千克体重需要补充 8.5～10g 的糖类，1～1.2g 的蛋白质，少量的脂肪。矿物质是钾 3～4g/d，钙 1 000～1 500mg/d，铁 20mg/d(大运动量锻炼为 25mg/d)，锌 20mg/d(大运动量训练为 25mg/d)等。维生素是 VA500μg(体力活动紧张项目增加为 1 800μg)，VB_1 3～5mg，VB_2 2～2.5mg，VC140mg，VE30mg 等。打网球时，要求运动者动作及反应极为迅速，所以需要补充含镁的食物。

四、游泳运动项目的营养特点与膳食补充攻略

游泳是最受群众欢迎的健身运动项目，尤其适合于体重较大，需要减肥的人。游泳时依靠水的浮力支撑体重，大大减轻了大体重者在陆地上锻炼对下肢造成的负担。水的传导性比空气好，可增加能量的消耗，提高减肥效果。有不少人将游泳视为终身的体育锻炼项目。但是选择游泳作为健身项目时要确保已经掌握了游泳技术，并且没有高血压、心脏病等游泳的禁忌症。

(一)游泳运动的基本代谢特点及运动中能量的来源

游泳运动属周期性运动，由于其在水中进行，水有浮力，入水后人体漂浮，缺少支撑的感觉，除部分躯干肌保持紧张外，很少有静力紧张的动作。游泳时的能量消耗较大，游泳时的能量消耗与以下因素有关。

(1)水的温度。水温越低，散热越多，能量消耗也越大，如人在水中停留 4min 消耗的热量，就相当于在陆上 1h 消耗的热量。

(2)游泳的姿势。用相同速率不同姿势时，爬泳消耗的能量大于蛙泳。

(3)游泳的速度。能量的消耗与速度成正比，而水的阻力又与速度的平方成反比，因此更加大了速度增加能耗的因素。

(4)游泳的时间。从所需要的时间来看，游完 50m 和 100m 只需 0.5～1min 的时间。根据能量代谢理论的特点，在这一时间内，运动主要是依靠 CP 和糖原的无氧酵解混合供能。200m 以上游泳距离的任何项目均需要氧气的参与，游泳过程中主要依靠糖酵解供能系统和有氧供能系统混合供能，也就是说无氧酵解和有氧分解供能都十分重要。研究发现，游泳运动中 50m 距离的无氧代谢占 95%，有

氧代谢占5%，100m游泳距离的无氧代谢占80%，有氧代谢占20%，200m游泳距离的无氧代谢占60%，有氧代谢占40%，400m游泳距离的无氧代谢占40%，有氧代谢占60%，1 500m比赛距离的无氧代谢占30%，有氧代谢占70%。

从上述不同距离的无氧与有氧代谢比例关系上可以看出，游泳项目随着游泳距离的增加，有氧供能的比例逐渐增加，而无氧供能的比例则逐渐减少。由此可见，不同距离的游泳其能量供应都不是单一的，只是有氧与无氧代谢比例关系不同而已。可以说，游泳运动是由两种或两种以上能源系统混合供能，只是在比例上有一定的差别。

(二)游泳运动的营养特点及膳食补充方案

1. 能量需求

游泳由于在水中进行，水的密度和导热性都与空气不同，水的阻力大、温度低，故游泳者在水中的散热量增加，热量消耗很大。冬泳更是如此，因此机体对能量的需求较大。

短距离游泳：17 579(15 486～19 672)kJ/d或251±21kJ/$kg_{体重}$。

长距离游泳：19 672kJ/d或272(以上)kJ/$kg_{体重}$。

花样游泳：14 649(11 300～17 579)kJ/d或230±21kJ/$kg_{体重}$。

2. 合理的营养补充

游泳锻炼要求有一定的力量和耐力素质，且能量消耗较大。因此要求膳食中热能较高，在膳食中要含有丰富的蛋白质、糖类和适量的脂肪，增加含糖类高的食物米、面，含蛋白质较高的鱼、禽类、牛肉等，还需要一定的脂肪和维生素A，以利于保持体温和保护皮肤。还应摄入富含维生素B_2的奶蛋类和富含维生素C的蔬菜水果类和矿物质如碘、钙、铁、磷、氯化钠等。老年人在水温较低的水中冬泳时，出于抗寒冷的需要，可增加脂肪的摄入量，维生素的摄入，以B_1、E、C为主。矿物质增加碘的含量，以适应低温环境甲状腺分泌增多的需要，增加铁含量多的食物的补充，如瘦肉、鸡蛋、猪肝、绿叶蔬菜等，以增加血液中氧的含量，维持机体耐力。

五、冰雪运动项目的营养特点与膳食补充攻略

冰雪运动是受北方地区群众喜爱的体育锻炼项目，主要包括速滑、花样滑冰、冰球、越野滑雪等。

(一)冰雪运动项目的基本代谢特点及运动中能量的来源

速滑运动是周期性耐力项目，要求参加速滑锻炼者不但要有一定的无氧代谢能力，而且更要求有较高的有氧代谢水平，速度快距离短的滑冰运动主要以无氧供能为主，随着速度的减慢和距离的延长，有氧供能所占比例逐渐增加。花样滑冰有依赖无氧供能系统供能及无氧和有氧代谢系统混合供能。冰球是以有氧供能为

主、无氧供能为辅的一项运动。其对有氧运动能力的要求略低于速滑。滑雪运动能量消耗大，尤其是在野外滑雪，需要运动者有良好的心肺功能、有氧代谢能力和耐力。越野滑雪项目线路地段的性质和滑动摩擦运动的特点决定了运动强度和速度。即上坡地段强度最高（除了冲刺）、速度最慢，下坡地段强度最低、速度最快。因此在比赛中随着地形的变化，交替出现有氧和无氧代谢过程，无氧代谢过程较集中在上坡地段。这种“交替”和“集中”现象，就是越野滑雪项目的能量代谢特征。

（二）冰雪运动项目的营养特点及膳食补充方案

1. 能量需求

由于长时间在冰雪上活动，加之周围环境温度较低，机体产热过程增强以维持体温，因此能量消耗较多，相应的需求也较多。

速滑、花样滑冰、冰球等项目的能量需求为 17 579（15 486～19 672）kJ/d 或 251±21kJ/$kg_{体重}$，越野滑雪项目的能量需求为 19 672kJ/d 或 272（以上）kJ/$kg_{体重}$。

2. 合理的营养补充

由于长时间在冰雪上运动，加之周围环境温度较低，机体产热过程增加以维持体温，所以蛋白质和脂肪消耗增多。膳食上要求丰富的蛋白质和脂肪，以补充蛋白质和脂肪消耗，维持体温，同时增加糖类以提供能源。适当摄入动物肝脏、蛋类和奶类以及有色蔬菜和水果如胡萝卜、南瓜、芒果等。维生素以维生素 B 族为主并增加维生素 A 的摄入，保证眼睛适应冰雪场地的白色环境。

六、棋牌类项目的营养特点与膳食补充攻略

棋牌类项目主要包括三棋一牌，即象棋、围棋、国际象棋和桥牌。

（一）棋牌类项目的基本代谢特点及能量的来源

棋牌类是以脑力活动为主的项目，脑细胞的能源物质完全依赖血糖提供。

（二）棋牌类项目的营养特点及膳食补充方案

1. 能量需求

当血糖降低时，脑耗氧量下降，工作能力下降，随之产生一系列不适症状，所以棋牌类项目对糖类有着特殊的需求。

棋牌类的能量需要为 10 045（8 371～20 090）kJ/d 或 188±21kJ/$kg_{体重}$。

2. 合理的营养补充

棋牌类是以脑力活动为主的项目，脑细胞的能源物质完全依赖血糖提供，在膳食上要求含糖量较高的食物。当血糖降低时，脑耗氧量下降，致工作能力下降，随之产生一系列不适应症状，所以棋牌类项目对糖类有着特殊的需求，可在下棋和打牌时随时补充一定量的糖。此外，膳食中增加蛋白质和维生素 B_1、C、E、A 的供给，提高卵磷脂、钙、磷、铁的含量，膳食中应减少脂肪的摄入，以降低机体耗氧，保

证脑组织的氧供应。

七、户外运动项目的营养特点与膳食补充攻略

1. 户外运动的基本代谢特点及运动中能量的来源

户外运动，泛指划船、登山、钓鱼、滑水、滑冰、攀岩等许多户外体育锻炼形式。这些运动可以缓解现代人群的情绪压力，增强肌肉力量，改善关节的柔韧性和身体协调能力。随着肢体运动，全身营养物质和氧气的消耗量加大，新陈代谢加快，对心肺功能有十分独到的强化作用。

户外运动也是一项以有氧代谢为主、持续时间长、对身体消耗比较大的运动。尤其是在气候比较干燥、昼夜温差比较大时进行户外运动，更要注意身体的功能情况，进行合理的营养素补充。

2. 户外运动的营养特点及膳食补充方案

(1)要供给足够的热量。由于户外运动是一项消化能量比较大的运动，因此能量供给非常重要。爱好者在运动前，要根据户外运动时间，准备好一定量的食物。食物要包括糖类、蛋白质、脂肪这三大功能物质，并尽量保持营养均衡。

脂肪的摄入比糖类的摄入更加重要，这是户外运动与其他体育训练不同之处，户外温差变化很大，环境变化剧烈。这需要爱好者的热能供给更加充沛，由于脂肪每克能够供给 9kcal 热量，而糖类或蛋白质只能供给 4kcal 热量，所以相同重量时，脂肪含量高的食品能量密度更大。为了保证户外活动的营养安全，专家建议：每人每天保证 1kg 以上的食物，其中一半是脂肪含量较高的午餐肉、果仁、巧克力、黄油、鱼肉酱、火腿和香肠等，另一半是蛋白质和糖类丰富的面包、蛋糕、罐装八宝粥、鱼罐头、火腿肠、咸鸭蛋、豆制品和能量棒等食物。这些体积小，能量密度大的食品对户外运动是必需的。

(2)重视水的补充。户外运动时，人体会大量出汗，由于气候干燥，而且户外阳光较强，人总会觉得口渴，这时补水就尤为重要。人体口渴缺水时会引起运动能力下降，补水可以恢复户外运动者的运动能力。户外运动时，人体体温在不断上升，积极地补水能够帮助身体降温，也能维持体内环境的稳定性，促进代谢废物排出体外。户外运动时，大量的电解质和水溶性维生素也随汗液排出了体外。因此补水时，一定要选择含电解质、维生素的运动饮料协同补充，而不要单补白水。在干燥气候下，人体要保证 3L 以上的饮水。

(3)要及时补充矿物质。随着人出汗，体内钠、钾等矿物质会大量丢失，除了通过运动饮料补充一部分以外，还可以通过食品，如榨菜雪菜 2 包和调味品汤料等适量补充，以保持身体的运动能力，防止疲劳过早发生。

(4)注意多种抗氧化剂的补充。户外运动是一项耗氧量比较大的活动，在一些日照辐射较强的海边，高海拔低气压的高原进行户外活动时，体内会产生大量的氧

自由基。因此除了要补充消耗和流失的维生素 C、B 族以外，还要补充一些抗自由基物质，如维生素 E(10～20mg/d)、番茄红素(10mg/d)和维生素 C(100～300mg/d)等，以提高身体的免疫力，防止出现户外运动后免疫力低下，容易生病的现象。

八、动感单车运动的营养特点与膳食补充攻略

(一)动感单车运动的基本代谢特点及运动中能量的来源

动感单车(Spinning)是由美国私人教练兼极限运动员 Johnny G 于 20 世纪 80 年代首创，是一种结合了音乐、视觉效果等独特的充满活力的室内自行车训练课程，被誉为“车轮上的赢家”。骑动感单车能让人在快乐运动中有效的增强肌肉耐力，锻炼心肺功能。动感单车同样是一种非常好的有氧运动，它让人最大限度地流汗，增强新陈代谢功能，轻松的将身体里毒素排掉，减脂、减肥的目的自然就达到了。在过去的短短十几年时间里，动感单车课程风靡欧美等国并逐渐被引入其他国家，成为健身行业一项广受欢迎、不可或缺的健身热点项目。

动感单车具有运动持续时间较长、运动强度大、能量消耗大、以有氧代谢供能为主等特点，所以运动后的营养恢复是极为重要的。许多动感单车爱好者运动前 1～3h 避免进食，加上剧烈的运动抑制饥饿感使食欲下降，摄入能量不能补足能量消耗的需要，难以维持能量平衡，进而会影响疲劳的恢复。

(二)动感单车运动的营养特点及膳食补充方案

(1)膳食上首先满足能量的消耗。至少应该达到每天 40kcal/$kg_{体重}$，否则运动能力会明显下降。膳食应该能够提供充足的能量。如果因为工作繁忙，三餐摄入的能量不能满足需要时，可在运动后安排一次加餐，但加餐的食物应该充分考虑营养平衡和营养密度。

(2)膳食中蛋白质供应应充足。每天约达到 1.2g/$kg_{体重}$，使其占总能量的 12%～14%，为促进肝内脂肪代谢，还应提供如牛奶、奶酪、牛羊肉等富含蛋氨酸的食物。

(3)糖类的充足摄入对于运动耐力极为重要。按照每千克体重计算，至少应该摄入 5～6g 糖类才能满足动感单车训练的需要，为提高锻炼效果和促进恢复，可以适当增加糖类的摄入。

(4)重视运动后的营养恢复。运动后恢复是健身者能够长时间持续进行动感单车运动并从中收益的重要保障。运动后合理补糖和补液是决定疲劳恢复的最重要的因素。运动后即可补充 50g 糖以满足机体糖原最大合成的需要。从实际考虑，动感单车运动后食欲抑制，可以采用含糖运动饮料和易消化的食物，如香蕉、果汁等。运动后补充富含糖、电解质、维生素的运动饮料以促进体液的平衡。

第四节　长寿饮食营养食物的选择攻略

一、促进长寿的饮食攻略

我国人民不仅积累了极其丰富的饮食知识，而且还发现某些食物有防治疾病和长寿的功效。经研究表明，以下食物能起到保健长寿的作用。

(1)将植物油、瘦肉、鸡蛋(优质蛋白)、竹笋、蔬菜、蘑菇(含维生素、无机养分及纤维)、粉条(糖类)等一起炖食，是维持人体营养平衡的好食品。

(2)经常食用蔬菜、海藻、蘑菇、水果、大豆及其制品、植物油、肉皮(猪蹄、肉皮的胶质蛋白可增加皮肤弹性，防止器官萎缩)、家畜肌肉及软骨，能降低血中胆固醇，可预防动脉硬化。

(3)少摄取食盐(每天不超过 5g)，多吃清淡饮食，可防止高血压。勿食粗盐，因粗盐中含有较多的无机营养成分。

(4)肝脏病患者宜经常吃鸡、瘦肉、鱼、蛋、牛奶、干酪等优质蛋白性食物及动物肝脏(含丰富的优质蛋白、维生素及无机养分)，这符合中医以类补药的理论。还应该常吃大豆及豆制品，因为大豆也是高蛋白食物，其中的大豆皂甙能降低血中胆固醇及中性脂肪，能抑制血损伤肝细胞的过氧化脂质，并能抑制 GOT(谷草转氨酶)和 GDT(谷丙转氨酶)的上升，对肝脏有利。

(5)大部分贫血病患者是由于缺铁，可是防治贫血只摄取铁分是收不到良好效果的，已查明铁分与优质蛋白、维生素配合使用，方能使铁分吸收良好。韭菜含维生素 C 及铁分，木耳含铁分较多，贫血患者应常食用。

(6)经常吃糙米、小麦、芋头、红薯、豆类、蔬菜等含纤维多的食物，能防止糖尿病，尤其能促进胰岛素的分泌。

(7)食用黄花菜可补血，鸡肝也能补血，且不使身体肥胖。海蜇能化痰、降压；苡米能抗癌并使肌肤细腻；黑芝麻能通便乌发；大枣含大量维生素 C 和 C－AMP(环腺苷酸)，能增强机体的抗病能力，并有解毒作用；核桃仁能镇静安眠；茶能溶解脂肪、除口臭、提神(但有破坏维生素 B 族的作用，心脏病患者不宜多饮用)。

(8)据分析海水中至少有 94 种元素，所以海产动植物是无机养分的重要来源。人体需要较多的钙，同时还需要硒、锗、锌等多种微量元素。食用粗盐、海产植物(如海带、裙带菜、海藻等)、某些海产鱼类(如飞鱼、秋刀鱼、沙丁鱼、金枪鱼等，小鱼小虾可整个吃下，其营养及活性物质核酸更丰富)以及贝类，对补充人体内无机养分及微量元素大有好处。沙丁鱼含大量核酸，金枪鱼中硒的含量较高。当然，蔬菜中也含有大量无机养分，特别是钙的含量较高，钙不仅是构成骨骼的要素，而且还有安定精神的作用。

饮食有节，是长寿的主要方法之一。人们常说，运动（动静比例 4∶6）、乐观和节食是三位最好的医生，因此，老年人要想健康、长寿，就要养成以下科学的、合理的饮食习惯。

(1)荤素搭配，以素为主。多以五谷、蔬菜、瓜果为主食。

(2)细嚼慢咽，切忌暴饮暴食。老年人牙齿松动，咀嚼能力低。吃饭时细嚼慢咽有利于消化吸收。同时，吃饭时不要蹲着进食，如果腹部受压，会影响胃肠的正常蠕动和血液流动。

(3)少食多餐，忌饱食。老年人消化功能减退，活动量较少（国家提倡食物的黄金分割比例 0.618，叫老人吃七成饱，因为限食可以长寿，限食可以增强免疫功能；减少疾病发生；改善代谢功能；影响内分泌系统。限食的最佳时期，最好始于生长期）。有可能的话，每日加一餐，每次吃八、九成饱，同时不吃或少吃零食、甜食、烫食、咸食。

(4)酸碱平衡。人的血液保持弱碱性的正常生理状态，是健康的标志之一，所以老年人应适当多吃些碱性食物，节制酸性食物。

(5)老年人易患骨质疏松和钙化不全，以致腰酸腿疼；对铁的吸收也差，所以老年性贫血较常见。因此膳食中应注意补充含钙和铁的食品。此外还要注意饮食中食盐不宜过多，平时适量多饮开水，食物要切碎、煮烂，以利消化吸收。

日本是当今世界的长寿之国，其中一个重要因素是日本国民注意膳食营养平衡。他们每日的食物中，蛋白质占 20%，脂肪占 30%，碳水化合物占 50%。食物以大豆、鱼类和蔬菜为主。美国生物学家麦凯的一项实验证实：节食可使人长寿。美国两名医学家考察了世界长寿之乡——俄罗斯高加索和南美安第斯地区，发现那里的百岁老人饮食都比较节制。有关实验资料表明，节食对于免疫系统可产生良好的影响，还可减少免疫缺损症的发生。更为重要的是能够影响动物的生理年龄，即脱氧核糖核酸、染色体、骨胶原、蛋白质和脂肪的新陈代谢作用的减慢，并可促进内分泌腺的活动。

目前，国际上推荐以 20～39 岁年龄段者的热能需要量作为基数，40～49 岁年龄段者减少供能 5%，50～59 岁年龄段者减少 10%，60～69 岁年龄段者减少 20%，70 以上年龄段者减少 30%。此法行之有效，可以延缓衰老过程。

二、延缓衰老食物的选择攻略

据一些老年学研究专家和营养学家研究发现，以下一些食物能延缓衰老。

(1)海带。海带中含有丰富的蛋白质、碳水化合物和钙、铁、碘等矿物质，含有相当数量的重要维生素，如胡萝卜素、硫胺素、核黄素、尼克酸等，还含有大量的重要维生素、褐藻胶等。常食海带具有预防动脉硬化、降低血压、防止血液凝固、防治甲状腺肿、减肥、强骨、补血、有益心脏、防癌抗癌等效用,因此,海带被誉为“长寿菜”。日本人对海带怀有深厚的感情,他们认为日本国民之所以在体质和寿命方面有长足的进步,其中就有海带的一份功劳。

(2)菇类。菇类不仅是高蛋白低脂肪的保健食品,而且是天然维生素的宝库。经常食用有助于提高食欲,促进钙质的吸收,防止恶性贫血,改善神经功能等。香菇中所含“香菇素”有良好的除脂降压作用;所含双链核糖核酸被称为“干扰素诱导剂”,有较强的抗病毒能力。平时多食菇类,有助于防止癌瘤发生。菇类抗肿瘤的活性成分来自细胞壁的多糖体,其作用能增强网状内皮系统吞噬细胞作用,促进淋巴细胞转化,激活 T 细胞和 B 细胞,促进抗体的形成等,因此被认为是最好的免疫促进剂。我国古代一些学者认为,经常食用菇类,可使人“益智开心”“坚筋骨”,并有“益气”“延年”等功用。

(3)海鱼、甲鱼。海鱼、甲鱼所含的二十稀戊酸,有抵抗血管衰老的作用,因此经常食用可防衰老。

(4)芝麻、茯苓。芝麻富含维生素 E,具有促进细胞分裂、延缓人体衰老的作用。茯苓可提高人体免疫功能,亦有抵抗衰老作用。食用方法:将炒熟的芝麻和去皮的茯苓加工成粉状、混合均匀后装入瓶内密封,每天早餐后服用,每次一匙(20~30g),并加入适量的糖。

(5)胡萝卜。胡萝卜有“食物人参”之称,胡萝卜富含胡萝卜素、叶酸、木质素等,经常食用有利于增强人体抗病、抗癌、抗衰老的能力(同时能养眼、美容养发和预防感冒)。

(6)水果。水果中富含维生素和无机盐,有助于老年病的防治,并能增强免疫功能。常吃梨、桃等富含维生素 A 的新鲜水果,可润肌肤、减皱纹、护眼力,减轻衰老症状。多吃苹果,可降低血液中的胆固醇。多吃香蕉,可使老年人提神,并对治疗高血压、减轻动脉硬化有益。常吃香蕉、桃子、广柑,对治便秘有益。生山楂、柚子对治老年虚火有帮助。但老年人吃水果一次不宜过多,饭前也不宜吃水果,以免影响正常进食和消化。老年人每天适量地吃些水果有益于健康和长寿,但要科学地选用适合自己的体质、有利于疾病康复的水果。

苹果:含有多种维生素 A、B、C 等,它所含的鞣酸、有机酸有收敛作用,加上果胶和纤维素能吸收细菌和毒素,因此具有止泻与通便作用。苹果还含有多量的钾,能与体内过剩的钠结合,使之排出体外,从而可排除过多的盐分,对治疗高血压有利。此外,苹果还可延缓大脑衰老,提高记忆力。

香蕉:有止咳、润肠、降压的作用。它含有多种维生素 A、B、C、E、P 等。其中维生素 P 有利于增强血管壁的弹性,适合高血压和肥胖者食用,维生素 E 能增加细胞分裂次数,对延寿有益。香蕉性寒,胃肠虚寒者不宜食用,否则易致腹泻。

菠萝:具有帮助消化和吸收的功能。菠萝中的糖、盐和酶则有利尿作用,对肾炎、高血压患者有益，对治疗支气管炎也有功效。

草莓：人称水果皇后，有利尿、止泻、治慢性气管炎、化痰、维持体型美等作用。

橘柑：有镇咳、润肺、健胃功效。含有丰富的糖和多种维生素，特别是维生素 C 含量较高。

柿子：含维生素和糖类比一般水果高 1～2 倍，还含有钙、磷、铁等，有清热、去燥、生津、润肺、化痰、健脾、降压等功效，生食可治便秘，熟食可涩肠止泻，很适合老年人吃。但因其性寒、体弱多病者不宜多食，且以饭后吃为宜。

西瓜：能消烦、止渴、利尿、解酒毒，并有降压作用。

梨：性寒，能润肺、消痰、止咳、通便，民间有用雪梨冰糖炖服治疗咳嗽之方，对慢性支气管炎的老人较适宜。

桂圆：有滋补、强壮、安神、补血作用，对失眠老人尤为适宜。

葡萄：主要成分为葡萄糖，有益气、补血、利筋骨、健胃、利尿等功效，但便秘者不可多食。红葡萄的皮上有一种“逆转醇”，是抗衰老的，它还是抗氧化剂，所以常喝红葡萄酒可预防心脏病、降血脂、降血压，有关专家还建议吃红葡萄时最好连皮吃，喝红葡萄酒每天不超过 100mL，白酒每天不超过 10mL，啤酒每天不超过 300mL。

上述水果，除桂圆、葡萄外，一般性均偏寒，故老年人食用水果应适量，以免对健康不利。

(7)酸牛奶。早在 20 世纪初期，俄国学者梅契尼柯夫提出“自体中毒”学说，他认为，衰老是由自体中毒引起的。其理由是人体肠道中有大量的细菌，尤其是大肠菌群，在代谢过程中会产生大量的毒素，这些毒素会导致机体慢性中毒，从而促使人的衰老。为此他提倡饮用发酵奶品，以引入大量的乳酸杆菌，取代人体肠道中原有的细菌，减缓自体中毒，延缓衰老。饮用发酵的乳品，包括酸牛奶、酸羊奶等。在某些长寿区，此方法很受青睐。

(8)黑木耳。心肌梗塞虽然无法医治，但完全可以预防。黑木耳的一个重要作用就是使血不黏稠。

(9)老玉米。美国医学会做了个普查，发现原始的美国人、印第安人没一个高血压，没一个动脉硬化，原因是吃老玉米。后来发现老玉米里含有大量的卵磷脂、亚油酸、谷物醇、维生素 E，所以不易发生高血压和动脉硬化。现在许多人吃卵磷脂就是希望不得动脉硬化。

(10)燕麦。燕麦粥、燕麦片能降血脂、降血压、降甘油三酯。

(11)小米。《本草纲目》提到，小米能除湿、健脾、镇静。现在很多坐办公室的人睡不着觉，得抑郁症，吃安定 2 片、4 片、6 片，已经有人吃 8 片还睡不着。齐国力教授在农村普查过，那些老年人不知道什么叫失眠，躺在床上就入睡，是因为他们喝小米粥。

(12)南瓜、苦瓜。南瓜能刺激维生素细胞,产生胰岛素。所以常吃南瓜的人不易得糖尿病。蔬菜中应该提的还有苦瓜,它虽苦,但分泌胰岛素物质,常吃苦瓜的人也不易得糖尿病。南瓜、苦瓜老年人一定要常吃。

(13)骨头汤。骨头汤里含琬胶,琬胶是延年益寿的。

三、抗癌养生食物的选择攻略

(1)含维生素 A 多的食物。癌症多发生在上皮组织,尤其是黏膜部位。常吃些含维生素 A 多的食物,如动物肝脏、奶油、鸡蛋、瘦肉、鳗鱼、胡萝卜等,能强化黏膜,增强对癌症的抵抗能力,有预防感冒的作用。动物肝脏中含维生素 A 最多,但不宜食用过量,每周食用 10g 左右就可以了。胡萝卜可大量食用,因所含胡萝卜素在体内可转化为维生素 A。奶油每日可食用 10g 左右(含维生素 A 约 500 单位)。鸡蛋每日一个(含维生素 A 约 400 单位)。上述食物宜搭配食用。

(2)大枣及某些蔬菜。如辣椒、番茄、萝卜、橄榄、马铃薯等,含有较多的维生素 C。维生素 C 也有保护黏膜,防止黏膜损坏的作用。

另据报道,维生素 C 有切断癌细胞双链 DNA 的作用。所以大量食用维生素 C 的食物,对预防癌症的发生有一定作用。

(3)番茄。在美国农村,几乎每个家庭都种番茄,吃番茄,目的是不易得癌症。吃番茄不易得子宫癌、卵巢癌、胰腺癌、膀胱癌、前列腺癌。可是番茄怎么吃?有人说,那还不简单,洗洗就生吃。还有人切片放白糖,再喝点啤酒。如果这么吃,白吃了,不抗癌。番茄里面有个东西叫番茄素,必须加温到一定程度才出来。番茄炒鸡蛋,还有番茄汤,或番茄鸡蛋汤也是好的。

(4)大蒜。吃大蒜必须先把它切成片,一片一片的薄片放在空气里 15min,它跟氧气结合以后产生大蒜素。大蒜本身不抗癌,大蒜素才抗癌,而且是抗癌之王。大蒜有味不用怕,吃点山楂,嚼点花生米,再吃点好茶叶就没味了。顺便说一下,花生皮没有营养,它只能提高血小板,起止血作用,中老年人吃花生时千万别吃花生皮(即花生衣)。

(5)薯类(白薯、红薯、山药、马铃薯)。各种薯类是吸收疾病的神奇物质。马铃薯是较好的抗癌食物,因其含有较多的维生素 B_6 及维生素 C。其中维生素 B_6 含量较大米约高 20 倍,所含的维生素 C 很少接触到空气,遇热也不易被破坏。薯类可“三吸收”:吸收水分,吸收脂肪、糖类,吸收毒素。吸收水分、润滑肠道,不得直肠癌、结肠癌。吸收脂肪、糖类,不得糖尿病。吸收毒素,不发生胃肠道炎症。

(6)豆制品(抗乳癌高手)。普查的结果是整个中国老百姓缺乏优质蛋白。50g 大豆的蛋白等于 100g 瘦肉,等于 150g 鸡蛋,等于 200g 大米,并且大豆中起码有 5 种抗癌物质,其中特别是异黄酮,专门预防、治疗乳腺癌、直肠癌、结肠癌。所以要多喝豆浆、豆腐脑,多吃豆腐。

(7)荞麦(天然“三降”食品)。现在不少人都“三高”,即高血压、高血脂、高血糖。荞麦“三降”,它降血压、降血脂、降血糖。荞麦里含有18%的纤维素,吃荞麦的人不易得胃肠道癌症,如直肠癌、结肠癌。

(8)含纤维素多的食物。在人体肠内存在有害细菌、无害细菌及有益细菌三类。健康人的肠内这三类细菌保持平衡不发病。当食用脂肪过多时,则有害细菌大量繁殖,能使分解脂肪的胆汁酸等物质转变为致癌物质而使肠黏膜发生癌变。如大量食用纤维多的食物(如糙米、麦类、芋头、甘薯、豆类、蔬菜等),则能利于有益细菌的繁殖,使大肠通畅。纤维尤其能清除肠内致癌物质等有害毒素,因而对预防肠癌非常有利。植物纤维还有降低血中胆固醇的作用。

(9)橄榄、芜菁、莱花、白菜等含有抗癌的特殊成分吲哚类化合物。目前已知的致癌物质有几千种之多,抗癌的最好办法是一方面增强人体自身抗癌能力(如强化黏膜组织等),另一方面食用某些有解毒作用的食物。十字花科蔬菜中含有吲哚类化合物,对某些致癌物质具有解毒作用。

(10)香菇、金钱菌及某些多孔菌科的菌类(如灵芝、云芝、茯苓、猪苓等)所含的蘑菇多糖,已被制成抗癌剂应用。据研究,此等真菌,尤其是香菇的孢子中含有能诱发人体内产生干扰素的成分。干扰素除有抑制致病菌和病毒的作用外,还能抑制正常细胞的癌变和癌细胞的转移。人工制造干扰素成本很高,如能经常食用香菇等真菌,就会在人体内产生具有抗癌作用的干扰素。据研究,多孔菌科的真菌还含有抑癌效果较高的羟基胆固醇类化合物。

(11)牛奶、鸡蛋可预防胃癌。牛奶和鸡蛋含有丰富的优质蛋白,通过强化黏膜而间接抗癌。食用此等食物确能增加动物性脂肪的摄取量,而使血中胆固醇增多。在食用牛奶和鸡蛋的同时多吃些蔬菜就不致发生动脉硬化。据报道,由于严格控制食用牛奶和鸡蛋等动物性蛋白,反而使胃癌和肝癌的发病率增高,这应引起人们的重视(最好喝脱脂牛奶,以防含脂过多)。

(12)绿茶(抗癌又洁牙)。第一,绿茶里含茶多酚,它是抗癌的,在所有的饮料里绿茶的抗癌作用是第一位的;第二,绿茶里含有氟,它能坚固牙齿;第三,绿茶本身含茶甘宁,使血管不容易破裂。如果每天喝4杯绿茶,癌细胞就不易分裂,即使分裂也要推迟9年以上。日本普查结果显示,40岁以上的人没有一个体内没有癌细胞的。为什么有人得了癌症,有人不得,就是跟喝绿茶有关系。在日本小学生每天一上学就喝一杯绿茶。

四、增进长寿与微量元素的选择攻略

(1)抗衰老微量元素。近几年来,微量元素与人体健康长寿关系的研究发展很快,目前已知人体内含有41种微量元素,其中必需的微量元素为14种。所谓微量元素,是指仅占人体体重0.1‰以下的元素,因其量甚微,故名。奇妙的是人体内这类元素过多或不足，或多种微量元素在体内的比例不平衡，都会对机体产生不利的影响，对老年人的危害尤为严重。

什么叫抗衰老微量元素呢？一般来讲，凡是体内具有抗氧化作用的微量元素都有抗衰老效应，统称为抗衰老微量元素，如硒、锰、锌、铜等。此外，凡具有预防某些老年性疾病的微量元素，也相应的具有抗衰老作用，也属抗衰老微量元素之列。

早在20世纪70年代初期就有研究证实，三价铬、钇、钯等微量元素有延长小白鼠寿命的作用。近年来，国内外长寿调查研究发现，长寿地区的外环境和各种粮食中都富含锰、硒、锶、锌、钼、氟、钙、镁等元素，其中有的属微量元素，尤其以黄豆中的含量最为丰富，因此，有的长寿地区的黄豆被称为"微量元素库"。锰、锌等是超氧化物歧化酶的组成部分，硒是谷胱甘肽过氧化物的活性元素，这些酶都是体内重要的抗氧化酶，所以这些元素也就是重要的抗衰老元素。

现代医学研究还发现，铬、钼、硒、锶、钴、锰、锌、硅、矾等元素具有预防动脉硬化、高血压、冠心病、糖尿病和肿瘤等老年性疾病的作用。因此，这些元素对老人就显得更为重要。研究指出，人类必需的微量元素主要存在于鱼、瘦肉、蛋、海产品、黄豆和粮食的麸皮、胚芽之中。老年人应注意合理的饮食营养，保证能通过饮食，获取必要的微量元素。

(2)维生素E(抗氧化剂)。维生素E在人体细胞内能消除对机体有损害作用的自由基而延缓细胞的衰老过程，并有防止脂褐素形成的作用。国际上现趋向于使用天然的维生素E，并开发了一些含维生素E较多的植物油和小麦胚芽等(芝麻、核桃含量丰富)，直接作为一种健美和延缓衰老的药品。

(3)花粉药物(治便秘维持体型)。蜜源花粉是一种天然的完全的滋养品(花粉是植物的精子，它孕育着生命，在植物里是最好的营养)。它含有16～22种氨基酸，其中包括8种人体必需氨基酸。还含有已知的全部维生素，多种无机盐类、脂肪、糖、生物素、抗生素、抗病毒物质及500种以上的酶和辅酶。国内900名正常人服用蜜源花粉后，普遍反映可促进睡眠，通畅大便，增强体质、耐力和记忆力。此外，它还可促进表皮细胞新陈代谢，改善血液循环和对皮肤的营养，被誉为"内服的化妆品"，在美容方面有很好的效能(武则天和慈禧太后都吃花粉)。花粉有三个作用：第一，预防肾功能衰竭、尿血(治前列腺增长肥大)。第二，治疗胃肠道紊乱。很多人吃泻药而很容易得直肠癌、结肠癌。花粉有个名字叫肠道"警察"，吃了花粉以后，"警察"可以维持肠道秩序。第三，健美，维持体型。

第五章　成年男性个性化运动处方的制订及选择攻略

第一节　男性不同年龄阶段的个性化运动处方及制订攻略

一、运动处方的优点及制订步骤

(一)运动处方的起源及概念

运动处方(Exercise Prescription)的概念最早是由美国生理学家卡波维奇在20世纪50年代提出的。20世纪60年代以来,随着康复医学的发展及对冠心病等疾病的康复训练的开展,运动处方开始受到重视。1969年,世界卫生组织(WHO)开始使用运动处方术语,并在国际上得到认可。运动处方的完整概念是:康复医师或体疗师,对从事体育锻炼者或病人,根据医学检查资料(包括运动试验和体力测验),按其健康、体力以及心血管功能状况,用处方的形式规定运动种类、运动强度、运动时间及运动频率,并提出运动中的注意事项。运动处方是针对个人的身体状况而制订的一种科学的、定量化的周期性锻炼计划。即根据对锻炼者所测试的实验数据,按其健康状况、体力情况及运动目的,用处方的形式制订适当的运动类型、强度、时间及频度,使锻炼者进行有计划的周期性运动的指导性方案。

(二)运动处方的优点

运动处方最大的特点是因人而异,针对性强,能对锻炼者提出具体的运动负荷量度和运动方式,从而保证了身体锻炼的科学性、安全性和有效性。其优点在于以下几点。

(1)适应于广泛的人群。不同性别、不同年龄、不同体质及不同锻炼目的的人,均可根据自己的体质状况采用适合于自己的运动处方来进行锻炼。

(2)采用运动处方进行锻炼收效快。不同人群只要根据自己的体力水平运用运动处方持续锻炼6～8周,就能提高全身耐力水平;持续锻炼16周就能收到良好的效果。

(3)采用运动处方进行锻炼科学性强。按照本人靶心率进行锻炼，既安全可靠，锻炼效果又好。

(4)采用运动处方进行锻炼省时间。只要按本人靶心率强度持续运动5～20min，就可收到良好的锻炼效果。

(5)采用运动处方进行锻炼安全可靠。可以科学地监控运动量和评价运动效果，同时便于对整个身体锻炼过程进行反馈调节，并能有效地防止伤害事故的发生。

(6)采用运动处方进行锻炼，系统性和计划性强，目的明确。锻炼得法，能做到心中有数，提高锻炼者的运动兴趣，易于坚持。

(7)采用运动处方进行锻炼有助于增进身体健康，提高身体机能，促进形体健美。一般来说，人们参加运动处方锻炼，是为改善自身身体状况，提高健康水平，预防疾病，特别是防止现代“文明病”的侵袭。另一方面，按照运动处方锻炼，既能有效地提高身体机能，比如提高机体的肌肉耐力、肌肉力量、爆发力、身体的灵敏性、平衡性和柔韧性等，又能提高身体运动能力。

(8)采用运动处方进行锻炼有助于疾病治疗和机体康复。许多慢性病患者，常常把运动处方作为治疗疾病和康复疗法的一种手段。严格地按照处方要求锻炼，就可大大提高运动中的安全性，尽可能减少意外事故的发生，有效地提高机体对疾病的抵抗力，达到治疗疾病的效果。

(三)运动处方的分类

现代新兴的运动处方要求包括3种运动类型，即有氧运动、伸展运动和力量性运动，以达到全面锻炼身体的最佳效果。按照不同的分类标准，可将运动处方分为不同的种类。

1. 按锻炼的功能对象分类

(1)康复治疗性运动处方。用于某些疾病和创伤康复期的患者，使医疗体育定量化、个性化。

(2)健身预防性运动处方。用于健康的中老年人及长期从事脑力劳动、希望参加体育锻炼的人，主要目的是预防某些疾病（如冠心病、肥胖症等）的发生，防止过早衰老。

(3)身体锻炼性运动处方。主要用于提高身体机能，适合于青少年身体锻炼，要求有针对性地提高身体运动能力。这种处方往往带有全面锻炼的性质，并在某些方面有所侧重。

2. 按锻炼的器官分类

(1)心肺功能耐力锻炼运动处方。以提高心肺功能为主，用于冠心病、高血压、糖尿病、肥胖症等疾病的防治、康复。

(2)运动器官体疗锻炼运动处方。以改善肢体功能为主，用于各种原因引起的运动器官功能障碍及畸形等。

3. 按照锻炼作用分类

(1)全身耐力锻炼运动处方。

(2)力量锻炼运动处方。

(3)柔韧性锻炼运动处方等。

4. 按锻炼的目的分类

(1)减肥运动处方。

(2)增肌运动处方。

(3)塑形(矫形)运动处方。

(4)健身及娱乐运动处方等。

此外也有按阻力形式分类的。运动处方中常见的运动形式包括克服阻力性的肌肉运动(无氧运动、有氧运动)和调理内脏功能的心肺功能运动(无氧运动、有氧运动和混合式运动)两大类。因为我们日常生活中的所有活动都是克服阻力的过程。

(四)制订运动处方的原则及步骤

制订运动处方主要应遵循个性化原则,动态性原则,优质的基础性原则和安全有效性原则。

在制订系统的、个体化的运动处方之前,专业人员会收集健身锻炼者的很多信息,例如一般体检、临床检查、个体运动负荷试验反应的客观评价(包括心率、血压、自我疲劳程度、心电图及最大摄氧量)、医学健康体检信息、体质、体能测定等。还要知道健身者的年龄、性别和原来的锻炼基础、爱好等有关信息,把以上信息进行综合分析后制订出个体化的运动处方,安排锻炼计划,并做好善后工作和复查,这样制订出来的运动处方既科学,又安全有效。

与药物处方不同的是,运动处方是一个长期计划。没有严重疾病的人,可以根据学到的运动基本知识,自己制订健身计划或健身方案。

有一个好的健身锻炼计划,就等于有了一位好的老师。健身锻炼者选择课时锻炼计划(锻炼课程表),就像医生给病人开的处方一样,药量过大将危及病人的生命,药量过小则对病情无济于事。医生只有针对病人的病情、体质状况、年龄与性别特点及治疗过程和反应情况来考虑处方,合理配药,这样才能做到对症下药,药到病除。本书将根据健身锻炼的要求与特点以及实践效果和生理规律,列举一些健身、健美、减肥、矫形、增高及体能素质的锻炼课程(处方)范例以供读者朋友参考。但应注意的是,下面各例仅指一周或多周的锻炼课,并非指整个阶段的课程,绝不可效仿此表一年或多年不变,而必须定期更换锻炼课程(处方),并保持练一个锻炼课程表直到感觉到没有进展时为止,这样才能保证健身锻炼获得全面成功。

二、成年男性健身锻炼计划(处方)的设定程序

(1)设定锻炼项目的分类:①有氧运动;②无氧运动;③有氧与无氧混合运动。

(2)设定锻炼项目选择的原则:①根据锻炼目的、目标选择;②根据锻炼场所、器械配置选择;③根据锻炼者身体机能状况选择。

(3)设定锻炼项目的组合:①有氧运动;②力量性锻炼;③伸展性练习。

(4)锻炼计划的种类:①根据不同的年龄设计锻炼计划;②根据不同的锻炼水平和不同的锻炼目的设计锻炼计划;③根据不同职业、性别等设计锻炼计划。

(5)锻炼计划的内容:①目的(任务)与要求;②周锻炼次数、时间;③课锻炼时间;④锻炼的方式、方法、部位及器械选择;⑤运动量的安排;⑥课后锻炼小结等。

三、不同等级健身锻炼计划(处方)的设定攻略

1. 初级锻炼计划设计的要求

(1)锻炼计划的模式。①课的目的与要求;②锻炼部位(肌肉);③动作数量;④强度、次数与组数;⑤间歇时间;⑥课锻炼时间。

(2)初级锻炼计划。①锻炼目的:从未练过,要求发达肌肉的男性;②锻炼部位:全身各肌肉群;③动作数:1～2个;④强度:75%左右,12～16次,每个动作1～2组;⑤间歇时间:2～3min(因刚练);⑥课的总时间:1h左右。另外,减肥者应增加20min有氧训练。

2. 中级锻炼计划设计的要求(锻炼1～2年后)

①锻炼目的:发达肌肉为主;②锻炼部位:刚刚踏入中级的4个部位,2年基础的3个部位;③动作数:3～4个;④强度:70%～85%,6、8、10、12次,每个动作4～6组,总组数30组左右;⑤间歇时间:30～60s;⑥课的总时间:1.5h。

3. 高级锻炼计划设计的要求

①锻炼目的:平时训练,并以发达肌肉为主,要求增加肌肉围度;②锻炼部位:1～2个;③动作数:4～6个;④强度:6～8次,4～6组,80%～90%,有时100%;⑤间歇时间:30～60s;⑥课的总时间:1h左右。

4. 发达肌肉的程序

①先大肌群后小肌群;②先屈肌后伸肌;③先上肢后下肢再腹肌。

四、最佳肌力和健美训练动作的选择攻略(表 5-1)

表 5-1 最佳肌力训练动作名称

颈部	颈 肌	单手侧压颈屈伸、双手正压颈屈伸、头压铁片颈屈伸
肩部	三角肌前部	前平举、颈前(宽)推举
	三角肌中部	侧平举、单臂侧平举
	三角肌后部	躬身侧平举、直立推举
胸部	胸大肌上部	上斜卧推举、卧式两臂上拉
	胸大肌中部	平卧推举、仰卧飞鸟
	胸大肌下部	下斜卧推举
臂部	肱二头肌	站姿反握弯举、单臂蹲坐弯举、斜托弯举、低滑轮反握弯举
	肱三头肌	单(双)臂屈伸、躬身臂屈伸、直臂后抬、站姿胸前肘下压
	前臂肌	腕弯举
腰背部	上背肌	(斜方肌)立式耸肩、直立划船
	中背肌	(背阔肌)引体向上、坐姿颈前(后)下拉、俯立划船、并握划船、坐姿划船
	下背肌	(竖棘肌)直腿硬拉、负重躬身、俯卧挺身
腹部	腹直肌	仰卧起身、仰卧举腿
	上腹肌	仰卧团身起坐、斜板仰卧起坐、屈膝和直腰两头起、控腹
	下腹肌	仰卧收腹举腿、斜板收腹举腿、坐姿收腹举腿、对抗收腹举腿
	腹外内斜	负重体侧屈、侧卧举腿、单屈膝仰卧转体起坐、斜板仰卧转体起坐
臀部	臀大肌上部	仰卧挺髋、俯卧举(抬)腿
	臀大肌中部	宽站距半蹲(髋部前挺)、负重弓箭步蹲
腿部	股四头肌	坐姿负重伸膝、肩负重深蹲、颈前负重深蹲、仰卧腿举
	股二头肌	俯卧脚踝负重屈膝、站姿负重屈膝
	小腿肌群	站姿负重提踵、骑驴式提踵

五、青年男性形体塑造处方(健美运动课程)范例

锻炼时间:每次锻炼课时间为 1～1.5h。

锻炼次数:每周锻炼 4 次。

锻炼任务:①发展全身主要肌肉群,使肌肉丰满,强壮有力;②使体型丰腴健美,体态挺拔优美;③提高身体素质,增强体质;④增强自身魅力和自信心。

锻炼项目及运动量分配见表 5-2～表 5-5。

表 5-2 青年男性健美锻炼课程表(第1次)

星期	顺序	动作名称	组数	重量/次数	主要健美部位
星期一	1	徒手热身操	1	5～10min	活动全身肌肉关节
	2	躬身提拉	3	12～15RM / 8～12	背阔肌群
	3	前平拉	3	12～15RM / 8～12	肩部三角肌群
	4	平卧夹胸	3	12～15RM / 10～12	胸大肌群(乳房)
	5	反握屈肘提拉	3	12～15RM / 10～12	上臂肱二头肌群
	6	躬身展体	2	12～15RM / 12～15	腰背肌群
	7	颈后伸肘提拉	2	12～15RM / 8～12	上臂肱三头肌群
	8	坐姿颈后下拉	2	12～15RM / 10～12	肩部三角肌群
	9	坐姿腿屈伸	3	12～15RM / 10～15	大腿肌群
	10	仰卧起坐	3	20RM / 25	上腹肌群
	11	站姿提踵上拉	2	12～15RM / 25	小腿三头肌群
	12	放松慢跑	1	3～5min	放松全身肌肉
备注	"12～15RM"指在疲劳前能按规定的次数举起12～15次的最大重量(下同);重量单位为千克;"8～12"表示完成动作次数(下同)				

表 5-3 青年男性健美锻炼课程表(第2次)

星期	顺序	动作名称	组数	重量/次数	主要健美部位
星期二	1	原地跳绳	2	150～200次	活动全身肌肉关节
	2	站姿颈屈伸	3	15RM / 10～15	颈部肌肉群
	3	侧平拉	3	12RM / 8～12	肩部三角肌群
	4	躬身提拉	3	15RM / 10～12	背阔肌群
	5	斜卧夹胸	3	12RM / 12～15	胸大肌群(乳房)
	6	站姿屈肘提拉	3	12RM / 12～15	上臂肱二头肌群和肱肌群
	7	仰卧伸肘推拉	3	12RM / 8～12	上臂肱三头肌群
	8	坐姿垫腕提拉	4	15RM / 15～20	前臂肌群
	9	坐姿屈臂拉展体	4	12～15RM / 10～15	腰背肌群
	10	站姿负重半蹲起	4	15RM / 15～20	大腿肌群
	11	仰卧直腿上举	4	20RM / 15～20	下腹肌群
	12	放松慢跑	1	3～5min	放松全身肌肉

表 5－4　青年男性健美锻炼课程表(第 3 次)

星期	顺序	动作名称	组数、重量/次数	主要健美部位
星期四	1	跳绳、徒手操	100 次，5～8min	活动全身肌肉关节
	2	躬身提拉	$\frac{15RM}{10\sim15}$、$\frac{12RM}{8\sim10}$、$\frac{8RM}{8}$	背阔肌群
	3	躬身侧平拉	$3\times\frac{15RM}{8\sim12}$	肩部三角肌群
	4	平卧夹胸	$\frac{15RM}{10\sim12}$、$\frac{12RM}{8\sim10}$、$\frac{8RM}{8}$	胸大肌群(乳房)
	5	站姿夹胸	$3\times\frac{12\sim15RM}{10\sim12}$	胸大肌群(乳房)
	6	仰卧臂屈伸	$3\times\frac{12RM}{12\sim15}$	上臂肱三头肌群
	7	站姿伸肘下拉压	$2\times\frac{12RM}{10\sim12}$、$\frac{8RM}{8\sim10}$	上臂肱三头肌群
	8	坐姿伸膝提拉	$\frac{15RM}{10\sim12}$、$\frac{12RM}{10\sim12}$、$\frac{8RM}{8\sim10}$	大腿股四头肌群
	9	坐姿垫腕提拉	$4\times\frac{15RM}{15\sim20}$	前臂肌群
	10	站姿提踵上拉	$\frac{20RM}{15\sim20}$、$\frac{15RM}{20}$、$\frac{12RM}{15}$	小腿三头肌群
	11	仰卧起坐	$4\times\frac{15RM}{15\sim20}$	上腹肌群
	12	放松慢跑	5～8min	放松全身肌肉群

表 5－5　青年男性健美锻炼课程表(第 4 次)

星期	顺序	动作名称	组数、重量/次数	主要健美部位
星期五	1	跳绳、徒手操	100 次，5～8min	活动全身肌肉关节
	2	站姿颈屈伸拉	$3\times\frac{15RM}{10\sim15}$	颈部肌群
	3	坐姿颈后推举	$3\times\frac{12RM}{8\sim12}$	肱三头肌和三角肌群
	4	平卧夹胸	$\frac{15RM}{10\sim12}$、$\frac{12RM}{8\sim10}$、$\frac{10RM}{8}$	胸大肌群(乳房)
	5	站姿双臂夹胸	$3\times\frac{12\sim15RM}{8\sim12}$	胸大肌群(乳房)
	6	站姿反握提拉	$\frac{12RM}{12\sim15}$、$2\times\frac{8RM}{8\sim10}$	上臂肱二头肌群
	7	站姿提肘上拉	$2\times\frac{15RM}{10\sim10}$、$\frac{12RM}{8\sim10}$	肩、臂肌群
	8	站姿直臂上拉展体	$\frac{15RM}{10\sim15}$、$\frac{12RM}{10\sim12}$、$\frac{8RM}{8\sim10}$	腰背、臀部肌群
	9	站姿正握弯举	$3\times\frac{12RM}{15\sim20}$	前臂肌群
	10	仰卧蹬伸	$\frac{15RM}{10\sim12}$、$\frac{12RM}{8\sim10}$、$\frac{8RM}{8}$	臀、腿肌群
	11	仰卧举腿	$3\times\frac{20RM}{10\sim15}$	下腹肌群
	12	自我按摩	5～8min	放松全身肌肉

六、青壮年男性减肥运动处方(减肥瘦身课程)范例

锻炼时间:1～1.5h。

锻炼次数:每周锻炼 6 次(即课程表之间隔日交替循环使用,如星期一、三、五选用课程表 5－6;星期二、四、六选用课程表 5－7)。另外,如有时间,减肥者应在器械训练前进行 20～40min 的有氧训练,这样更有利于动用游离的脂肪酸。

锻炼任务:①发展全身主要肌肉群,减少体内多余脂肪,提高心血管系统的机能;②提高身体素质,增强体质;③去脂减肥降体重,增强自身魅力和自信心。

锻炼项目及运动量分配见表 5－6、表 5－7。

表 5－6 男子减肥锻炼课程表(范例 1)

<table>
<tr><th>顺序</th><th>项目</th><th>内容安排</th></tr>
<tr><td>1</td><td>健身操</td><td>徒手或器械健身操,任选一套,共做 2 遍</td></tr>
<tr><td>2</td><td>循环练习</td><td>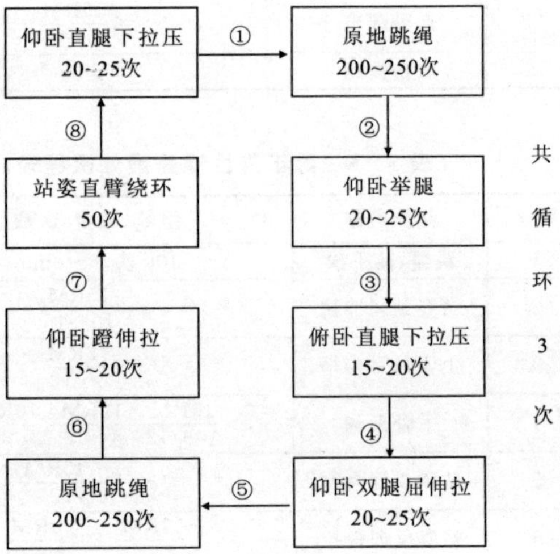
</td></tr>
<tr><td>3</td><td>柔韧练习</td><td>站姿前踢腿 2 组×50 次
站姿后踢腿 2 组×50 次
站姿侧摆腿 3 组×50 次</td></tr>
<tr><td>4</td><td>放松练习</td><td>按摩、抖动肢体 15～20min
蒸汽浴与桑拿浴</td></tr>
</table>

表 5－7　男子减肥锻炼课程表（范例 2）

锻炼时间	动作顺序	动作名称	运动量				主要健美部位
			重量百分数	组数	次数	循环数	
星期一、三、五	1	颈后下拉	50	3	15	3	肩背部
	2	站姿屈臂提拉	35	3	12	3	上臂前部
	3	站姿大腿内收	40	3	20	3	大腿内侧部
	4	站姿大腿外展	40	3	20	3	大腿外侧部
	5	坐姿直臂夹胸	50	3	15	3	胸部、肩部
	6	坐姿伸膝	60	3	20	3	大腿前部
	7	悬垂举腿提拉	20	4	25	3	腰腹臀腿部
	8	仰卧起坐	20	4	25	3	上腹部
星期二、四、六	1	站姿肘下压	30	3	15	3	上臂后部
	2	坐姿平拉	60	3	15	3	腰背部
	3	站姿提肘拉	25	3	20	3	肩臂部
	4	深蹲屈臂拉起	60	3	20	3	大腿和臀部
	5	站姿前平拉	25	3	15	3	肩臂部
	6	仰卧屈膝提拉	40	3	20	3	大腿后部
	7	垫肘反握提拉	35	3	15	3	上臂前部
	8	站姿提踵提拉	50	3	25	3	小腿后部
备注	"20％"是指锻炼时负荷重量为本人体重的 20％。 每个动作间只允许休息 15s，用于调换器械或调整重量						

七、中老年男性健身锻炼处方（健身运动课程）范例

锻炼时间：每天锻炼时间总计为 1～1.5h。

锻炼任务：①增强体质，加强对疾病的抵抗力和对外界环境的适应能力；②维持良好的心肺功能，预防心血管系统疾病；③活跃新陈代谢，预防代谢疾病；④保持关节肌肉的灵活性，保持正常良好的身体姿势，预防"肌肉饥饿"症和骨关节疾患。

锻炼强度：从小强度逐渐过渡到中等强度，锻炼时最高心率控制在 110～130 次/分。

锻炼项目及运动量和时间分配见图 5－1、图 5－2（中老年循环训练健身运动处方范例）。

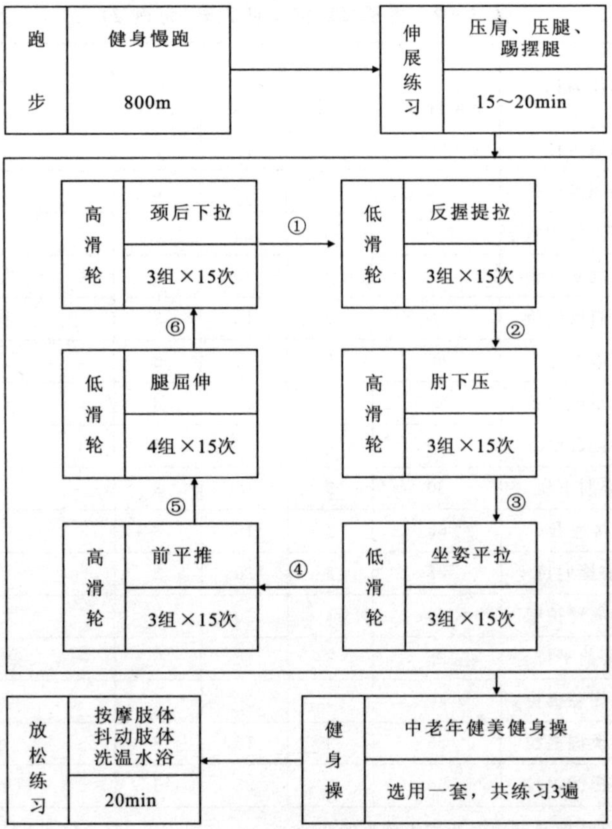

图 5-1　中年男性健身运动处方(范例)

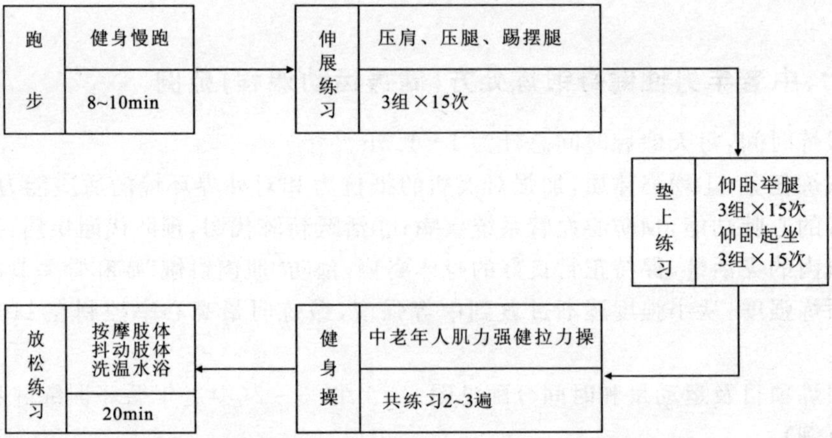

图 5-2　老年男性健身运动处方(范例)

八、中年男性健身运动处方范式

1. 运动目的

(1)增强体质,提高机体的抵抗力和适应力。

(2)维持心肺功能,预防心血管疾病。

(3)活跃新陈代谢,预防代谢疾病。

(4)保持关节灵活性,预防骨关节疾患。

(5)保持理想体重,塑造和改善体型体态。

2. 运动项目

可以选择的有步行、慢跑、骑自行车、游泳、爬楼梯、健身操、太极拳、郊外远足、登山、垂钓、网球、乒乓球等项目。中年男性应根据自己的目的、兴趣、运动条件等来选择2～3项运动项目。

3. 运动强度

按科学锻炼的要求,健身运动强度应达到本人最大心率的60%～85%或最大摄氧量50%～70%为目标的心率范围。即30～39岁为140～165次/分;40～49岁为123～146次/分;50～59岁为118～139次/分。健康的35～60岁的中年男性运动时心率最低应达到130次/分,但不要超过160次/分。

4. 运动时间及运动频度

要合理安排健身锻炼的时间,每周应安排3～5次,每次20～45min。

5. 注意事项

(1)健身锻炼要循序渐进,适可而止。开始体育锻炼应采取渐进的方式,每周的运动量、运动时间和距离的增加幅度不要超过10%以上。

(2)中年男性切忌突然地剧烈运动,这样对于有潜在心脏病者有极大的危险性。

(3)健身锻炼要长期坚持下去。长期坚持锻炼可采取的措施:①使运动简单易行,运动量适可而止;②不要一开始就期望太高,如减肥要坚持3～6个月,才能初见成效;③最好找个伙伴或参加集体运动,防止松懈和厌倦心理;④定下每周的运动目标,如“今天我要在1h内走完5 000m的路”,定目标具有激励作用;⑤排除干扰,不要以疲倦或没时间做借口,要持之以恒。

九、中年男性个性化运动处方范例

中年男性应根据自身需要、目的、兴趣及客观条件来选择合适的运动项目,可以是肌力锻炼,或是有氧运动。

1. 有氧运动

运动项目有步行、散步、慢跑、骑自行车、游泳、上下楼梯、广播操、健身操、迪斯科、太极拳、小球类、滑冰、滑雪,以及郊外远足、登山、垂钓等。也可以寓健身锻炼于日常生活中。运动强度及运动量按科学锻炼要求,运动强度应达到最大心率的70%～85%或最大摄氧量的50%～70%为目标心率范围。健身的中年男性运动时心率最低应达到130次/分,但不要超过160次/分。运动频次一般每周3～5次,每次20～45min,包括5～10min的准备活动,可采用静力性伸展,加强腹部、髋部和腿部力量的运动,以及5～10min的整理活动,以促进有效的恢复。例如,早晨锻炼30min,先做5～10min广播体操,再慢跑12min,最后以太极拳或肌力练习5～10min结束。

2. 中年男性的肌力锻炼

腹肌肌力锻炼——仰卧起坐、悬垂抬腿或摆腿、仰卧抬腿、俯卧撑、杠铃提放等。

腰背肌肌力锻炼——背屈、俯卧抬腿、侧屈,持横杆体前屈、持横杆俯卧引体等。

腿部肌力锻炼——负重下蹲、负重跳台阶、俯卧屈小腿、立姿屈小腿、仰卧上下摆腿、仰卧直摆腿等。

以上各动作做10～15次为一组。可选2～3个动作,每个动作练4～6组,每组练15～20次以上,以本人最大负荷的30%～50%强度来锻炼,组与组的间隙一般为30～40s,最多不超过50s,每分钟的动作频率为18～22次,肌肉收缩时快些,伸展时稍慢些。运动频次为每周锻炼3～5次,每次锻炼时间1h左右。

十、老年男性个性化运动处方范例

老年男性的健身运动处方的基本内容包括:①采取较小的运动强度运动心率控制在170－年龄或180－年龄,或靶心率为(220－年龄)×(60%～75%);②运动方式,一是以改善关节柔韧性、活动度和平衡能力为主,如太极拳、柔软体操、健身舞操、肢体牵引伸展活动等;二是以改善骨骼系统和身体姿势为主,如瑜伽、气功练习、游泳等;三是增强心肺功能,提高机体灵活性,减轻体重为主,如步行、走跑交替、健身跑等;③运动时段每天清晨或上午健身较好。老年男性健身要讲究热身准备以及整理活动(表5-8、表5-9)。

表5-8 老年男性运动处方(范例1)

序号	活动内容	组数与次数	要求
1. 准备活动	全身体操	10～20min	随意
2. 有氧运动	走步或跑步走50m,跑50m	50m走,50m跑各1次,每天5次,以后每天增加1组	慢速适应后逐渐加快速度
3. 肌力锻炼	健骑器	早晚各1次,每次5min	锻炼肌肉、关节
4. 整理活动	伸展运动	15～20min	改善关节活动度

表 5-9 老年男性运动处方(范例 2)

序号	活动内容	组数与次数	要求
1.准备活动	功率自行车	30s 1 次,4～6 次	等速,不加负荷
2.有氧运动	体操运动	15～20min	运动心率控制在 130 次/分以下
3.徒手练习	鹅卵石路径	5～8min	足底开始发热
4.整理活动	放松整理	15～20min	柔韧性

1. 运动目的

健身祛病、防病抗衰、延年益寿以及控制体重和改善体形。

2. 运动项目

步行、健身跑、游泳、骑自行车、登山、跳健身舞,打网球、门球、高尔夫球,练气功、太极拳和太极剑等。

3. 运动强度

老年人的适宜运动强度可用(170－年龄)这个公式来掌握,即运动后即刻脉搏达到 110 次/分,5～10min 内脉搏恢复到安静时水平较为适宜。身体健康者(运动心率可控制在 180－年龄),可在心率达到 120～130 次/分后继续运动使心率渐增至 140～150 次/分。

4. 运动时间

运动时间为不少于 30min。

5. 运动频度

每周 3～5 次。

6. 注意事项

美国老年医学运动生理专家艾・迪瑞斯提出以下几点注意事项。

(1)医学检查。在开始运动或增加运动强度之前,医学检查是极为重要的。

(2)缓慢进行。从低而适宜的水平开始,逐渐增加运动强度。

(3)掌握自己的活动限度。如果运动后感到特别疲劳,睡眠不安或持续肌肉酸痛,即表明可能是运动过量。

(4)有规律地锻炼。要达到健身效果的高峰,需要数周乃至数月,若是 1～2 周不活动,便会导致健康水平下降。故应努力坚持每周至少锻炼 3 次,但应注意患病或身体不适期间停止锻炼,即便是轻微的感冒也要停止锻炼。

(5)做好准备活动。年龄越大,锻炼前的准备活动就越重要。10min 左右适宜的准备活动(伸展运动、慢走)可保护心脏、肌肉和关节,以避免出现损伤。

(6)运动后调整。不要突然停止运动,跑步运动之后,至少再慢走 2min;负重练习后,要先休息 5min,然后再洗一个温水澡。

第二节 发展成年男性体能素质的健身锻炼攻略

一、提高青年男性力量素质的运动处方案例

发展全身肌肉力量的运动处方见表 5-10。此处方采用 60%左右中等强度的动力性力量练习，以杠铃、哑铃为主要器材，比较全面地安排了上肢、躯干、下肢的练习，比较适宜于高中学生的力量练习，对增强学生的肌力能收到较大的效果。此外，还可通过跳绳练习、哑铃、杠铃抗阻练习、健走及活动游戏等发展全身肌肉力量。

表 5-10 提高青年男性全身肌肉力量运动处方

基本情况	姓名	毛某某	性别	男	年龄	18 岁	职业	学生
医学检查	安静脉搏:80 次/分				最高心率:190 次/分			
	血压:100/70mmHg				肺活量:3 100mL			
	心肺听诊:正常				心电图结论:正常			
体力诊断	运动试验结果:最大吸氧量 3 500mL							
	体质评定:较好							
运动处方	运动目的:发展全身肌肉力量							
	运动项目:颈后臂屈伸、体前弯举、窄握上拉、左右提拉、屈体起、负重仰卧起坐、推举、提踵、半蹲起							
	运动强度		运动心率控制范围:130～150 次/分					
			用力级别:60%～70%					
			代谢强度:中—大					
	运动时间		10 次×(3～5)组					
	运动频度		每周 2～3 次					
	注意事项		1. 安全的运动器材和装置,加强保护					
			2. 防止过度疲劳					
			3. 不要长时间憋气,呼吸与动作成一定节奏					
			4. 按上肢到躯干到下肢的顺序,不专做同一部位的练习					

二、提高青年男性速度素质的运动处方案例

提高青年男性速度素质运动处方见表 5-11。此运动处方采用中、大运动强

度的重复练习法，发展有一定训练水平和体力较好的青少年的速度素质。提高速度素质练习不能安排在肌肉疲劳及精神疲惫时进行，两次练习间要适当休息。三个跑步练习距离较短，比较适宜发挥最大速度。此运动处方安排了几个短距离的跑步练习。上坡跑要求将腿抬高；下坡练习要加快步频，但防止身体前倾过多；平地跑要注重加速跑的练习，发挥最大速率。

表 5－11　提高青年男性最大速度素质运动处方

<table>
<tr><td>基本情况</td><td>姓名</td><td>覃某某</td><td>性别</td><td>男</td><td>年龄</td><td>18 岁</td><td>职业</td><td>学生</td></tr>
<tr><td rowspan="3">医学检查</td><td colspan="4">安静脉搏：75 次/分</td><td colspan="4">最高心率：200 次/分</td></tr>
<tr><td colspan="4">血压：110/70mmHg</td><td colspan="4">肺活量：3 300mL</td></tr>
<tr><td colspan="4">心肺听诊：正常</td><td colspan="4">心电图结论：正常</td></tr>
<tr><td rowspan="2">体力诊断</td><td colspan="8">运动试验结果：最大吸氧量 3 500mL</td></tr>
<tr><td colspan="8">体质评定：较好</td></tr>
<tr><td rowspan="11">运动处方</td><td colspan="8">运动目的：提高最大速度</td></tr>
<tr><td colspan="8">运动项目：40m 下坡、30m 平地、30m 上坡、负重半蹲起跳，采用重复练习法</td></tr>
<tr><td colspan="2" rowspan="3">运动强度</td><td colspan="6">运动心率控制范围：140～160 次/分</td></tr>
<tr><td colspan="6">用力级别：60%～80%</td></tr>
<tr><td colspan="6">代谢强度：中—大</td></tr>
<tr><td colspan="2">运动时间</td><td colspan="6">每次 5 组</td></tr>
<tr><td colspan="2">运动频度</td><td colspan="6">每周 2～3 次</td></tr>
<tr><td colspan="2" rowspan="4">注意事项</td><td colspan="6">1. 为了防止伤害，要充分做好准备活动</td></tr>
<tr><td colspan="6">2. 肌肉有痛感应立即停止练习</td></tr>
<tr><td colspan="6">3. 在运动伤害的恢复期间，不做此练习</td></tr>
<tr><td colspan="6">4. 避免强度过大</td></tr>
</table>

三、提高青年男性心血管耐力的运动处方案例

提高青年男性心血管功能运动处方范例见表 5－12。此处方根据青年男性正是发展耐力阶段的特点，有意识地安排比较大的运动强度，以增进心血管功能的发展和意志品质的培养。采用当心率恢复到 120 次/分（不完全恢复）时，第二组开始练习的间歇练习法，对提高有氧代谢能力有积极作用。各人可根据自己的运动成绩，确定 400m 的练习时间（将 1 500m 成绩除以 15，再乘以 4，然后减去 5），体力较弱者可适当延长 400m 跑的时间。

表 5-12 提高青年男性心血管功能的运动处方

基本情况	姓名	杨某	性别	男	年龄	21 岁	职业	学生
医学检查	安静脉搏:75 次/分				最高心率:190 次/分			
	血压:110/70mmHg				肺活量:3 200mL			
	心肺听诊:正常				心电图结论:正常			
体力诊断	运动试验结果:最大吸氧量 2 500mL							
	体质评定:较好							
运动处方	运动目的:发展无氧耐力和有氧耐力							
	运动项目:400m 跑(其中跑 250m、走 150m)							
	运动强度	运动心率控制范围:140～160 次/分						
		用力级别:60%～80%						
		代谢强度:中—大						
	运动时间	3～5 组						
	运动频度	每周 2～3 次						
	注意事项	1. 控制心率						
		2. 防止过度疲劳						
		3. 注意呼吸						

四、提高青年男性柔韧素质的健身运动处方

坐位体前屈可反映人的柔韧素质。柔韧素质的好坏对于青年男性来说也很重要，它不仅关系到青年男性的运动素质高低，而且关系到日常的生活质量。通过适当的方法提高青年男性的柔韧素质有助于青年男性体质的增强。运动干预处方如下。

1. 运动类型

静力性的伸展练习，瑜伽、太极拳、体操、舞蹈等对柔韧性要求比较高的运动项目。

2. 运动强度、时间和频率

伸展练习的运动强度以“酸加、痛减、麻停”(感到肌肉发酸时还可以增加伸展度，感到疼痛时需要减低伸展度，感到发麻时停止运动)作为具体的要求，每次持续时间为 30～60s，每个部位重复 3～4 次，运动频率为每天锻炼 1 次，至少应隔天 1 次。

五、提高青年男性耐力素质的健身运动处方

反映青年男性心肺功能和耐力素质的有 1 000m 跑、台阶试验和肺活量体重指数。当青年男性的这些测试不达标时，就需要采用运动及营养手段来给予改善和提高。运动干预处方如下。

1. 运动类型

各种有氧运动，例如走、跑、骑自行车、游泳、划船、各种球类运动等。

2. 运动强度、时间和频率

运动强度控制在最大心率的 60%～80%，或者 RPE 控制在 12～16 之间，也就是从有些吃力到比较吃力，但是没有达到很吃力的程度。每次运动时间至少应达到 20～60min，每周运动 3～5 次比较适宜。

六、提高青年男性心肺功能的健身运动处方

1. 运动项目

宜选用以移动身体为主的运动项目，如长跑、散步、游泳、踢球、跳绳、接力跑、骑自行车和娱乐性比赛。有条件者可在室内的跑步器或活动平板上锻炼。

2. 运动强度

青年男性如果自身心肺功能差，运动强度不宜过大。以心率为标准，运动时应达到个人最高心率的 60%～70%，开始运动时心率可稍低些，如 100～110 次/分；以耗氧量为指标，一般应取个人最大耗氧量的 50%～60%作为有氧运动强度。

3. 运动频率

青年男性进行健身运动，一是要增强心肺功能，提高身体素质；二是要培养其长期坚持运动的良好习惯，保持理想的心肺功能状态。适当的运动频率可使青年男性不至于对运动产生厌恶或害怕的心理而中止运动，一般每周锻炼 3～4 次为宜。

4. 运动时间

根据青年男性心肺功能监测结果、预期目标，以及运动强度和频率来安排运动的持续时间，从数月至数年不等。每次运动的时间不应少于 30min。

此外还有一点需要强调的是，不要忽略运动前的准备活动及运动后整理活动。运动前应进行 5～10min 的准备活动，包括伸展练习和低强度的有氧运动。这样做不但能够提高肌肉温度，增加肌肉、韧带的伸展性和弹性，预防运动损伤的发生，还可以提高内脏器官的功能水平，以适应身体运动的需要，减轻开始运动时由于内脏器官的不适应所造成的不舒服感觉。剧烈运动后切莫立即静止不动，身体的静止姿势会妨碍强烈的呼吸动作，影响氧的补充，同时还会影响静脉回流，心输出量骤然减少，血压急剧下降，造成暂时的脑缺血，产生一系列不舒适的感觉，甚至休

克。运动完后进行 5～10min 的整理运动可以避免这种情况的发生，并能促进肌肉放松，减轻肌肉酸痛。

七、发展青壮年男性身体透支人群体能的运动干预处方

(1)运动强度：开始时用 60％的最大心率，每 2 周增加 5％，至达到 85％为上限。

(2)运动时间：开始时用 15min 慢跑，每 2 周增加 5min，至达到 45～50min 为上限。

(3)运动频率：开始时每周只做 3 次，下午运动最好。每 2 周后增加 1 次，至每周 5 次或 6 次为上限。

(4)运动方式：以有氧运动为主，包括慢跑、太极拳、骑自行车、登山、游泳、球类项目、健美操、器械力量练习等。

(5)评估与进展：每 8 周做 1 次身体机能评估或测试，然后调整进度。每 2 周做 1 次整体健康检查。要注意健身方案应该是一个动态变化的方案，它应该随运动水平和健康状况的变化不断进行调整、修改和完善。

八、增强中年男性心肺机能和肌耐力的运动处方案例

某男，45 岁，无慢性疾病。体质测试显示其相对肺活量 31mL/kg，台阶指数仅 38，体质水平相当低。

1. 运动目的

发展心肺耐受性和肌肉耐力。

2. 运动项目

走、跑。

3. 运动方案

(1)分 4 个阶梯、11 个单元实施。每周锻炼 3 次，24 周完成(表 5－13)。

(2)第 1 阶梯 3 单元，为起始阶段，每 2 周完成 1 单元，运动强度为 60％的心率储备；方式以快走为主，慢走为辅，每次运动 40～45min。

(3)第 2 阶梯 3 单元，每 2 周完成 1 单元，运动强度为 65％的心率储备，方式以快走和跑交替，每次运动时间 40min 左右。

(4)第 3 阶梯 2 单元，每 3 周完成 1 单元，运动强度为 70％的心率储备，方式以快走和跑交替，每次运动时间 40min 左右。

(5)第 4 阶梯 3 单元，每 2 周完成 1 单元，运动强度为 75％的心率储备，方式主要是持续慢跑，每次运动时间 40～45min。

表 5-13　提高中年男性心肺机能和肌耐力运动处方

阶梯/单元	主要运动方式	运动时间(min)	运动强度(METs)
1.1	快走 20min+(跑 30s+快走 30s)×4+快走 10min+慢走 10min	44	5.2
1.2	快走 15min+(跑 30s+快走 30s)×6+快走 10min+慢走 10min	41	5.6
1.3	快走 15min+(跑 45s+快走 30s)×6+快走 10min+慢走 10min	43	6.0
2.1	快走 10min+(跑 45s+快走 30s)×8+快走 10min+慢走 10min	40	6.5
2.2	快走 10min+(跑 45s+快走 30s)×4+(跑 60s+快走 30s)×4+快走 8min+慢走 10min	39	6.5
2.3	快走 10min+(跑 45s+快走 30s)×2+(跑 60s+快走 30s)×6+快走 6min+慢走 10min	38	6.5
3.1	快走 10min+(跑 45s+快走 30s)×2+(跑 60s+快走 30s)×7+快走 8min+慢走 10min	41	6.5
3.2	快走 10min+(跑 45s+快走 30s)×2+(跑 60s+快走 30s)×8+快走 8min+慢走 10min	42	6.5
4.1	以 6km/h 速度跑完 2km,中间可以快走方式间歇 1 次,间歇不超过 1min+慢走 20min	42	7.0
4.2	以 6km/h 速度跑完 2.5km,中间可以快走方式间歇 1 次,间歇不超过 1min+慢走 20min	46	7.0
4.3	以 6km/h 速度跑完 2km,中间不间歇+慢走 20min	40	7.0

4. 注意事项

(1)走、跑结合,快、慢交替的运动方式,较适用于中老年男性。如开始运动就进入长距离慢跑有困难,而通过这种运动方式逐步缩短间歇时间更切实可行。

(2)处方的最终目标是不间歇地跑完 2.5km。但对中老年(尤其缺乏长期锻炼的)男性来说,轻松地完成此前所有单元绝非易事,需有充分的思想准备,脚踏实地地按规定内容和动作完成。年龄大、体质差的人在任何单元达不到预定目标时,都可无限制地延长完成时间。即便进不了更高阶梯,只要坚持锻炼,对提升心肺耐受性和肌耐力(尤其后者)都是非常有益的。

(3)起始阶段完成时 METs 值 6.0,相当于男性 6.0km/h 慢跑时的运动强度。完成本处方时,男性运动强度相当于以 7.0km/h 中等速度的跑步。能达到这一水平,说明锻炼者心肺机能和肌耐力都已明显提高,所以一定要有信心。

(4)无论是否完成全部处方,都可在自己达到的运动水平上继续锻炼。坚持“处方后运动”时间越长,对维持高水平的肌耐力和心肺耐受性越有良性影响。

(5)每次运动都应认真做好准备活动和整理活动。场地要平整,着装要舒适,精神要集中，动作要规范，预防运动创伤。

九、延缓老年男性衰老的健身运动处方范例

大量实例证明，健身锻炼有助于增强体质，能促进新陈代谢，改善各系统器官功能，提高对环境变化的适应能力，起到预防疾病、延缓衰老和健康长寿的作用。

但老年男性在健身运动方式的选择和运动负荷的正确把握上显得比其他人群更重要。只有科学的运动才能真正保持老年男性的健康状况，提高老年男性的生活质量。

1. 健身运动形式

(1)耐力性健身运动。耐力性运动(有氧训练)包括散步、慢跑、游泳、走跑交替、骑自行车、登山、打乒乓球、原地跑、上下楼梯、跳交谊舞，打网球、门球、高尔夫球等；在我国传统体育项目中，还可选择气功、太极拳、太极剑等。

耐力性项目的主要作用是提高心肺功能，增加心脏的每搏输出量，同时可以锻炼肌肉。老年肥胖者可用5km/h左右的速度进行减肥锻炼，因为4.8km/h速度减肥效果最快。与此同时，耐力性运动将改善血管壁的膜弹性，降低血中胆固醇(TC)、甘油三酯(TG)、低密度脂蛋白(LDL)的含量，增加高密度脂蛋白(HDL)的含量。对冠心病、糖尿病、骨质疏松症等有一定的预防作用。

(2)力量性健身运动。多数人认为老年男性不适宜从事力量项目运动(重量训练或称阻力训练)，因为容易受伤或引起高血压等心血管疾病，其实不然。即使是受过训练的运动员，到60岁左右，体内的肌肉就会转化成脂肪。实际上力量训练对老年男性有不少的好处。主要表现在：第一，通过肌力训练可以防止肌肉萎缩，增强肌肉力量，提高机体的平衡能力、协调性、灵敏性和维持各器官的正常功能及提高日常生活的能力；第二，防止骨质疏松和骨的退行性变，从而减少骨折的发生，缓解肩、颈、腰和关节的疼痛；第三，是可以消耗脂肪，控制体重。

老年男性的力量训练以每周2～3次为宜，以增加肌力为主要目的，宜选择诸如举小沙袋、握小杠铃、拉轻型弹簧带、单杠悬垂等项目，锻炼节奏不宜太快，重量不宜太大，时间不宜太长。活动幅度应逐渐加大，注意掌握正确的姿势和适宜的活动范围。

(3)放松性健身练习。放松性练习若以消除身体疲劳、改善心情、防治高血压或神经衰弱等老年常见病为目的，可选择运动量较小的放松性练习，如气功、太极拳、散步、保健按摩、秧歌等。这些运动负荷都在老年男性适宜的生理负荷内，有很强的健身效果。

2. 健身运动强度

运动强度是运动处方的核心部分，对运动效果和运动安全有直接的影响。一般老年人应以中等强度的有氧运动为主，以心率来控制强度容易接受和运用。一

般人运动时心率在 160 次/分以下的运动都是有氧运动。一般认为身体健康的老年人运动时以本人最大心率的 60%～80%为宜，男性(＞50 岁)健身心率范围在 120～130 次/分。而过去不从事运动、很少从事运动或身体素质较差的老年人，他们的运动强度只能达到本人最大心率的 50%左右或更低。

对于老年人运动强度的设置因人的健康程度和体力大小不同而不同，一般可以以下公式为中间值上下调节：运动目标心率＝(220－年龄－静止心率)×(60%～80%)＋静止心率。

运用此公式时要注意两点：一是不要在很短的时间内把心率提高到目标心率，运动前一定要做充分的准备活动来热身和逐步提高心率，准备活动一般需 10min 左右；二是在长时间相对固定运动强度的运动中心率会逐渐增高，超过目标心率，在心率增高较多时，要降低运动强度以避免生理负荷过大。

运动强度和运动负荷是否适宜，可用脉搏和呼吸的改变来判断。如果运动后第二分钟时脉搏下降了 20%以上，则表明这次运动强度和运动量是适宜的；如果运动后第五分钟时，呼吸应恢复正常，心脏不应再砰砰作响，第二天晨起脉搏应波动不大，体重基本不变，也可以认为运动强度和运动量是适宜的。

运动后的放松是对运动效果的保证，也是运动的延续，放松有利促进恢复和防止肌肉延迟性酸痛，积极消除运动中产生的疲劳物质。放松方式可以以慢跑、全身抖动、运动肌肉的反向牵拉、按摩、拍打等多种方式，放松时间可以在 10min 左右。

3. 健身运动时间

库珀认为，一般人在运动时至少要在运动强度为心率 150 次/分水平上运动 5min 时才能获得锻炼效果，而且随运动时间的增长锻炼效果也增长。但是对大多数老年男性而言运动时的适宜心率往往在 130 次/分左右，达不到 150 次/分的心率。在运动心率较低时，运动时间就要相应增加，这样才能得到相同的锻炼效果。不同的运动强度选择不同的运动时间，对应关系如下：[心率(次/分)∶运动时间(min)]110∶180；120∶90；130∶45；140∶20；150∶10。运动量确定后，运动强度大时持续时间应相应较短，采用同样运动量时，体质好的老年人宜选择强度中等、持续时间稍短的练习，每次最好有 30～60min。运动时间如果太短，身体中的内分泌系统、心血管系统、呼吸系统、运动系统等器官功能不能在短时间内被激活或达到高峰，不能收到最理想的锻炼效果。运动时间如果太长，能源物质消耗过多，出汗量过大，引起机体过度疲劳，抵抗能力下降，也达不到理想的锻炼效果。

4. 健身运动频率

运动频率即是每日或每周运动的次数，一般每日或隔日运动一次，视运动量的大小和自我感觉而定。有资料表明，每周锻炼 3～5 次能获得较好的锻炼效果，体质差的老年人每周锻炼 2～3 次，亦可提高有氧能力。

第六章　成年男性形体美的最佳标准及其评价攻略

第一节　美人的标准及其评价攻略

人类爱美、追求美，而美又使人的生活更加充满活力，丰富多彩。人们创造了美，而美的感受又反过来使人们从精神上获得更大的满足。正如文学家别林斯基所说："无论在哪一种情况下，美都是从灵魂深处发出的，因为大自然景象不可能具有绝对的美，这种美隐藏在创造或者观察他们的那个人的灵魂里。"

一、美和美学的含义

什么是美和美学？虽然鲍姆嘉通早在二百多年前就提出了美学之名，但有关美学的对象、内容甚至概念等，人们至今仍在进行激烈的争论。有的认为美学是关于美的科学(即美学就是把美作为自己的研究对象)。有的认为美学是美的艺术哲学。有的则认为美学是审美心理学。还有的认为美学是关于美、美感和艺术的科学等。《美学词典》里这样解释美学的基本概念："研究人对现实(特别是艺术)的审美(创造与欣赏)活动的特征和规律的科学。简言之，是研究审美规律的科学，也就是审美学。而美的内涵是对能引起人们美感的客观事物的共同本质属性的抽象概括。"《审美艺术学》一书的作者赵连元教授给"美"下的定义是：美是在实践的基础上，自由创造的，合于人的目的性并显示人的本质力量的，能引起人们喜爱的愉悦的生动形象(笔者觉得这个定义更贴近美的本质一些)。《体育美学》一书的作者胡小明教授在其专著中也有专门解释："美是客观事物反映出的一种属性。能与人构成一定的审美关系，引起人的审美感受的客观事物，总称为审美对象。审美对象指各种表现美的对象，是广义的美。具有客观性的美是社会实践的产物，随着社会历史的发展，具有丰富的内容。美是能引起人们特定情感反映的具体对象(包括社会形象、自然形象、艺术形象)。"

那么，究竟什么是美？美的本质何在？对于这样一个命题，中外学者已经讨论了 2 500 多年，但至今仍无定论且争论颇多，原因何在？古希腊思想家、哲学家苏格拉底早在 2 500 年前就说过："美是难的。"亦如我国晚清诗人龚自珍在《病梅馆记》中批评当时江南文人所称道的梅花之美不过是病态美一样,“或曰:梅以曲为美,直则无姿;以敧为美,正则无景;梅以疏为美,密则无态。”他以为这只不过是对美的破坏,因为这样处理的结果,损害了梅的自然风姿,遏制了梅的固有生气,令人大为不快。这篇散文以梅为喻,指斥时弊,自有使人振聋发聩的弦外之音,但其中也表明了对美的不同看法。真是仁者见仁智者见智。

美,其实也是相当复杂的。历来被许多人认为是一种纯抽象意念,仅是一种无法捕捉的、纯出于主观断想、带有任意性的虚无缥缈的东西。也有美学专家认为:美是一种实在,一种物质外化为精神的实在,并且具有“场”和“力”。它像光的亮一样,从发光体中外射出来,笼罩在发光体周围,闪亮灼烁,充满魅力,使人类因感知它而喜悦、兴奋。美的载体都必然具有某种或多种美的特征,即美的各种形式——或形体、或光泽、或色彩、或声音。美的载体的这些特征犹如光的亮、火的热、冰的凉那样,都是可以感知的,是能引起人们喜爱和愉悦的生动形象等。

对美的解答,古今中外各不相同,各有所重。我们认为,所谓美,应该是自然美、社会美和艺术美的统一,它既离不开物(对象或客体),也离不开人(创造和欣赏的主体——生命)。生命运动是一个铁的规律,美,只有在生命运动的形式中,才能找到它唯一的归属。汤龙发先生在《美是什么》一书中说:“美是人们谈得最多的东西,往往却对它知道得很少。”千百年来,无数的哲学家、美学家为了揭开美的奥秘,进行了无尽的探索,都未得出一个让众人都能满意的诠释。正因为如此,人们常常把“美的定义”称为美学理论上的“斯芬克斯之谜”或“哥德巴赫猜想”。这也是笔者始终未敢给“美”下定义的原因。虽然无数先哲穷经几千年也未能摘下这顶美学王冠上的明珠,但他们在布满荆棘的美学之路上的探索所留下的串串足迹,是引导我们前行的一个个灯塔,他们所留下的卷帙浩繁的经典和闪烁璀璨火花的真知灼见,永远值得我们借鉴。

二、美人的含义与一般标准

何为美人?笔者认为,美人应该是指容貌漂亮、身段美丽、仪态优雅而有风韵的人。一般对于男性而言,指相貌俊逸、才德出众的男子。

在容貌美(美人)的审美标准上我国的男女也有着很大差别。男子的容貌美,有别于女性的秀美、妩媚的审美特征。在现代女性眼中,大多以方圆脸形、五官端正、浓眉大眼、明亮有神、前额宽广、鼻梁端正、嘴形大小适度、身体结实,肌肉发达,肤色微黑、胸膛宽广的男性为美。

多少年来,人们对容貌美的评价标准虽然众说纷纭,但总的来说下列几条标准是人们认识比较一致的。

(1)五官端正,眉、眼、鼻、唇、颊左右对称。

(2)面部各器官轮廓清晰且富有立体感。

(3)面部皮肤色泽红润,无皮肤疾病。

(4)颏唇沟明显,侧貌鼻唇突适宜。

(5)双唇闭合自然,微笑时不显露牙龈。

(6)颧颊部及腮腺嚼肌区无异常肥大或凹陷。

(7)牙齿洁白,牙列整齐,颌关系与颌功能正常。

第二节 人体美的内容与标准

一、人体美的定义

人体美是指人体作为审美对象所具有的美,即人的身体外形的美,又叫个体美或个性美。也是指自然事物中发展到最高阶段的人体美。由于人是生命进化的最高产物,故人体美可被看作自然美的最高形态。我们认为,人体美是人的内在美与外形美的高度统一,二者缺一不可。它对于人类的吸引总是最富有魅力的。人,不仅具有自然属性,也具有社会属性,自然属性就是人的生理解剖特点所形成的肉体美或曰优美的外观特征,如人的形体美、体型美以及容貌美等,而社会美就是人的内在的品质、性格、思想、行为等形成的精神的美。这两方面的美是统一的,而精神的美占据着主导地位。难怪美学家们都称人体美是最深刻、最动人的一种美。关于人体美的观念的争论,远没有结束。由于民族、地域及历史条件不同,其人体审美观念仍存在显著差异。这也是人体美标准的特征之所在。但车尔尼雪夫斯基所提出的"人的身躯是地球上最精美之物"的观点,还是可以为现代东西方人所接受的。黑格尔也认为:"人的形象是高于一切其他形象的最自由的、最完美的形象。"

二、体型美和形体美的区别及其与人体美的关系

讲到人体体型美和形体美的区别,其实质就是体型和体形的区别,把体型和体形的区别与联系理顺了,体型美和形体美的区别与联系便不讲自明。关于体型和体形的区别,《现代汉语词典》上解释说,体型是人体的类型,主要指各部分之间的比例。体形则是指人身体的形状(形是人的外表特征)。体形隶属于体型,体型(身体类型)的评定受体形(身体形状)等因素影响,例如根据人体外部形状(体形)和身高、胖瘦、比例等划分为瘦长类体型、肥胖类体型、虚弱类体型。体型是对人体形状(体形)的总体描述和评定,体形(人体形状)则是评定体型(人体类型)的基础。体型和体形(形体)均与遗传相关,并与人体的运动能力和其他机能水平有一定的关系。除先天遗传外,运动、饮食和生活方式等也可以改变人的体型(外在类型)和体形(身体形状)。后天欲改变体型,必须先从改变人的体形(形体,如形体训练等)着

手，形体变美了，体型亦会变美，当然，体型本来就美的人形体也是美的。故而，人们常把体型美和形体美通用，不过从健身锻炼和形体塑造角度看，形体美用得更多一些，而艺术家们（如画家）则人体美用得多一些。

那么，何为人体美呢？人体美是指人的身体外形的美，具体又分为形体美与姿态美。人体美同样受先天遗传体型的制约和后天修塑的影响。

形体美主要指人体外部的身材（躯干和四肢所组成的外观形态）、相貌（由人体头部的外观形态组成，相貌也称容貌、容颜）及其呈现出的线条、比例、色彩的美，这是一种静态的美。姿态美是人的行为举止的美，也就是人体各部分在空间活动中所构成的姿态美，是一种动态的美。

那么，什么是体型美？通俗地说，就是人的整体的合理指数（如身高、体重等）和人体各部分的科学合理适当的比例关系（如坐高、腿长、胸围等），尤其是人体解剖结构形成的优美外观特征。体型的美也反映了人体的美。

综上可以看出，决定人的形体美的主要因素是体型、骨骼和人体的线条，它们构成了形体美的生物学基础。同时构成人体形体美的主要部位的美学因素（形态特征），也影响着人的体型和体型美的评价。

总之，不管是形体美和体型美，都是人的生理解剖特点所形成的优美的外观特征，都属于人体美的范畴（人体美是它们的总称），这就是人的自然属性。但由于人是生命进化的最高产物，有丰富的思想、情感、审美能力以及内在的品质、性格、行为等所形成的精神风貌的美，所以人也具有社会属性。故此可以说，除受先天遗传因素的影响外，后天的塑造和修养亦可以改变人的形体与体型，并促进人的形体美、体型美和精神气质的美，同时完善人体美。

三、人体美与美人的审美特征比较

在全方位地观察人体时，我们应该消除一个误解，那就是人体美＝美人。因为，人体美与美人之间尽管存在种种的相关性，但从审美的标准来看，他们不同的体质、部位、容貌、神情、效应等之间存有诸多优劣差别，并具有如下特征。

(1)从体质方面看。人体美应是健与美的结晶，它涵盖了美人的标准。故人体美优于美人。

(2)从部位方面看。人体美是指和谐而优美的身材、体形，而美人是指三围的比例关系。故人体美还优于美人。

(3)从容貌方面看。人体美是指五官端庄，而美人是指容貌漂亮。故美人优于人体美。

(4)从神情方面看。人体美侧重于健壮而充满活力，美人则侧重于美丽而有风韵。故人体美和美人不相等。

(5)从审美效应方面看。人体美是美，美人也是美，所以人体美与美人相等。

(6) 从时间(或历史)效应方面看。任何人的形体和容貌都不能青春永驻,红颜不老(人体美是如此,美人也是如此),须不断地加强形体修塑和容颜养护才可能永具魅力,表现出富有生命力的个性美。所以相对而言,人体美比美人可能更持久一些。

四、人体美的原则

在自然界中,人是其中的一个组成部分。人和自然界的其他物体一样有形有状,它和其他物种相比,只是经进化而使其成为了高级的动物,并充分展示了比其他物类更完美、更健全的生命肌体。这也是人对自身形体美的炫耀与骄傲所在。即在自然事物发展到最高阶段时,所谓的"美"应是人体美。因为人在自然界中发展成为最高级的动物时,其完整性最强,个体性最为显著。

人与动物的不同之处就在于人明显地表现在有鲜明的个体性上。个体的典型性比现象种类的典型性更为复杂,因而也更强更深,是自然美中最高的美,较之自然事物的现象和种类,个体的属性条件和种类关系更加复杂。各个体间的差别性多,它的本质于是也通过许多现象表现出来,存在于复杂众多的现象之中。这样,对于个体的本质认识,对于个体美的认识,便不能主要凭感性作用,而必须主要凭知性作用。因此,个体美引起的美感亦更为强烈。同时,人作为个体来说,他不仅是自然的,而且还是社会的;人的美不仅是自然美,同时还是社会美、艺术美。因此,人体美作为自然美来说,不能不与社会美、艺术美密切相联系。如人的体形、体态、容貌凝聚着天地造化精华的自然美,人的智慧、力量、韵律洋溢着生命创造活力的社会美,人世间的修饰、香艳、神情表现着诗歌、音乐、意境的艺术美。

高尔基曾说:"美是人从自己灵魂深处创造出来的。"因此,美的发现者,要有美的眼睛;美的寻求者,要有美的心灵;美的创造者,要有美的生命。而自然美、社会美、艺术美三美的合一,才是理想完善的人体美。换言之,人体美的最高原则＝健(身体健康)＋力(体强力壮、生命力旺盛)＋美(体形体态优美)三者的有机统一。它包含了生长发育健康而又完善的机体、发达有力的肌肉、优美的人体外形和健康向上的精神气质。

五、中国艺术家与健美家眼中的人体美标准

从古至今人们都执著地追求人体美,但是由于人们所处的时代不同,文化程度、社会经历、职业、性别、年龄、民族等的差异,对什么是人体美却都有着各不相同的看法。

1. 美学家和服装设计师眼里的人体美标准

(1)自己头长与身高的比例大约为 1∶7.5(模特的头比例差值较大)。

(2)头,椭圆球形,五官端正。

(3)胸，横向椭圆形，男性平坦结实。

(4)肩，对称平衡，男性肩宽。

(5)腰，横向椭圆形，男性略呈宽厚形。

(6)臀，对称的两个半圆球形，男性厚实而有力度。

(7)腿，丰实有力，尤其是大腿粗圆，男性要粗壮。

2. 健美学者提出的人体美标准

(1)骨骼发育正常，关节不显粗大突出。

(2)肌肉均匀发达，皮下脂肪适当。

(3)五官端正，与头部配合协调。

(4)双肩对称，男性肩宽。

(5)脊柱正视垂直，侧看弯曲度正常。

(6)胸廓隆起，正背面略呈"V"形。

(7)腰细而结实，呈圆柱形。

(8)腹部扁平，男性有腹肌垒块隐现。

(9)臀部圆满适度。

(10)腿修长，大腿线条柔和，小腿腓部稍突出，足弓高。

六、西方美学家眼中的人体美标准

美学家彻蒂斯是用具体的分数来评价人体的标准的：健康 9 分，颜面 9 分，骨骼 9 分，肌肉 6 分，体重 10 分，眼睛、皮肤、毛发 8 分，知识教养 8 分，品德 7 分，性格 9 分，风度 10 分。这也是一个现代流行的人体美标准之一。

第三节　成年男性形体美的内容、分类及评价标准

一、形体美的表现内容

形体是事物形象的感性外观，它构成千姿百态美的世界，是形体美必不可少的要素。形体也是视觉感官所能感知的空间性的美。构成美的事物外在形态（即形体）的基本元素是点、线、面、体。这些元素各有不同的审美特征。人们对客观事物形体的感知或对事物形体美的感知，都离不开对点、线、面、体这些形体（或形态）元素的认识。而在所有的形态中，没有一种线条、轮廓比人体的线条、轮廓生动、柔和、富于变化和富有韵律美，也没有一种体积、形态比人体的体积和形态起伏匀称、有力、有弹性和有节奏感。

(一)形体的线条美

所谓形体线条美是指形成人体形态的线条所具有的美感魅力。人体线条美是人体形体美的三大要素之一。人体的线条是构成人体视觉形象的基本要素,它能比较直观地表现人体形态。人体的线条是人体独特的风景线,人们常用“棱角分明”来赞美男性的体型美或形体美,这正是通过身体各部分的线条来反映的。人体的线条非常丰富,刚柔并存,有直线、折线和曲线三种基本类型,每一种类型的线条都具有各自的审美属性。随着人的运动,人体的线条可以感受到从静态的对称、均衡之美到动态的节奏、和谐与韵律之美的变化。男性以直线、折线居多,通过平直的肩线、胸腹腰背刚柔有度来体现阳刚之美。

男性的线条是一种开放式的、具有爆发力的长方形线条。如平直的肩线以及“倒三角形”的体型,头方耳大,显得有棱有角,胸腰腹背则刚柔有度、强劲有力。这种线条美,使男性表现出魁伟的力量,即所谓的“阳刚之美”。

人体曲线通过修饰和软化人体生硬而呆板的直线与折线,尤其通过形体训练,能增添人体的和谐之美。对称弯曲的双眉、微凹的酒窝、稍突的前额、俊俏的鼻峰、弧形的脸缘、缩扁的腰腹、丰满的臀部、圆滑的双肩和修长的下肢,不规则加上体表光滑柔和的浅凹和沟回,配以丰富多彩的表情变化与肢体动作姿势等,使人体线条既多样化又趋于和谐统一。

(二)形体的结构美

形体的结构美主要体现于人体的局部与局部、局部与整体的对称、比例与和谐之美,形体的结构美包括容貌结构美和形体结构美两大类。

1. 容貌结构美

容貌集中了人体美的个性,它不仅存在于静止状态下,更表现于动态中,是形体美中最吸引人的部分。容貌结构美主要包括面型、额、眉与眼、鼻、唇等。面型是指面部轮廓的结构形态,一般认为脸部高宽比例协调、轮廓线条分明、五官端正为美。面型因年龄、性别及种族的不同而存在差异,额占据整个面部的上 1/3,饱满、圆润的额是最美的;眉毛是眼睛的框架,以线条流畅为美;眼睛是容貌美的重点结构,美学家称之为“美之窗”;鼻突出于面部最前端,具有严格的左右对称性,所以鼻又有“颜之王”的称谓;唇在容貌中的重要性仅次于眼睛,被称之为“面容魅力点”或“爱情之门”;颏占面容下部的 1/4,对面型影响较大,是容貌美的重要结构之一。

2. 形体结构美

人体的形体是匀称、均衡、精密、有序的,它是人在自然进化与生产实践相结合的过程中,按照“美的规律”改造客观世界的同时也改造自身而逐渐形成的一种形体结构之美,主要包括头部、肩颈部、胸部、腰腹臀部、四肢等部位的结构美。头部为人体之首,外观似球体,两侧较扁。头部与容貌、头发、头部与身体的局部之间、局部与整体之间的均衡、匀称与协调，才能构成和谐之美。正面为椭圆形，侧面为一卵圆形向前下倾斜的胸部，形成了男性刚强、雄健、英武之美，上下躯体起连接作用的腰部，形成了男性强大的腰部力量之美，腹部的肚脐在人体美学中，是人体全长分割的一个重要黄金点，四肢是人体中最活跃的部位，男性表现为动作粗犷而有力度。

二、形体美的分类

形体美的范畴是自然美的最高表现形态。虽然每一个人的基本形态结构相同，但受骨骼、肌肉、脂肪等发育状况的影响，造成了个体外部轮廓形态的差异。人的形体美是通过观赏者的视觉去感知，在观赏者的视觉感知过程中，视觉捕捉到的感觉完全不同于触觉感受到的气质判定，体型质感是用视觉判断脂肪的软硬度，量感是一种与实际数量无关的主观感觉。

1. 一般分类法

该法是多数学者公认的方法，他们主张以脂肪积累程度和肌肉发育情况作为划分依据，将形体分为瘦长型、肥胖型和中间型。

(1)瘦长型：身材瘦长，体重较轻，骨骼细长，皮下脂肪少而薄、皮肤弹性差、易出现皱纹，肌肉不发达，头部小、面部瘦而窄、呈卵圆形，鼻尖细，颈细长，肩圆、宽度小，胸廓狭长、扁平、胸围小，肋弓下角为锐角，腹部短、扁平，四肢细长，手和足狭长，骨盆扁薄、显露清晰。

(2)肥胖型：身材矮胖，体重较重，骨骼粗壮，皮下脂肪组织厚、皮肤光滑，肌肉发达，头部较大、面部较阔，颈部粗短，肩宽度大，胸部短宽而深厚、胸围大，肋弓下角为钝角，腹部长、丰满膨隆，四肢粗壮、较短，骨盆圆滑、髂嵴不明显。

(3)中间型：骨骼粗细适中，肌肉发达，皮下脂肪适量，身材匀称，外形各部分比例恰好，介于瘦长型和肥胖型之间。

2. 身高体重系数分类法

该法是根据人体的身高体重对形体进行分类，公式为身高体重系数＝体重(g)/身高(cm)，是一种比较科学的分类方法，根据其值的大小，可将人体分成正力体型、超力体型和无力体型。

(1)正力体型：体格匀称，骨骼粗细中等，胸腹长度中等，身高体重系数男性约为 360。

(2)超力体型：身材较矮，四肢较短，颈粗，肩宽，胸廓宽，皮下脂肪多，身高体重系数男性多超过 450。

(3)无力体型。身材细高，四肢修长，颈细，胸廓狭长、扁平，身高体重系数男女均低于 300。

3. 胸腰差数分类法

此法主要是服装规格(服装号型)所表示的方法,一般选用人体的高度(身高)、围度(胸围、腰围或臀围)再加体型类别来表示服装规格,是服装设计师和形象设计师为设计对象设计、制作服装时确定尺寸大小的参考依据。主要是根据人体的胸围与腰围的差数为依据来划分体型,并将人体体型分为四类。体型分类代号分别为Y、A、B、C。号型的表示方法为号与型之间用斜线分开,后接体型分类代号。例如,上装160/84A,其中160为身高,代表号,84为胸围,代表型,A为体型分类;下装160/68A,其中160为身高,代表号,68为腰围,代表型,A为体型分类。

(1)Y型:男性体型的胸腰差数为22～17。

(2)A型:男性体型的胸腰差数为16～12。

(3)B型:男性体型的胸腰差数为11～7。

(4)C型:男性体型的胸腰差数为6～2。

4. 克雷奇摩尔分类法

德国学者克雷奇摩尔根据形体的肥瘦和骨骼发育情况分为肥胖型、瘦长型和运动型。

(1)肥胖型:身体肥满,中等身材,头呈圆形,颈部粗短,胸廓宽大,腹部发达,腰围大,四肢短小,肤色滋润,肌肉和骨骼软弱,肩窄而躯干粗。

(2)瘦长型:身体各部位较长,但围径、厚度、宽度各指标均小,头小,胸扁平,皮色苍白或乌黑,骨骼和肌肉纤弱,皮下脂肪较少。

(3)运动型:中等以上身材,肌肉骨骼隆起,颈长而粗,肩宽,胸部发育好,下腹扁平,腰部较细,四肢粗大,肤色良好,全身发育匀称。

5. 人体测量学分类法

此法主要根据肌肉发达情况、皮下脂肪蓄积多少、身体比例、背脊形态、胸部及腹部状态进行分类。

(1)胸型(瘦长型):其主要特征是脂肪积蓄少,身材细而高,体重较轻,四肢和颈部均细长,胸廓扁平且狭,腹部短而呈凹形,肌肉松弛,背脊形态正常或稍驼。

(2)肌型:其特征是肌肉与脂肪适中,身体比例匀称,肌肉发达,背脊直或呈波浪形。

(3)腹型:其特征是脂肪积蓄较多,身材矮小,体重较重,四肢和颈部均粗短,肩宽,胸廓短而呈桶形,腹部长呈凸形,肌肉松弛,背脊形态正常或稍驼。

三、形体美的标准

人体形体健美,是指健、力、美的有机结合。从自然美的角度来看,主要指协调、丰满,有生机、有力量;统一的形体健美标准是不存在的。任何形体健美标准,都只是一种相对的参照。综汇古今中外对人体形体健美的共识,总结现代人体形体健美的标准如下。

(1)骨骼发育正常,关节不显得粗大凸出,身体各部分之间的比例适度,呈匀称感。

(2)男性肌肉均衡发达,四肢肌肉收紧时,其肌肉轮廓清晰,皮下脂肪适度。

(3)五官端正,自然分布于面部,并与头部的比例配合协调。男性应面孔轮廓清晰分明,五官和谐,眼睛有神。

(4)双肩对称,男性应结实、挺拔、宽厚,无耸肩或垂肩之感。

(5)脊柱背视成直线,侧视具有正常的生理曲线。肩胛骨无翼状隆起和上翻之感。

(6)男性胸廓宽阔厚实,胸肌隆鼓,背视腰以上躯干呈"V"形(胸宽腰窄),给人以健壮和魁梧之感,无含胸和驼背之态。

(7)男性在处于放松状态时,仍有腹肌垒块隐现。

(8)男性臀部鼓实,稍上翘。

(9)男性下肢强壮,双腿矫健,小腿长而腓肠肌位置较高并稍突出,足弓高,两腿并拢时正视和侧视均无屈曲感。

(10)整体看无粗糙、虚胖、瘦弱、纤细、歪斜、畸形、重心不稳、比例失调等形态异常现象。

综合以上标准,男性应显示体格魁梧、肌肉壮实的健美。以上标准是"十全十美"的人体形体。人体的骨骼、肌肉、脂肪、皮肤、五官生长得是否符合人体形体健美的条件,先天遗传因素有很大的关系,但后天人工塑造和施加的影响,在很大程度上能发展先天的优点,克服和弥补先天的不足,使之接近和达到人体形体健美的条件。

形体美主要指人体外部的身材、相貌及其呈现出的线条、比例、色彩的美,这是一种静态的美。姿态美是人的行为举止的美,也就是人体各部分在空间活动中所构成的姿态美,是一种动态的美。

决定人的形体美的主要因素是体型、骨骼和人体的线条,它们构成了形体美的生物学基础。构成人体形体美的几个主要部位的美学因素(形态特征)等级评定的最高标准如下。

1. 颈部之美

男性颈部前正中有突起的喉结,配上两侧强健的胸锁乳头肌,能显示出男性的阳刚之气。颈部的美以两侧对称、比例适中、血管不显露、平坦、润滑而富有弹性、活动自如为基本要求。男性的脖颈应粗壮、坚挺、刚毅有力。颈部粗短,会给人以笨拙之感;颈部过于纤细柔弱,则显有病态;若颈部筋骨毕露,则给人以火暴躁动之嫌;如颈部有脂肪堆积,则显得臃肿;火鸡脖则给人以衰老体弱的印象;歪颈则使人体失去平衡。这些都是颈部形态之大忌。人在日常生活中,颈部应保持良好的姿态，走路时要昂首挺胸，眼光平视前方，使人看上去精神抖擞、气宇昂然、信心十足。颈部保持良好的姿态会增添人的风度和气质美。

最美的颈部是：颈项较长或中等长，颈围中等或较细，皮肤光滑没有皱纹。

2. 肩部之美

肩膀，是人体体型的主要线条之一。肩宽的人显得强壮，有精神，反之则变得纤细瘦弱，甚至给人无力支撑头部和颈部的感觉。

要想发展肩宽，改变肩线的走向（尽量使肩线趋于水平），就需要做上提肩胛骨和锁骨远端各肌群的练习，做锻炼上臂侧面肌肉、发展肱三头肌和三角肌的肌肉体积和力量的练习。在日常生活中，则应当注意矫治不正确的肩部动作。对于比较严重的溜肩和窄肩，则可以通过衣着加以弥补，如加垫肩或穿质地比较硬挺的上衣等。

男性的肩以宽大为美，宽大的肩是三角肌发达和健美的标志，而强壮的三角肌给人一种力度感，也能体现男性“倒三角形”的体型。人们的服装常用垫肩。男装着重突出肩的宽度和厚度，西装平直的两肩给人庄重威严的感觉。而哑铃的各种上举、肩部训练器上颈前和颈后推举等是解决肩部健美的最佳办法。

最美的肩部是：双肩有力，圆润而不下塌，锁骨窝基本不显。

3. 胸部之美

俗话说：男子美在双肩，女子美在曲线。男性的双肩美与女性的曲线美都是以胸部美为基础的。人体的胸部尤其男性的胸部两侧由宽大的胸大肌覆盖（包括胸小肌），其外下侧有前锯肌（包括肋间内外肌）附着。这种宽厚、丰满而富有弹性的胸部与两外侧锯状肌相配，如群山蜿蜒相连，可充分显示男性的力度感和阳刚之气。俯卧双臂屈伸、仰卧推举、蝴蝶机夹胸、杠铃卧推、俯卧撑、单双杠、游泳和划船等力量运动方式是健美胸部的最好办法。

最美的胸部是：男性胸部呈扁圆形，胸部肌肉发达，胸围与身高比例协调，肋骨显露不明显，胸壁无静脉曲张现象。

4. 背部之美

背部的挺拔与否，直接决定了一个人整体形象的美丽程度，结实健美的背部会让人看起来形态优美、线条流畅，也显得更为高大一些。人体的背部肌群，以背阔肌面积最大，其次还有斜方肌、菱形肌、骶脊肌等，它们的功能是相互配合可使人抬头、挺胸展体、伸展脊柱、引体向上和提拉重物。对于男性，如果背部肌肉丰满、结实、宽阔，可使躯体呈“倒三角形”，构成挺拔、刚劲、强壮的男性美。正常的背应该是头颈正直地落于肩上，脊柱各弯曲在正常范围。

标准的美背是没有瘢痕、疤痕、生理缺陷造成的凹凸，光滑细腻、毛孔微细，没有太重的汗毛，生理弯曲正常，没有驼背含胸，在双肩位置向下至腰部有大于 2°～3°的倾斜。

最美的背部是：呈三角形，腰部弯曲较明显，脊柱沟也很明显，肩胛骨不太突出。

5. 腹部之美

健美的腹部应有优美的对比曲线，腹围比臀围小约 30cm。腹部平坦（或微微隆凸），皮肤无色素沉着、无静脉曲张、无脂肪堆积及松弛下垂，肚脐大小中等，腹部柔软而有弹性。

最美的腹部是：腹部平整，皮肤坚挺，男子腹部有垒块显现。

肚脐位于全腹正中，是分割人体全长的黄金点，并蕴藏着重要的审美价值，肚脐的形态美亦是腹部美的灵魂。从大多数人的观点看，深而圆的肚脐最有吸引力，是健康富贵的象征。

最美的脐部是：肚脐大小中等，呈圆形，偶尔有轻微的斜度，无内外鼓出突。

6. 腰部之美

腰部是人体连接上下两部分的枢纽，也是人体做前后屈、体侧屈等各方向运动的一架万能轴承，而且，腰部居于人体之中。因此，腰部的健美正如它本身在人体的功能一样，重要而不可或缺。

从整体看，腰部的围径应小于胸围和臀围，略呈圆柱形。从侧面看，脊柱应有正常的曲度，腹部扁平，男子的腹肌垒块隐现。从正面看，两侧对称，腰部呈葫芦状，髋骨以上明显内收。从后部看，后背各群肌肉发达，腰背平面，脊柱隐在发达肌肉的凹陷部。

男性健美的腰在符合比例的前提下应粗壮而有棱角分明的腰肌，把男性刚毅与力量的美展现出来，这就是人们常用“膀宽腰圆”来形容健美男性的缘由。

腰围和臀围测量：腰臀比（WHR）＝腰围/臀围，可评定腹部脂肪的分布情况。WHR 值高为上半身肥胖，值低为下半身肥胖。评价标准随年龄、性别、人种不同而不同。世界卫生组织推荐的腹部脂肪分布过多的标准：男性 WHR＞1，女性 WHR＞0.85。男性腰围＞94cm，女性＞80cm 为肥胖。根据我国国情，专家们提出了新的腰围和腰臀比肥胖评价标准：男性腰围＞85cm，女性腰围＞80cm；男性 WHR＞0.90，女性 WHR＞0.85 为肥胖。

最美的腰部是：男性的腰应壮实并有棱角分明的腰肌，粗细比例适度，肌肉弹性好。

7. 上臂和前臂之美

修长柔软的双臂本身就充满着一种动感，同时双臂也是人体最灵活的部位，臂的合理长度和围度是其形态美的基础。标准的上肢应为三个头长。男性的上臂和前臂应显示男性的阳刚之气。上臂应有鼓胀隆起的肱二头肌、肱三头肌，前臂饱满且血管毕露，以显示男性强壮健康的力度美。

最美的上臂和前臂是：上臂和前臂的长短及围度比例适当，男性的胳臂肌肉壮实、饱满。

8. 手之美

手是人体的“第二张面孔”，一双美手展示给人的不仅仅是视觉上的愉悦，而且更重要的是显示自己灵慧的内心，“心灵手巧”就是这个意识。修长是手美最直观的体现，也是手美的决定性因素。手是人劳动、工作及传达情感的器官，也能显露人的气质。手的形态是否美，主要决定于手掌的宽度与整个手长的比例和手指的长度与手的整个长度的比例。根据手型指数(即手的宽度乘以 100 再除以手的长度)可以将手分为宽型手(手型指数大于 48，特征是手显得宽厚粗短)、狭型手(手型指数小于 42.9，特征是手显得细长瘦薄)和中间型手(手型指数在 43～47.9 之间，特征是手的比例均匀适中)三种。手的美学评价应以手的形态、色泽、动态及功能为准。

手的形态以中间型者为美。这种手各项比例适中。手宽则有笨拙之感，细则显病态。美的手应是皮肤光滑，色泽红润，富有弹性，并且线条圆滑，动作灵巧，能传达丰富的内心情感。

9. 臀部之美

健美的臀部应圆滑、丰泽而富有弹性，其曲线应柔和流畅。男性的臀部应是健和力的象征。男性的臀部外形像一个倒立的蝴蝶。肌肉宽大、肥厚而富有弹性，在大转子内侧有一道明显的“臀沟”。这是男性臀部力度感的显示。男性臀部有丰满、鼓胀、富有弹性和立体感的肌肉群，显现出男性的强健的力感和阳刚之气。俯卧直腿后上举、负重弓箭步蹲、宽站距半蹲等是美化臀部曲线的最好方法。因此，唯有通过科学的健身锻炼，才可塑造出圆翘丰满、富有弹性和更具魅力的臀部。

最美的臀部是：臀部中等偏大(视腰臀比例而定)，丰满，呈圆形，可见深大的菱形窝。臀稍向后上翘。皮肤光滑而富有弹性，皮下无过多的脂肪组织。

10. 腿部之美

正常人大腿的长度一般为身长的1/4，其围度较腰围小 10cm；膝关节不突出且活动自如；小腿为两个头长，小腿围度较大腿围度小 20cm。大腿前面的股四头肌粗大而有力，棱角分明，线条清楚，是显示大腿力量与美的标志。小腿则以腓肠肌与比目鱼肌构成的腿肚为审美的重点。

标准的腿骨骼正直、外形圆润，无松弛肌肉和皮肤，粗细适当，皮肤有弹性，膝盖外形圆润，骨骼纤细。双腿并拢时，双腿间只有四点接触，即大腿中部、膝关节、小腿肚和脚跟，无“O”形和“X”形现象。

男性的腿，则以健壮、结实、棱角分明、肌肉显著为美；大腿应呈圆柱形、小腿以腿肚壮圆有力为美。对大腿的美学等级评定，可根据大腿围长、皮下组织情况、皮肤弹性等进行评价。对小腿的美学等级评价可根据小腿指数(小腿长度乘以 100，再除以身高)、小腿围度、腿肚外形和膝盖弯到踝骨的空间(两膝合拢程度)来进行。

最美的大腿是：粗细适中，线条优美，围长中等或偏上，皮肤弹性好，无脂肪堆积。

最美的小腿是：小腿指数（小腿长度乘以 100 再除身高）至少为 26 或以上；腿肚鼓突适中，呈纺锤形；两腿并拢时其间隙不大于 1cm。

11. 四肢之美

人的双臂和双腿是人的主要运动器官，它们的一端固定在躯干上，另一端则可自由游离。它们既固定支撑着身体，又给身体带来各种复杂多变的动作。因此，四肢的健美是人体健美的重要内容。四肢的健美包括以下几点。

(1)足够的长度。腿、臂的长度是影响体型的主要参数之一。腿过短，则躯干相对过长，这种体型属“五短身材”，给人不开阔、不舒展之感；臂太短，则给人以蜷缩感。当然双腿如同仙鹤，双臂如长臂猿，也不算美。

(2)四肢各部分的围径要适当。一般而言，四肢的关节部位围径要小一些，而肌肉部位围径要大一些，肌肉部位的围径与关节部位的围径相差越大，则四肢愈显健美。

(3)手掌和脚掌大小要适当，要符合身体各部分的比例。手指要长而有力，足要有明显的足弓。足长大约为身高的 14%，手长为身高的 11%。

(4)两侧的肢体要对称，即两侧肢体的大小、长短、粗细要一致。

(5)正常体位的四肢要尽量做到笔直。罗圈腿、“X”形腿和八字脚，都影响人体美。

第四节　容貌美的内容与评价攻略

容貌由人体头部的外观形态组成，容貌也称相貌、容颜、面庞，也包括神色和气质。古今对美人的评价的第一个印象，首先注重的是容貌。容貌是形体美的重要组成部位，是人体审美的焦点，它最能体现人的外在美和心灵美。人的容貌是最佳的信息交流器官，通过它能袒露或显示出人的心理状态，如深沉的思维、坚定的信念、痛苦的疑惑等。它还是年龄的记录表，是能力、性格、情感的度量计，是识别个体形象的标志。人体形体美所具有的全部要素都可以在容貌上得到展现。容貌不但具备构成形式美的基本要素，即线、形、色；它还具备形体美的基本法则，即对称、比例适宜、曲线和形态优美及和谐。此外，容貌还具有独特的个性美，世界几十亿人口中，很难找到容貌完全相同的人。为此，特将容貌美的特征及构成人体容貌美的几个主要部位的美学因素（形态特征）等级评定的最高标准分述如下。

一、容貌美的特征

人的容貌狭义上是指上至额部发际线，下至舌骨水平，左右达颞骨乳突垂直线的颜面部，广义上则指整个头部。容貌美是人物形象中最重要的部分，是人物形象的窗口，决定容貌美的因素是头发的色泽与质感、面部的形态与肤色、五官的分布位置及形态等诸要素的和谐与统一。

1.容貌美的结构特征

对容貌美的评价应是立体的、多视角的，从形态学的角度看，容貌美在结构上的特征主要包括对称、比例、和谐等几方面。

(1)容貌的对称美。对称是容貌的重要形态标志之一。容貌离不开对称，否则就会失去和谐的美感，使容貌失去平衡性，因此对称与否是判断、评价容貌美的基本原则。以鼻为中线，人类的容貌处处体现了对称美的基本原则。如：眉、眼、耳、鼻翼、颊、额、口角及下颌都是对称而协调的。尽管当前人们把不对称美作为追崇的审美时尚，但对容貌来说，多数情况下还是以对称为美的。如果容貌对称遭到破坏，在一定程度上会影响容貌美。

容貌的对称美不仅体现在静态结构的对称上，而且还包含着容貌动态的协调一致。双眉的舒展、扬起，双睑的启闭，两眼球的运动，口唇的开启以及表情形态等都蕴涵着对称美。

(2)容貌的比例美。比例是美的容貌基本结构特征之一，构成面部五官之间以及五官和面部轮廓之间所具有的关系，只有符合比例美原则，才能达到容貌和谐性、严整性和完善性。我国古代论著《写真古决》中关于"三停五眼"的记载，体现了一种"黄金比"关系。"三停"可分为正"三停"和侧"三停"。正"三停"又有大小"三停"之分。

大"三停"：指发际点至眉间点、眉间点至鼻下点、鼻下点至颏下点三部分，将面部分为三个基本相等的部分。

小"三停"：指面下部的"三停"，即鼻底至口裂点、口裂点至颏上点（颏唇沟中点）、颏上点至颏下点，将人的面下 1/3 区域分为三个基本相同的等份。

侧面"三停"：是以耳屏中心为圆心，耳屏中心到鼻尖的距离为半径，向前面画半月形弧。再以耳屏为中心向发缘点、眉间点、鼻尖、颏前点画四条线，将脸的侧面划分为基本相同的等份，形成的夹角为三个近似三角形，其夹角之差小于 10°为美。

"五眼"：指面部宽度在眼睛水平线上应具有五个眼的宽度，即左右外眦至耳孔、两眼、两眼内眦间距，这五个部分几乎相等。

(3)容貌的和谐美。和谐是形式美的最高形式。人的容貌美蕴涵着极其丰富而又深刻的内容，如：面型美、明眸美、朱唇美、肤色美以及容貌的动静态体现出的双重美等等。其各部分形态结构及美各不相同,当这些部分与部分、部分与整体和谐统一于面形的整体格局中,以和谐自然的美来弥补五官和面形的缺憾,才能体现出美的容貌所具有的独特风采与魅力。

2.容貌美的动态特征

人的容貌往往在动静变化中显现出更多层次的美的魅力。在容貌中眉、眼、颊、口唇等部位都富有动态之美。眼睑、睫毛、眼球、瞳孔的变化,以及眉毛、口唇和面部其他部位的协调变化,更是惟妙惟肖地显现出生动、细腻、内涵丰富的容貌动态美。

(1)眉的动态美。眉是表情的装置和心灵活动的晴雨表。高兴时,眉飞色舞;胜利时,扬眉吐气;惬意时,喜上眉梢;郁闷时,紧锁双眉。正因双眉舒展、扬起、紧锁、下垂等变化与面部表情和容貌密切相关,被古人誉为情感的"七情之虹"。

(2)眼睛的动态美。人的眼睛是动静态双重美的典型,是容貌美的主要标志之一,有时候是语言和手势所不能替代的。眼睛的微妙变化可以表现人的各种性格、个性和品行,它是人内心深处的思想情感显示器,是最能通过动静变化,来真切地表达和传递非语言性情感信息的器官。眉目传情、眉开眼笑、不屑一顾、暗送秋波等都是眼睛参与容貌动态美的形象表现,所以被称之为"美之窗"和"心灵之窗"。

(3)笑的动态美。笑是容貌动态美的核心,主要是通过眉眼、唇齿、鼻唇沟、笑窝和面部皱纹等器官组织的活动来表达。微笑是反映人内心感情世界最细腻、最敏感的窗口,对人的外貌衬托也是最生动、最明显的。微笑作为容貌美的动态表现,是一种愉悦的反映,也是人类特具魅力的表情。

二、容貌美的标准及评价攻略

多少年来,人们对容貌美的评价标准虽然众说纷纭,但总的来说下列几条标准是人们认识比较一致的:五官端正,眉、眼、鼻、唇、颊左右对称;面部各器官轮廓清晰且富有立体感;面部皮肤色泽红润,无皮肤疾病;颏唇沟明显,侧貌鼻唇突适宜;双唇闭合自然,微笑时不露牙龈;颧颊部及腮腺嚼肌区无异常肥大或凹陷;牙齿洁白,牙列整齐,颌关系与颌功能正常。

1.头型之美

头型不仅是人类理想形象的重要组成部分,而且也是形象审美的汇集处。心理学家研究发现,头部和面庞是人们被注视的第一目标。维纳斯的造型之所以是至今为世人叹为观止的艺术精品,就在于其头部的黄金点、黄金带、黄金三角等完美无缺。即便在现代选美时,评委似乎也不太注意头发的漂亮与否,更多的倒是注意头型。线条曲滑平缓的卵圆形和椭圆形头型被公认为是最美头型。

2.面型之美

面型是指面部轮廓的形态,是容貌美的基础。一个比例协调、线条柔和、轮廓清晰的面型,再配上符合标准的五官,就够成了一个自然美的容貌。就美学观点而言，一个人从头到脚都有美与丑的问题，但摆在首位的非面型莫属了。

椭圆形脸型的额部比颊部略宽，颏部圆润适中，骨骼结构匀称。卵圆形脸型的额部较宽、圆钝，颊部较窄、带圆，颏部饱满，面型轮廓不明显，比例较协调。此外，倒卵圆形脸型显得文静、老成，圆形脸型给人温顺柔和的感觉，方形脸型的男性给人以刚强坚毅的感觉，梯形脸型显得安静、呆板，倒梯形脸型显得机敏，但清高、冷淡等。

3. 额之美

额是人脸中最能表现出思维、感情和精神的部位，头额是聪明和智慧的象征。前额太大、太宽，会给人一种痴呆感；前额太小、太窄，又显得天庭不饱满，给人以缺少智慧感。额部发育完善才能显示出头部健康而富有生命力的姿容美。额部微微突起并柔和平稳地过渡到鼻根部，从侧面看，额部至鼻尖形成"S"形的优美曲线，使面部中央呈现出一种自然柔美的和谐美。有了额部的曲线，人的容貌才获得精神性格的体现。最佳的额部为平额。

4. 颧骨之美

颧骨对容貌的影响主要体现在与鼻、颞部及至颊是否和谐统一。白种人的颧骨部横向突出，黄种人则颧骨突出，我国部分南方省份，高颧骨脸形的人较多。如果颧骨过于肥大，就会使脸型中部突出，形成菱形脸，就会破坏容貌的和谐美。最佳的颧部为颧骨与鼻、颊和谐统一，脸型中部自然平缓，这样的容貌更具有魅力。

5. 颊部之美

颊位于面部的两侧，颊部是审视的焦点。颊部的美主要靠面部肌肤和脂肪形成的柔软、光滑而又富有弹性及泛红的面颊，才能显示出青春和健康美。容貌的丰满度在很大程度上是由颊部决定的，颊部在微笑时能为容貌平添风采。颊部之美还有两个特殊的表现：酒窝之美和羞涩之美。

酒窝之美（颊部审美学上一个特殊现象）：酒窝是面部表情肌在颊部出现的凹陷，又称笑靥或双靥。假若将两颊形容成一马平川的原野，酒窝（分点状、窝状和线状三种）则似一口甘泉，它能给颊部增添魅力。羞涩之美（人类特有的表情）：它是面颊部的又一道审美的风景线，羞涩主要表现为两颊潮红。羞涩也是人类从蒙昧走向文明的结果和文明进化的产物。是人的自重、自爱、自信意识的表现，是人类纯真情感、高尚心灵的显露。

最佳的面颊部：红润、光滑、柔软、丰满、富有弹性及泛红的面颊，有酒窝和羞涩之美者为最佳。

6. 颏部之美

人们常常认为微微突出上翘的颏部是最漂亮的。颏也是人体容貌美中的重要结构，占面容的1/4。它决定面型的下半部分的曲线美，只有下颌和面部其他器官相互和谐才能有五官端正和谐的面部轮廓的美。颏的宽窄、长短、收突往往能决定一个人面容的美丑。西方人十分重视颏的形态和大小，认为发育良好的颏是性格勇敢、刚毅、果断的象征；而下颌发育不良、颏部后缩，或呈“鸟形脸”，或颏不对称，都有损面部形态的和谐美，被视为性格怯懦和优柔寡断的象征。最佳的颏部为颏的宽窄、长短、收突与人的面容和谐一致。

7. 眉毛之美

眉是“七情之虹”。在人的面部五官中，眉既是表情的显示器和心理活动的晴雨表，也是容貌美的首要装置。眉毛的长短、弧度、浓淡、色调，都很微妙地在表达着一种情绪，影响着一个人的形象。由于眉毛的形态、长短、粗细、色泽等与种族、性别、年龄及遗传有关，也就是说符合脸型比例、性别、年龄、时代的眉型是最美的。浓眉和剑眉是男性的美型眉，体现刚毅矫健。

8. 睫毛之美

不同民族的人，睫毛的长度和上翘弧度不一样。如果一张脸配上恰当的眉毛和长长上翘的睫毛，并使上下睫毛形成一条弧形黑色细线，与白色的巩膜、黑色的眉毛及虹膜形成黑白对比点，会使眼睛更加炯炯有神。睫毛还在眼睛瞬间睁闭时使眼睛更加富有情态美。美的睫毛能增强眼睛的层次感，使眼睛更具立体感而更加迷人。最佳的睫毛为符合脸型比例，长长上翘、弧形合适的睫毛。

9. 眼睛之美

眼睛居人的五官之首，它是容貌美的审视中心，也是容貌美的核心内容。如果眉毛是“七情之虹”，而眼睛则是“心灵之窗”。人的外界感觉信息有 90%以上是通过眼睛获得的。一双清澈明亮、妩媚动人的眼睛，不但能增添容貌美并使之更具魅力和风采，而且能遮去或掩饰面部其他器官的不足和缺陷。成语“画龙点睛”就体现了眼睛生理功能中的美学意义及其重要性。中国传统认为最妩媚、最漂亮的眼形丹凤眼(传说中的“凤凰”之眼)给人以秀美之感，杏核眼(也称标准眼，为男性之美眼)显得炯炯有神，圆眼给人年轻之气，蚂蚱眼给人以英武之感，眯缝眼显得无精神，鼠眼运动灵活显得色黑有神，吊梢眼(呈倒“八字”型)虽目光锐利，但也给人比较小气的感觉，垂眼有凄苦之相，远心眼显得呆板，向心眼显得严肃紧张，还有牛眼、羊眼、金鱼眼、鱼白眼、四白眼等。最佳的眼型为眼与面宽比例和谐，大小适中，黑白分明，炯炯有神。

10. 鼻子之美

鼻子是面部的中心，无论从正面还是侧面看，它都占据着十分重要的位置，故古有鼻为“颜中主”和“容貌之王”的说法。它是决定面部立体感的第一要素，对容貌美有着举足轻重的作用。特别是它对气味的审美更扩大了人类审美的领域，构成了人类审美的丰富多样性。鼻子还具有辅助情感表达的作用，如表示骄傲的情绪时鼻子向上耸动；情绪激动时鼻翼会煽动等。有人称鼻形是“人种的说明书”，黄种人鼻子较小，鼻梁偏低，鼻子较凹平。从侧面看，鼻部的轮廓线从鼻根至上唇占有面部的两个“S”形曲线，这种美丽柔和的线条正是容貌美的要素。最佳的鼻型为鼻梁较高(挺立),额骨鼻突至鼻尖较直,鼻尖圆润、微翘,鼻翼大小适中,曲线柔和,鼻型与脸型、眼型、口型等部位比例和谐,鼻孔横径中等。

11. 嘴唇之美

在人体美学中嘴唇在面部的重要性仅次于眼睛,有时尚胜过眼睛。俗话说:“神在双目,情在口唇”。嘴唇既是生命的门户,也是人类情感冲突的焦点。它能够突出人的性别特征。故也是极具性感的部位。嘴唇的性魅力表现在嘴唇的形态和微笑时的表情。从侧面看,上下唇形成面部下两个“S”曲线。而唇弓在正面形成的弓形曲线又被画家称着“丘比特曲线”。鲜红的嘴唇和洁白的牙齿会增加面部的色彩美,同时它也是一种健康的象征。在西方流行大嘴巴,以嘴唇厚、嘴形大、曲线分明为美,认为这样的嘴唇才是最性感的。一般来说,中国男性嘴唇宜肥厚适中。最佳的嘴唇为上下唇协调对称,双侧红唇饱满对称,上下唇厚度适中,唇的曲线、弧度优美流畅。

12. 耳朵之美

东方人将大耳朵称作福和长寿的象征,如佛的画像总是大耳。古代有所谓“双耳垂肩乃帝王之相”的说法,认为肥大、厚实和色艳之耳是荣华富贵的标志。但被西方人忌讳的“招风耳”(是一种常见的先天性畸形),在部分东方人看来却是成功和幸福的象征。在中国人眼里,耳轮结节没有多大意识,而西方人则将较突出的耳轮结节视为天生罪犯的标志。看来东西方人的审美观念有时竟然存在着天壤之别的差异。但耳朵也是构成容貌主体美感的要素之一。一对圆润、坚实、饱满、红润的耳朵对容貌美有促进作用。耳朵上多彩多姿的耳饰可增加容貌的对称美、和谐美及色彩美。最佳的耳朵为圆润、对称、坚实、饱满、红润。

第五节　人体美的健美标准与评价攻略

一、健美与健美运动的定义

(一)健美的定义

所谓健美,用审美的观念,顾名思义就是健康而优美、健壮、美观。它是根据健康原则、美学原则,以及年龄、性别特征对人体毛发、肤色、体型、姿态、动作和风度等进行的综合评价。通俗指人体内外健康无病,身体外表优美协调,整体匀称,并具艺术感。作为专业名词,健美是指通过各种重力练习以发展全身肌肉、塑造体型为目的的体育运动项目。

(二)健美运动的定义

健美运动英文意思为身体建设,是通过徒手和运用各种器械,通过专门的动作方式和方法进行锻炼,并根据人类遗传学、运动解剖学、运动生理学、运动保健学、营养学、运动医学、结合美学等科学原理,以锻炼身体、增强体质、发达肌肉、修塑体型、陶冶情操、促进人体健美为目的的体育运动,也就是争取在较短的时间内获得符合健美标准体型的一种身体活动过程。概念包含有提供科学营养技术和肌肉发达技术的内容,可用六个字概括:重力、营养和恢复。

健美运动是发达肌肉、健美体型的一种快速有效的手段。其特点是方法简便、收效快速;对改变身体畸形和按照个人意愿塑造健美体型都有特殊效果;无论男女老少都可采用,在家里也能锻炼。因此,它的内容应该是丰富多样的。健美运动除发展肌肉,增长力量之外,还包括人体造型艺术和姿态的健美、动作的协调性、节奏美、肌体的控制能力和减肥塑身方法等,以达到发展身躯、强健体魄、改变肌肉质量、矫正身体畸形、塑造和美化形体之目的。故健美运动应该是一种形式新颖、风格独特、内容丰富、方法简便,易使人接受又切实有效、深受人们欢迎的运动。

健美运动可以利用杠铃、哑铃、拉力器、单项或综合训练器以及自制器材,做各种力量练习、协调性练习和柔韧性练习等,也可以采用节律体操、艺术体操、健身操和各种舞蹈来达到上述目的。人做健美运动时,常常要辅之以自然力锻炼(日光、空气、水),并坚持良好的生活习惯、卫生制度(如饮食、衣着和睡眠)。

健美运动最早始于古希腊和古罗马。古希腊人十分重视人体造型美,并用雕刻塑造了大量裸体运动员,创作了无数健美的人体形象,如至今仍脍炙人口的维纳斯、赫拉克勒斯和掷铁饼者等,这些曾被马克思称为“具有永恒的魅力”。欧洲文艺复兴时代的艺术大师,对人体美的理论有了新的发展,推动了健美运动在近代的兴起。19 世纪末驰名世界的德国大力士先道著书立说,提倡健美运动,并身体力行地练出了一副令人羡慕的体格。他还到世界各地进行健美表演,受到人们的欢迎。由于他力大无穷,竟能和雄狮搏斗而取胜,后人称他为现代健美运动的开山鼻祖。1928 年,美国《体育》杂志主编麦克法登倡导并举办了世界有史以来的第一次全美男子大赛,被称为“美国健美之父”。

20 世纪 40 年代,加拿大的本·韦德和乔·韦德兄弟为健美运动作出了卓越的贡献,他们在世界范围内宣传、支持和赞助健美运动。并于 1946 年创立了国际健美协会,使会员发展到目前的 190 多个国家,我国也于 1985 年在瑞典哥德堡第 39 届国际健美协会年会上成为该会的第 128 个会员国。本·韦德也将作为国际健美协会的终身主席而名垂青史。

1998 年 1 月 31 日,国际奥委会执委会正式承认了国际健美联合会,并接纳健美运动为奥林匹克大家庭中的一员,从此开始了国际健美运动的新篇章。

二、肌肉对人体健美的影响

在先天遗传因子的基础上人体的骨架定型后,人体美主要由不同肌肉的发达程度来形成其人体外观状态。即不同肌肉的发达程度，将对人的不同生理现象产生不同的影响，并对人体美产生不同的视觉作用。如，发达的胸大肌，能使胸脯显得厚实饱满；轮廓分明的三角肌，可使肩部宽阔有力；背部的斜方肌牵引着上体，能使人体上身笔直耸立；脊柱两旁的背阔肌和深层的背部肌群、颈肌，担负着人体的挺胸、昂首的神圣使命；臂部有力的肱三头肌、肱二头肌、肱肌，可使人拉引、屈伸等动作做得潇洒自如；凹凸起伏的腹肌，能使腰部浑圆有力；曲线明显的腿部肌肉，能为人体的站立、运动提供坚实的支撑。

由此，我们归纳出健、力、美三者间的相互关系是：健是美之根本，健是力之基础；力是美之气质，力是健之风采；美是健之升华，美是力之气韵。故肌肉在人体健、力、美的审美之中将产生着重大的影响。

三、现代男性健美的一般标准

怎样才算健美，这很难断然确定一个标准。从美学的角度来说，美既是一种自然现象，又是一种精神现象；既有表露部分，又有内含或暗示的成分。因此，健美可理解为身体表面形态和谐匀称及内部显示出的健康和力量。一般可从下列几个方面去评价。

(1)两眼大而有神，五官端正并与头部的配合协调。

(2)骨骼发育正常，身体各部位之间比例适度，有匀称感。

(3)男性肌肉均衡发达，无肥胖臃肿感。

(4)双肩对称，男性肩宽，无耸肩或垂肩感。

(5)脊柱背视成直线，侧视具有正常的生理曲线。

(6)胸廓宽厚，比例协调，男性肌肉圆隆，背视形如倒梯形。

(7)腰细而有力，微呈柱形，腹部呈扁平，男性在处于放松状态时，也有腹肌垒块隐现。

(8)臀部圆满，男子鼓实微呈上翘。

(9)下肢修长，无头重脚轻之感，大腿线条柔和，小腿长而腓肠肌位置较高，并稍突出。

(10)从整体观，无粗笨、虚胖或纤细、重心不稳、比例失调、形态异常的感觉。

四、现代男性健美的具体标准

1. 肌肉发达，体格强壮

肌肉是人体力量的源泉，同时也是力量的象征。因此，健美的体型、强壮的体魄是和发达的肌肉密切相关的。在艺术家、人类学家和体育家的眼里，发达的肌肉和健壮的体魄是人体美的重要因素。因为发达而有弹性的肌肉不仅是力量的源泉，也是健力美的象征。

(1)发达的颈部肌肉能使人颈部挺直,强壮有力。

(2)发达的胸肌(胸大肌、胸小肌)能使人的胸部变得坚实而挺拔。

(3)发达的肱二头肌、肱三头肌及前臂肌群,可使手臂线条鲜明,粗壮有力。

(4)覆盖在肩部的三角肌可使肩部增宽,若再加上发达的背阔肌,就会使躯干呈美丽的"V"形。

(5)有力的骶棘肌起着固定脊柱、使上体挺直、不致弓腰驼背的作用。

(6)发达的腹肌可增强腹压,保护内脏,有利于缩小腰围,增强美感。

(7)发达的臀部肌肉和有力的下肢肌肉可起到固定下肢、支撑全身的作用,并给人以坚定有力之感。

2. 体型匀称,轮廓分明

体型主要反映人体的外部形象,它无疑是反映人体健美的重要因素之一。从研究人体美的角度来看,以脂肪所占的比例、肌肉的发达程度,并参照肩宽和臀围的比例作为划分体型的条件比较合适。这样可将体型分成肥胖型、健壮型(运动型)和瘦弱型3类。

(1)肥胖型。其特点是上(肩宽)下(臀围)一般粗,躯干像圆水桶,腰围很大;腹壁的脂肪很厚,在腰两侧下垂,腹部松软,肚脐很深;胸部的脂肪多而下坠,有些女性化;一般颈部都呈短粗和双下巴。体重往往超过标准体重30%～50%。

(2)瘦弱型。其特点和肥胖型相反。腰围很小,躯干是上小下大,肩窄、胸平;四肢细长,肌肉不丰满,线条不明显;颈部细长而无双下巴。体重小于标准体重25%～35%。

(3)健壮型(运动型)。其特点是肩宽、臀小,背阔肌大,上体呈倒三角形;腰围较细,腹部肌肉明显;四肢匀称,肌肉发达;颈部强壮有力、无双下巴。体重在标准体重±5%之内。

3. 精神饱满,富有朝气

饱满的精神从其外在的表现主要是皮肤健美、姿态端正、举止大方,其内在富有朝气所表现的则是刚强意志、无畏精神。

(1)皮肤健美。这是人体美的重要表征。正如有些专家所称颂的:结实的肌肉和古铜色的皮肤是世界上最美丽的衣裳。的确,皮肤就如健康状况的镜子,红光满面气色好的人才可称谓为"有精神";相反,脸色发灰表现疲惫的人,往往是身体衰弱多愁善感的病人。

(2)姿态端正大方。中华民族有着悠久的文明历史,历来重视人的言行举动。首先,优美的坐姿应该是抬头、挺胸、直腰、收腹。切忌含胸弓背,因这是造成脊柱弯曲、腰背疼痛等的病因,且会使人显得精神萎靡不振。其次,优美的站姿应该是"三挺一睁",即挺颈、挺胸、挺腿,两眼圆睁,且目视前方,头颈、躯干和脚在一条垂线上,两臂自然下垂。切忌弓腰挺腹,过分偏移重心至一腿的站姿。再者,优美的走姿不是一摇三晃，也不是八字横行，而应该保持体直、挺胸、缩腰、微收小腹的姿态，膝和足尖始终正对前方行进，两臂自然摆动，步伐稳健而均匀。

(3)意志刚强无畏。中华民族历来重视人的精神气质展现。在赞美英雄的形象和力量的同时，总要更突出地称颂英雄的宏伟气魄。人是一个有机的统一整体，人体美需要通过外部表现的形体美和内在体现出的精神气质美和谐统一，且也只有两者有机结合才能称得上真正的健美。因此，男性的美还必须具有勇敢无畏的精神，坚忍不拔的顽强意志，以及刚毅果断的性格和良好的品德修养。这种美发自心灵深处，却需通过人的一举一动、一言一行从外部表现出来，并使得别人能够感受得到。

总之，男性应该具有发达的肌肉、健壮的体魄、匀称的体型、魁梧的身材、端正的姿态、潇洒的风度，以及发自心灵深处的勇敢无畏、刚毅果断、坚韧顽强的精神气质和阳刚之美。

五、现代健美运动员选材的形态(体格)标准

体型，是指人体形态的表面特征，遗传学称其为体表性状。它不仅反映人的仪表尊容，而且是健身健美运动员运动水平高低的基础。然而，体型的形成受着诸多因素的影响，其中遗传因素是基本的，且对组成体型主要特征的遗传力影响也各不相同。一般体长(包括身高、坐高、臂长、下肢长、头长和颈长等指标)的主要特征遗传力在75%～92%之间，体宽(包括头宽、肩宽、腰宽和骨盆宽等指标)的遗传力在63%～95%之间，体围(包括头围、胸围、上下肢围、腰围、臀围等指标)的主要特征遗传力在54%～94%之间，性别和不同指标间差异显著，这就提示我们在科学的选择青少年健身健美运动员时，应紧紧地抓住与专项有关的体长、体宽和体围指标，且考虑整体的匀称度时，可参考以下优美体型的标准：头长接近身高的1/7.5～1/8，两臂侧平举加肩宽等于身高，大腿长等于小腿长加脚掌长，上身与下身长度的比例接近0.618∶1，胸围应大于身高的一半。除此，为使先天的体型符合健美体型的标准，在做体型发展的预测工作中，体重的遗传力远比其他体型的指标低，尤其一般体重更显著，男性遗传力为63%；去脂体重男性为87%。而健身健美运动的竞赛是以肌肉为主要内容的，故在选择健身健美运动员时，重点应考虑去脂体重，并最好做些谱系调查(男孩多考虑母亲)，以提高预测效果。

正是因为人的体型受遗传因素影响较大，有些方面很难靠后天改变，所以下面介绍的现代健美运动员选材的形态(体格)要求，仅供大家参考。

(1)脸是瘦形的。

(2)肩宽、腰细、臀窄。

(3)身高与体围比例协调，膝、踝等关节中度即可，因为比较小的关节可使肌肉显得更为粗大些。

(4)肌肉质量、形态良好,对负荷锻炼敏感,肌束是较丰富的长条形肌肉。

(5)骨骼粗壮,发育良好,无畸形,四肢直,比例匀称合度。

(6)容貌端正、皮肤润泽。

六、现代人体健美的最佳标准

(一)人体美学中"黄金分割"标准

人们常用"丰满圆滑""曲线优"来形容健美的女性,而用"体格魁梧""肌肉壮实"来描写健美的男性。可见男女体格是有差别的。现代女性美也绝不是苗条、柔软、纤细和病态,而是结实、精干、曲线丰满流畅,是以"健美匀称"为标准的。

这是一个什么样的体型评价标准呢?当今运用最广泛的首推"黄金分割律"标准。古希腊的哲学家和数学家毕达哥拉斯认为"0.618∶1"是最完美、最巧妙、最理想的比例关系。这种比例关系是:整体与最大部分之比等于较大部分与较小部分之比。比如以C表示整体,以A表示较大部分,B表示较小部分,则这种比例关系为C∶A=A∶B,即0.618∶1=1∶1.618。由于它有极大的审美价值和实用价值,故被称为"黄金分割"。

黄金律历来被渲染上瑰丽诡秘的色彩,被人们称为"天然合理"的最美妙的形式比例。美学家曾这样分析过维纳斯的体型:肩宽减腰宽为A,肩宽减臀宽为B,臀宽减腰宽为C,胸宽减腰宽为D,这样形成的A∶B∶C∶D四个数字都符合"黄金分割"比例关系。因此这种比例被公认为体型健美的最佳模式。实验证明,气温为23℃时,人的身心感觉最舒服,此时体温与气温之比约为1∶0.618;在卧室窗户长宽之比为1∶0.618时,你会因其比例协调,采光良好而赏心悦目;当大脑的β脑电波低频与高频之比近似1∶0.618时,你会觉得心旷神怡;同样,当身体的下肢长度与整个身高之比为0.618∶1时,就充满了神奇的魅力。于是黄金分割律作为一种重要形式美的法则,便成了世代相传的审美经典规律。达·芬奇、米开朗其罗等艺术家,更是根据这一标准创造了无数不朽的艺术形象。

近年来,我国的医学美学家彭庆星和孙少宣在研究黄金分割与人体关系时,发现了在健美人的容貌和形体结构中有许多与黄金分割相关的点、矩形、指数和三角形,这里仅列出人物形象设计中常用到的几个点、矩形、指数和三角形供大家参考。

1.人体黄金点

所谓黄金点是指一线段的短段与长段之比值为0.618或与该值近似的分割点。

(1)肚脐:头顶至足底的分割点(上短下长)。

(2)喉结:头顶至肚脐的分割点(上短下长)。

(3)左右膝关节:肚脐至足底的分割点(上短下短)。

(4)左右肘关节:肩关节至中指尖的分割点(上短下长)。

(5)左右乳头：锁骨过乳头垂直线至腹股沟的分割点(上短下长)。
(6)眉间点：发际至颏底间距上 1/3 与中、下 2/3 的分割点。
(7)鼻下点：发际至颏底间距下 1/3 与上、中 2/3 的分割点。
(8)唇珠点：鼻底至颏底间距上 1/3 与中、下 2/3 的分割点。
(9)左右口角点：口裂水平线的左(右)侧 1/3 与对侧 2/3 的分割点。
(10)颏唇沟正中点：鼻底至颏底间距下 1/3 与上、中 2/3 的分割点。

2.人体黄金矩形

所谓黄金矩形是指人体上存在的长方形，其宽与长的比值等于或接近于 0.618 的黄金矩形。

(1)躯体轮廓：肩宽与臀宽的平均数为宽，肩峰至臀底的高度为长。
(2)头部轮廓：两侧颧弓突出点为宽，颅顶至颏底的间距为长。
(3)面部轮廓：眼水平线的面宽为宽，发际至颏底的间距为长。
(4)鼻部轮廓：鼻翼为宽，鼻根至鼻底间距为长。
(5)唇部轮廓：静止状态时上下唇峰间距为宽，口角间距为长。
(6)手部轮廓：手的横径为宽，五指并拢时取平均数为长。

3.人体黄金指数

所谓黄金指数是指人体两器官间比例关系为 0.618 或接近近似值。

(1)目面指数：两眼外眦间距与眼水平线的面宽之比。
(2)唇目指数：口角间距宽度与两眼外眦间距之比。
(3)鼻唇指数：鼻翼宽度与口角间距宽度之比。
(4)上下唇指数：面部中线的上下唇红高度之比。
(5)四肢指数：上肢长(肩峰至中指尖)与下肢长(髂嵴至足底)之比。

4.人体黄金三角

所谓黄金三角是指在人体上，三角形腰与底边的比值等于或接近于 0.618 的等腰三角形，其内角分别是 36°、72°、72°。

(1)鼻正面观和侧面观都是黄金三角。
(2)鼻根点与两侧口角点组成的是黄金三角。
(3)两肩端点与头顶中央组成的是黄金三角。

按照人体美学中黄金分割的黄金点、黄金矩形、黄金指数及黄金三角等作为比照，还有人把理想的人体美归纳为 16 个字：线条流畅，内涵饱满，曲直相同，比例合度。

(二)头身比例健美标准

1.达·芬奇的头身比例标准

“头身比例”就是头部与身长比例关系。文艺复兴时期的艺术巨匠达·芬奇运用自然科学知识和解剖实验的统计数据，提出了研究身体美的客观标准，即：人的头长是身高的1/8;肩宽为身高的1/4;侧伸双臂等于身长;两腋之宽等于臀宽;乳部与肩胛骨下缘在同一水平面上;大腿正面的厚度等于脸宽;人跪姿时高度减少1/4,卧倒时仅剩1/9。

2.中国画家的头身比例标准

我国过去的画家中也普遍流行过"站七,坐五,盘三半"的说法。就是以人的头长去衡量身体及其比例的通俗标准。也就是说,人站立时高度为7个头长;坐在椅子上时,从头顶至地面(脚掌)为5个头长;盘腿而坐时是3个半头长。这只是一个笼统的提法,便于记忆但不十分精确。实际上中国人的身高,一般来说可达7个半头长。而且中年以下,特别是青少年的身高,普遍都已出现超过父辈的趋势。当然身高标准并不是绝对的,它基本上应按人种、民族和生活境况来划分类型。如白种人的身材多较高大,其身高约等于8个头长。

3.巴龙通的头身比例标准

近代流行的巴龙通学说认为,成年男性的身高应为7.5个头长,肩宽除运动员外,一般小于2个头长,髋宽1.5个头长。女性比男性下肢短,肩窄臀宽,身体的重心在耻骨联合以上。

4.池上金治的头身比例标准

日本竞技和文化联盟理事长池上金治在其专著中认为,日本人的头身比例平均7.3个头长。现以身高等于8个头长为比例,在不同姿势的变化下其高度比例为:

(1)单臂向侧平伸时,自颈窝(人体中线)至指尖约等于4个头长。

(2)坐在地板上,身高约为4.25个头长。

(3)跪坐于脚跟上时,身高约为4.75个头长。

(4)上体前屈,手指触脚尖时,从背到地面为5个头长。

(5)坐在椅子上时,身高为6.25个头长。

(6)站立时身高为8个头长。

(7)站立两臂上举时,由指尖到脚下为10个头长。

一般来说,成年男子肩宽约等于2个头长,肩宽胸厚是男子雄健的特征,男子臀宽约为1.5个头长,但肩膀的宽度仍大于臀宽。两臂下垂时,肘关节都应刚好处在腰部的最细之处。通晓这些身体形态及肢体比例,对塑造健美体型十分重要。

(三)手长与身高比例健美标准

以手长与身高对比的方法,即身高等于本人的9～10个手长。认为身高与手长有微妙关系:

(1)自头顶到鼻尖是1个手长。

(2)从鼻尖到胸骨上端是1个手长。

(3)从胸骨上端到胸下窝是1个手长。

(4)从胸骨下窝到肚脐是1个手长。

(5)从肚脐到耻骨联合是1个手长。

(6)耻骨联合以下的腿部直至脚底为4～5个手长。

锁骨、肩胛骨的长度都与自己的手长相等,从踝骨到脚尖也等于1个手掌的长度。所以,欧洲文艺复兴时期的艺术大师们认为,人体美是集自然美中美之大成,其比例合乎一定的数学法则,各部分有简单的整数比,或与圆形、正方形等完美的几何图案相重合。这一时期的画家和雕塑家,依据这些"神圣比例"原则创作了许多杰出的作品,被恩格斯称赞为"人类历史的巨人"。

(四)上身与下身比例健美标准

0.618∶1曾被古希腊的哲学家和数学家毕达哥拉斯誉为最美的、最巧妙的比例,也是我国著名数学家华罗庚使用优选法时常用的数据。由于它对人体审美具有极大的价值,故这种"黄金分割"律也运用到了人体形态指标的测量中,并且最主要的是体现在人体上下肢的比例关系上。

在人体上身与下身比例分割点上有四种分割方法。

(1)一种方法以身体的总重心为分割点,这种方法比较客观。

(2)一种方法认为以肚脐处为分割点,这种方法比较方便实在。

(3)还有一种方法则认为以两手垂直,从中指到头顶的部分与全身之比为0.618∶1为佳。

(4)以髂骨上缘为分割点,目前国内外专家学者普遍认为较为科学、直观而又简单的分割方法,应以髂骨上缘为上下身的分割点,它不仅符合解剖学观点,而且符合人的视觉习惯,测量时也比较准确方便。比如当一个人的身高为1.618m时,以髂骨上缘为分割点,那么下身为1m,上身为0.618m。根据这一比例关系,我们可以很快的算出各种身高的上下身的"黄金分割"比例(表6-1)。

表6-1 成年人身高与腿长黄金分割比 (单位:cm)

身高	腿长	身高	腿长	身高	腿长	身高	腿长	身高	腿长
150	92.70	161	99.50	172	106.30	183	113.09	194	119.89
151	93.32	162	100.12	173	106.91	184	113.71	195	120.51
152	93.94	163	100.73	174	107.53	185	114.33	196	121.13
153	94.55	164	101.35	175	108.15	186	114.95	197	121.75
154	95.17	165	101.97	176	108.77	187	115.57	198	122.36
155	95.75	166	102.59	177	109.39	188	116.18	199	122.98
156	96.41	167	103.21	178	110.00	189	116.80	200	123.60
157	97.03	168	103.82	179	110.62	190	117.42	205	126.69
158	97.64	169	104.44	180	111.24	191	118.04	210	129.78
159	98.26	170	105.06	181	111.83	192	118.66	215	132.87
160	98.88	171	105.68	182	112.48	193	119.27	220	135.96

然而，真正具有“黄金分割”比例的人却为数不多，有人在测量了部分专业运动员和部分体育专业学生后，发现只有1/3的人可达到这一标准。一般人下肢稍短，特别是中国人，大部分人难以达到这一比例。

(五)身高与体重比例健美标准

身高与体重是显示人体美的重要因素之一。体重是指身体各种成分的总重量，它和身高一起，是评定身体发育、健康状况、营养状况和形体健美的重要指标，而且两者都受遗传因素、地理位置和社会环境等条件的影响。目前国内外对于体重的评价标准比较一致，而对身高的评价标准则各不相同。欧美各国身材普遍高大，四肢较长，重心较高。而大多数东方人身材较为矮小，重心也较低。因而形成了不同的美学标准。美国现代文学家卢米斯认为，男性理想高度为182.88cm。而根据我国1979年第一次调查得知，中国人男性中2/3的人身高在165～175cm之间。经常参加体育锻炼的人较未从事体育锻炼的人高2～5cm。按照人类社会发展的趋势，身高也应呈上升的趋势。也就是说今后我国成年人身高男性应在170～180cm区间(根据2001年最新统计，目前我国男性平均身高为172cm)。当然，成年人的身高是不能随意改变的，但在青少年发育期加强体育锻炼完全可以促进骨骼生长。

那么，什么是恰当的体重标准呢？多年来，各国学者进行过不少研究，意见分歧很大。现在最常用的最简单的计算体重的方法是法国人类学家勃劳克提出的勃劳克指数法，即：

理想体重(kg)＝身高(cm)－100

例如一个人身高为1.65m，则其理想体重为65kg。这种测算法没有考虑性别、年龄以及体型等重要因素，因此存在一定的片面性。后来人们把这个公式作为评价成人男子的标准体重公式，即：

理想体重(kg)＝身高(cm)－102

有人认为以上公式只适用于身高150～170cm的人，超过170cm的人还有一个公式，国外使用较多。

$$\text{体重(kg)} = \text{身高(cm)} - 105 - \frac{\text{身高(cm)} - 150}{4}$$

具体评价标准可参考第一章第一节中“成年男性理想体重或标准体重的评价标准”，此处不再赘述。通过第七章第一节中“成年男性理想体重与肥胖的多元评价标准”等公式计算，你只要知道自己的身高，就能迅速算出你的标准体重是多少。如果超重，那你就应该注意并采取措施了。

(六)身体各部围度比例健美标准

具备了长度方面的标准指标后，还不能说达到了健美体型的标准。身体各部的发育还应具有一定比例的围度指标，也就是要具有匀称优美的曲线。

“曲线美”最早是由英国画家荷迦兹提出的。他在《美的分析》一书中提出：一切由所谓波浪线、蛇形线组成的物体，都给人的眼睛以一种变化无常的追逐，从而产生心理乐趣。因此，无论曲折的小路或蛇形的河流都是美的。法国雕塑大师罗丹更加崇拜人体的曲线美，并视为生命的奇迹。

人体的曲线是通过身体各部围度的大小体现的。在日本，已经采用身体水平面投影的图示坐标法显示人的曲线美。目前适用的方法是测量颈围、肩宽、肩围、胸围、腰围、臀围、四肢围度的尺寸，其中以肩、胸、腰、臀几处的大曲线最为重要。根据成年男性的形体特点，国内外有关专家提出了一般人的正常体围和健美匀称体围的有关参数。

1. 我国成年男性健美体型的围度标准

有关学者经过实体测量，制订出较为适合我国成年男性健美体型的围度标准（表 6-2）。

表 6-2 成年男性健美体型标准围度比例

标准 / 性别 / 部位	男
肩宽	胸围×0.5
胸围	身高×0.55
腰围	胸围－20
臀围	身高×0.8
大腿围	身高×0.3
小腿围	胸围×0.37
颈围	小腿围
上臂围	身高×0.16

2. 国际健美大师乔·韦德健美匀称体围标准

上面所述的一般成年男性健美体型的围度标准与健美体围标准相差甚远，因为真正健美匀称的体型只有通过锻炼才能获得，下面将国际健美大师乔·韦德制订的健美匀称体围标准列出，以供参考（表 6-3）。

总之人体美是集自然界美之大成；人体美是所有审美对象中最深刻、最动人的一种美，但到目前为止，人体美没有唯一的标准，罗丹说：“美是性格的表现”。人体

表 6-3　一般人的正常体围和健美匀称体围对比(男)

测量项目	一般人正常体围	健美匀称体围
身高(cm)	1.70	1.70
体重(kg)	65.90	70.45
颈围(cm)	33.50	38.86
上臂围(cm)	31.75	36.60
前臂围(cm)	28.00	30.50
胸围(cm)	92.70	101.60
腰围(cm)	76.20	76.20
臀围(cm)	91.50	91.50
大腿围(cm)	50.80	55.00

美是丰富多彩的,具体表现上却呈强烈的个性特点。况且,人类的审美对象很多,各式各样。当我们或在烟雨苍茫之秋饱览北方的名山大川,或在风和日丽之春漫步小桥流水人家,或游历杏花春雨的江南,欣赏的是自然美。当我们为“梁祝”的命运热泪纵横,为达·芬奇的巨作《蒙娜丽莎》而折腰倾倒,为李白的千古诗唱而拍案叫绝,为贝多芬的英雄交响乐而梦魂萦绕的时候,我们领略的是艺术美。当我们为长江抗洪英雄集体的事迹深深感动,为中国体育健儿的拼搏精神而振奋不已时,我们感受到的是一种生活美,也叫关系美和社会美。与这些美同时存在于人体的是体型美(包括形体美和曲线美)、姿态美、动作美和风度美,它们构成了人体内外一致的美。英国哲学家培根说过:“相貌的美高于色泽的美,而优雅合适的动作美,又高于相貌的美,这是美的精华。”愿大家都做一个体型美、仪表美、行为美、心灵美高度统一的人。

第七章　成年男性体重控制的原理及减肥与增重攻略

第一节　成年男性理想体重与肥胖的多元评价攻略

丰满壮实是男性形体美的表现，而肥胖或者过度消瘦则是病态的特征。据美国著名咨询机构麦肯锡公司 2014 年 11 月 20 日发表调查报告指出，目前全世界共有 21 亿人口超重或肥胖，占全球总人口近 1/3。根据经济生产力损失、医疗保健成本及用于减轻肥胖影响的投资金额推算，肥胖问题造成的每年经济损失高达 2 万亿美元（约合 12.24 万亿元人民币），相当于全球国内生产总（GDP）2.8%，反映肥胖不仅仅危急人们的生存质量，而且正在成为影响全球经济的沉重问题。该报告指出，若肥胖问题不改善，15 年内（即 2030 年内），全球成年人中将有超过一半人超重。

世界卫生组织（WHO）形容肥胖是流行病，与多种非传染疾病有关，包括 II 型糖尿病、癌症及心脏病等。并估计每年有 280 万人的死亡与超重有关。而中国肥胖人口则占了世界胖人的 1/5，远远超过 9 000 万，减肥目标可谓任重道远。那么，何种程度才算是胖？何种程度才算是瘦？如何评价理想体重？在日常生活中从审美的一般角度来说，人们能直观地做出大致的判断，但要准确地做出科学的结论就不容易了，多数人需要进行身高、体重的测定和肥胖程度（OBD）、体重指数（BMI）的计算及身体成分（体脂百分数）的测定等，才能得出正确的答案。

一、成年男性理想体重及其评定标准

(一)世界卫生组织标准体重计算公式

体重是人体各部分（骨骼、骨骼肌、关节、韧带、脂肪组织等）的总重量；即以重量为单位的人体各组织成分的总和。体重是反映人体充实程度的整体指标，可以间接地反映人体营养状况。体重过轻可作为营养不良或患有疾病的重要特征；体重过重，会表现为不同程度的肥胖。科学家们根据人体生理功效的不同，常把体重分为：脂肪重（体脂）和去脂体重（瘦体重 LBM）。

超重是指实际体重超过理想体重。肥胖则是体内脂肪积聚过多和分布异常的

一种多因素慢性代谢性疾病，许多人超重但并不肥胖（有健身健美运动员还是瘦体重占优势）。

标准体重或理想体重是指以身高为基准比例的体重，即体重与身高两者的比例在正常范围。最早于1978年由世界卫生组织推荐，常用来评价肥胖。标准体重(kg)=[身高(cm)－100]×0.9或标准体重(kg)=[身高(m)]^2×22。

(二)我国男性标准体重参考计算公式

标准体重(kg)=身高(cm)－100(165cm以下)

标准体重(kg)=身高(cm)－105(166～175cm以下)

标准体重(kg)=身高(cm)－110(适于176cm以上)

(三)我国男性理想体重计算公式

理想体重是指在体质调查材料中统计得出的死亡率最低的体重数值。它约为脂肪占机体重量的13%～15%。理想体重带有医学性质，是中国军事科学院等单位针对中国人的特点和我国南北方的地理位置、气候环境、食物品种、身材高矮等因素的差异，于20世纪80年代中期研究出的适合中国人（南方和北方人）的标准体重计算法。计算方法如下。

北方人理想体重(kg)=[身高(cm)－150]×0.6+50

南方人理想体重(kg)=[身高(cm)－150]×0.6+48

二、成年男性形体肥胖与消瘦的评定标准

(一)肥胖与消瘦的定义

1.肥胖的定义

世界卫生组织认为，肥胖可被简单定义为过多脂肪在体内积累到引起健康损害程度的一种慢性非传染性疾病。

2.消瘦的定义

消瘦是指人体内的肌肉和脂肪含量明显低于正常人的平均含量。也就是说，实际体重明显低于标准体重的人被称为体型消瘦。例如，世界卫生组织认为，人体内的肌肉、脂肪含量过低，体重指数BMI小于18.5即为消瘦。过度消瘦的人，如男性身体中必需脂肪少于体重的3%～5%，就可能危急生存质量。

(二)成年男性形体肥胖与消瘦的标准

1.根据标准体重进行肥胖与消瘦判定的标准

(1)根据我国男性的标准体重（详见上述参考计算公式）进行肥胖判定的方法（表7-1）。

(2)根据我国男性的标准体重进行消瘦判定的方法。医学上判断消瘦的程度是将人的实际体重与标准体重进行比较（表7-2）。

表 7－1 根据标准体重进行肥胖的判定

分类	判定标准
正常范围	低于或超过标准体重 10%以内者
Ⅰ度肥胖	超过标准体重 10%～19%者
Ⅱ度肥胖	超过标准体重 20%～24%者
Ⅲ度肥胖	超过标准体重 25%以上者

表 7－2 根据标准体重进行消瘦的判定

分类	判定标准
轻度消瘦	实际体重低于标准体重 15%～25%者
中度消瘦	实际体重低于标准体重 26%～40%者
重度消瘦	实际体重低于标准体重 40%以上者

2. 根据体重指数(BMI)进行肥胖与消瘦判定的标准

体重指数(Body Mass Index,简称 BMI)易于测试,得以广泛用于体指的评价。体重指数(BMI)＝体重(kg)/身高^2(m^2),可用来评价人的体重是否正常。

1998 年世界卫生组织将 BMI 大于 25 定为超重,大于 30 定为肥胖。然而,此标准是基于欧洲人群的标准,不太适用于亚太地区。亚洲人较低的 BMI 下便出现代谢性疾病,而且脂肪更易堆积在腹部。世界卫生组织亚太区办事处、国际肥胖研究协会以及国际肥胖专家组于 2002 年 2 月联合发布了《亚太地区肥胖的重新定义和处理》,将 BMI 大于 23 和 25 分别定为超重和肥胖。而体重指数 BMI 小于 18.5 为体重过低,身体过于消瘦的会导致一些临床疾病危险性增加。也有学者提出我国成人的肥胖标准是:BMI 在 18.5～23.9 之间为正常,即健康体重标准,BMI 在 24～27.9 之间为超重,BMI 大于或等于 28 者为肥胖(不同身高、性别健康体重与肥胖的判别标准有所不同)。

3.根据肥胖度(OBD)进行肥胖与消瘦判定的标准

肥胖度就是实际体重超过标准体重(见上述计算公式)的百分比。世界各国计算肥胖度大多采用统一的公式:肥胖度(%)＝(实际体重－标准体重)÷标准体重或者肥胖度(OBD)＝实际体重/标准体重×100%。根据这个公式,肥胖度小于 80%为消瘦,在 80%～90%之间为低重,在 90%～110%表明体重正常,在110%～120%为超重,大于 120%为肥胖,在 120%～130%为Ⅰ度肥胖(轻度肥胖),在 130%～150%为Ⅱ度肥胖(中度肥胖),在 150%～200%为Ⅲ度肥胖(重度肥胖),在 200%以上为病态肥胖。

(1)国际标准。国际公认肥胖度的正常标准为 18%～20%。超过此界线为体型肥胖;肥胖度小于 80%为消瘦。

(2)中国标准。我国 20 世纪末便已将肥胖度划为 3 个等级:肥胖度在±10%以内为正常,在 10%～20%为过重,超过 20%为肥胖。低于正常标准为体型偏瘦。

(3)青年人标准。青年人肥胖度的标准,国际上以±10%以内为正常,超过 10%为肥胖,低于 10%为偏瘦。

鉴于青年人的生理和解剖特征,国外医学权威主张,测定青年人的标准体重应该采用如下特定的计算公式:

男青年标准体重(kg)=身高(cm)-109

(4)男性中老年人标准。美国著名学者布雷认为,男性中老年人的实际体重超过标准体重 20%为肥胖。

美国国家保险公司的标准则采用"勃劳克指数法"进行评定:不论男女,实际体重超过标准体重 9%为过重,超过 10%以上就算肥胖。其肥胖度分为 4 级,超重 10 %～29%为Ⅰ级肥胖,超重 30 %～49%为Ⅱ级肥胖,超重 50%～99%为Ⅲ级肥胖,超重 100%以上为Ⅳ级肥胖。

针对中老年人的生理解剖特征和身体结构变化特点,美国老年问题专家恩德列斯教授研究出了一个适合计算男性中老年标准体重的方法。计算公式为:

中老年男性标准体重(千克)=身高(cm)-105

(5)青少年儿童标准。20 世纪 80 年代,日本体育学会评定评价分科会将青少年儿童的肥胖度分为 4 个等级:在±10%以内为正常,在 10.1%～20%为轻度肥胖,在 20.1%～30%为中度肥胖,超过 30.1%为肥胖(低于标准体重 10%以上为过轻或消瘦)。如果采用克托莱指数评定法(即体重/身高×1000),其青少年评价标准见表 7-3。

表 7-3　青少年肥胖与消瘦的评价标准

肥胖的程度	评定标准
正常标准	理想身高与体重的比值±5%,正常值在 10%范围内
轻度肥胖	超过正常体重 10%为偏胖
中度肥胖	超过正常体重 20%为肥胖
重度肥胖	超过正常体重 30%为过度肥胖
轻度偏瘦	低于正常体重 10%为偏瘦
中度偏瘦	低于正常体重 20%为瘦弱
重度偏瘦	低于正常体重 30%为过度瘦弱

4.根据皮褶厚度(体脂百分数)进行肥胖与消瘦判定的标准

皮褶厚度测定也是身体密度测量法的方法之一。全身均匀性肥胖者皮下脂肪的厚度与肥胖程度相关,测皮下脂肪的厚度在一定程度上反映身体脂肪含量。以皮褶厚度数值推测身体密度的公式有很多,如日本长岭-铃木公式,美国 Pollock 公式等。选择推测公式应考虑到受试者的年龄、性别、身体形态特点。这种测试方法较易普及,但不够精确,适于较大样本的测试。

常用测定部位:背部肩胛骨下角处的内侧缘,上臂后侧中部(肱三头肌肌腹处),大腿上端前内侧部,髂前上棘(髂嵴上方),腹部,胸部(测男性胸部前腋线与乳头中间位置)等。

测量皮褶厚度的仪器称皮褶测定仪(或皮褶厚度计),用这种测量仪时只是测皮褶的厚度。测量时,用两指提起测量点皮肤,然后用卡尺或体脂钳测出双折皮肤的厚度,即可间接推算出体脂的比例。

常用的简易测定法是测身体两点(背部及上臂部)的皮褶厚度,背部测量部位在右肩胛骨下角的下方,上臂部测量在右上臂肩峰点至桡骨头连线的中点肱三头肌肌腹处。将上述两点皮褶厚度(单位:mm)相加作为 X,然后按受试者年龄查表 7-4 计算其身体密度。

表 7-4　推测体密度的回归方程式(D 为体密度)

年龄	男性
15～18 岁	$D=1.0977-0.00146X$
成人	$D=1.0913-0.00116X$

一般情况下,男性上臂的皮脂厚度为 8～13mm,背部肩胛骨下角的皮脂厚度为 9～16mm,大腿的皮脂厚度为 11～19mm。它们分别与男性正常体脂 15%～20%的比例相对应。倘若男性的体脂高于正常值的 20%,就可以判断为体脂过高。若男性低于正常体脂的 15%,则可判断为消瘦。如果体脂在 5%的最低安全线以下,便可判断为严重消瘦。

5.根据腰臀比(WHR)对上半身或下半身进行肥胖判定的标准

腰围和臀围测量:腰臀比(WHR)=腰围/臀围。

WHR 可评定腹部脂肪的分布情况,与 CT 测得的腹腔内脂肪面积相关。WHR 值高为上半身肥胖,值低为下半身肥胖。评价标准随年龄、性别、人种不同而不同。世界卫生组织推荐的腹部脂肪分布过多的标准:男性 WHR＞1,腰围＞94cm,为肥胖。根据我国国情,专家们提出了新的腰围和腰臀比肥胖评价标准:男性腰围＞85cm,WHR＞0.90 为肥胖。

第二节 成年男性肥胖的调节机制与体重控制原理

正常人体脂肪组织含有300亿～350亿个脂肪细胞，当脂肪细胞的数量和体积增多时，就形成了肥胖。脂肪细胞数量的增加一般在16岁时截止，16岁以后脂肪细胞数量基本不变。因此，成人肥胖是由于脂肪细胞体积增大造成的，儿童少年肥胖除脂肪细胞体积增大外，数目也增多。

一、男性肥胖的原因及其体重调节机制

引起肥胖的主要原因笔者认为大概有如下几点。

(1)遗传性因素，即与先天的遗传有关。它取决于两个因素：脂肪细胞数目的多少和脂肪细胞所含脂肪的大小。

(2)病理性原因，如下丘脑或脑垂体病变等。

(3)生活方式上的原因，主要是吃得多活动少，这是单纯性肥胖的基本原因。

(4)低能量代谢率。1988年美国医生埃里克·劳伍逊证实，有的肥胖者是由于较低的能量代谢率造成的。

(5)在生活中的某些阶段，如脂肪细胞增殖期(在人的一生中，脂肪细胞的增殖、分裂高潮有三次：第一次是胎儿时期，第二次是0～1岁婴儿时期，第三次是青春期)、中年期和更年期，由于内外因素的影响，如果不加注意，特别容易发胖。此外，环境因素、性别、年龄、精神、心理因素等也是导致肥胖不可忽略的因素。

关于导致肥胖的原因，长期以来，众说纷纭，莫衷一是，还有下列一些说法：遗传和内分泌代谢异常，体重调节机制紊乱；脂肪摄入过量；精神紊乱及体内生物化学因素影响所致；吃得好，运动少，贪睡形成；饮食方法错误，进食速度过快，咀嚼次数太少；脊背褐色脂肪细胞机能衰退；血液中缺少三磷酸腺苷酶；高胆固醇摄入；食糖过多，没有用完的原糖由肝合成为中性脂肪储存体内久而久之形成肥胖等。

从营养学角度看，肥胖是营养过剩的表现，是由于能量的供给大于能量的消耗，作为机体燃料的脂肪在体内过剩而储存起来的一种状态。

从医学角度看，肥胖是指脂肪细胞数量增加和脂肪细胞中脂肪储存过剩，身体脂肪过度增多，体重超过正常值的20%以上，并对健康造成了严重的危害的一种超体重状态。

英国伯明翰大学糖尿病和肥胖症研究小组负责人托尼·巴尼特教授说："人们称之为西化，其实是城市化。"城市化带来了生活方式的改变。如肉类饮食增多、汽车使用增加、健身锻炼缺乏等，这些富足的生活方式是造成中国人肥胖的罪魁祸首。

其实，肥胖是多因素作用引起的综合征。其病因相当复杂。肥胖发生的基本原因在于身体能量摄入大于能量消耗，过多的能量以脂肪形式储存。

营养物质能量的吸收、储备和利用构成一个十分复杂的体内平衡系统，从而保持相对恒定的能量储备和体重。下丘脑在调节体重方面起重要作用（图 7－1）。

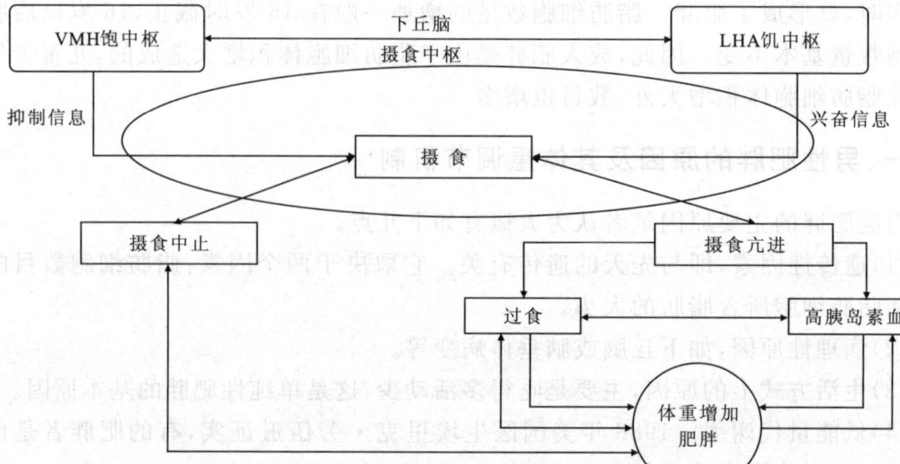

图 7－1 下丘脑在体重调节中的作用

体重调节的体内平衡机制为：如果保持恒定的体脂含量，能量消耗的降低应伴有能量摄入的减少。然而，这种能量平衡和体脂储备量的良好调节只存在于极少数个体。有证据表明，由基因决定的对体重增加和肥胖敏感的个体，能量消耗的降低并不伴有饥饿感下降和饱感的增加。即肥胖者体重平衡调节机制紊乱，使能量摄入高于能量消耗导致肥胖。能量的消耗减少和能量代谢缺陷可能是某些肥胖发生和持续肥胖的基础。身体成分和肥胖的影响因素主要有遗传因素和环境因素两方面。

（一）影响身体成分和肥胖的遗传因素

肥胖在较大程度上由遗传决定，肥胖的遗传度（0.4～0.8）超过其他一般认为较高遗传性的综合征，如神经分裂症、酒精中毒、动脉粥样硬化等。身体脂肪含量、体重指数、局部脂肪分布、能量平衡等均受遗传因素影响。这些遗传因素多为多基因作用，也有主基因作用。近年发现了许多易感基因与肥胖有关。

1.遗传因素对体脂含量、局部脂肪分布和体重指数的影响

遗传学分析认为：体脂百分比的遗传作用大约有 55%，非遗传因素的作用大约为 45%。Bouchard 等人的研究发现，体脂、体重指数在父母和子女的相关性约

为0.2，同胞间的相关约为0.3。随后他们用比较完善的遗传学分析方法——Path分析方法，对1 698人进行调查分析，受试者分别来自409个家庭，包括9种亲属和收养关系，体重指数BMI(经年龄、性别校正)的遗传作用约为35%，其中基因因素只有5%，非遗传因素的作用约65%，而通过水下称重法测出的体脂百分比(经年龄、性别校正)的遗传作用约为55%，其中基因因素为25%，非遗传因素的作用约为45%，从以上分析可看出，体脂量在一定程度上受遗传因素的影响，但其中纯基因因素作用的比例较小。

在肥胖症的研究中还发现，不同个体在长期处于正能量平衡条件下，体脂积累的敏感性存在差异，这种差异受遗传基因的影响。对双生子过度进食的研究发现，100天过度进食后，体重和体脂量显著增加，个体间存在显著差异，且无规律性，而双生子具有显著的对内相似性，对间差异至少是对内差异的3倍，显然过剩能量造成的体重增加或体脂积蓄主要受基因因素影响。此外，实验中还发现，个体间脂肪、瘦组织的平均增加量为2∶1，比率的变化与体重呈正相关，即相对于瘦体重来说，获得脂肪多者，体重增加多，而获得相对多的瘦组织者，体重增加的较少。而这种摄取过剩能量、体重获得的质和量的差异与遗传因素有关。

机体局部脂肪分布与影响人类健康的疾病，如心血管病、糖尿病等密切相关。人体脂肪分布具有家族相似性。Selby等测量173对单卵双生及178对双卵双生子，发现肩胛下皮褶厚度的遗传度是77%，肩胛下和三头肌皮褶厚度的遗传度差异是29%。经BMI校正遗传度减少，但肩胛下皮褶厚度的遗传度仍有显著性。说明遗传因素对人体脂肪分布起重要作用。

2.遗传因素对能量平衡的影响

遗传因素对能量摄入和能量消耗都有影响。能量和营养素的摄入有明显的家族特征。热能摄入父母与子女间有相似性，双生子间也有明显的相似性。但有观点认为，是源于双生子间共同的环境因素影响。研究提示，食物的选择在一定程度受遗传因素影响，碳水化合物、脂肪和蛋白质的摄入比例受遗传因素调节。

能量消耗的三方面都受遗传因素影响。安静代谢率(RMR)占每日能量消耗的60%～70%，双生子研究发现，RMR的基因效果为40%，由于遗传差异，个体氧化脂类和碳水化合物代谢供能的比例不同。显然，这种差异都与肥胖的形成密切相关。部分肥胖者RMR降低。个体间约80%的安静代谢率(RMR)差异是由去脂体重决定，10%是由脂肪含量，血T3和平共处去甲肾上腺素水平决定。RMR家庭遗传，某些情形下，低RMR综合征可能与低血T3和儿茶酚胺水平及β_3-肾上腺素受体多态性有关。

有研究表明，摄入食物后的食物诱导产热的遗传度为40%～60%，父母与子女的相关系数为0.3，双卵双生子为0.35，单卵双生子0.52。肥胖病人摄入食物后的食物诱导产热减少，脂肪组织耗氧量减少。显然，肥胖者存在能量代谢缺陷。

另外，身体活动水平也受遗传因素影响。一般身体活动水平的遗传度达25%～30%。有研究发现，身体活动的热量消耗父母与子女的相关系数为0.12，夫妻为0.28，兄弟姐妹为0.21。

3. 与身体成分控制有关的基因及其产物

目前与肥胖相关的基因研究主要有：瘦素基因、瘦素受体基因、神经肽γ基因、β_3-肾上腺素受体基因、解偶联蛋白基因等。身体成分的控制与肥胖基因有关。如瘦素(Leptin，LEP)基因。人的肥胖基因位于染色体7q31.3，长约为20kb，其编码产物成熟的蛋白质146个氨基酸，以单体形式存在于血液循环，分子量16 000，称瘦素。肥胖基因只在脂肪细胞表达，表达产物瘦素分泌入血，以游离和结合形式运输，通过血脑屏障作用于下丘脑特定核团，调节摄食行为和能量平衡，是脂肪组织与中枢神经系统网络联系的外周信号。

血中瘦素浓度与身体脂肪含量成比例，随体脂水平增加而增加。研究证实，瘦素在啮齿类、哺乳类动物和人类，通过协调摄食行为、代谢、自主神经系统和能量平衡，对脂肪储存起重要作用(图7-2)。

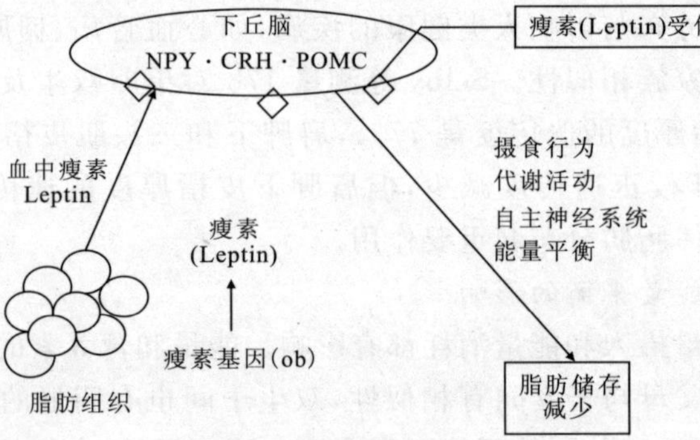

图7-2　瘦素的体重调节作用

有些肥胖动物存在瘦素基因突变，导致瘦素缺乏，而出现肥胖。肥胖者与正常人一样血瘦素浓度与体重指数成正相关，其血中瘦素水平很高，并不缺乏瘦素，其外周和中枢对循环瘦素水平生物反应的敏感性降低，即存在瘦素抵抗。降体重可提高其敏感性。

这里主要讨论单纯性肥胖的原因。单纯性肥胖具有遗传倾向，肥胖者的基因可能存在多种变化或缺陷。基因筛选的研究发现，肥胖相关基因位于2、10、11、20号染色体上，由一个相对庞大的基因组控制，但尚未能够在患者中发现共有的“肥胖基因”。

研究表明，在对双胞胎、领养子女家庭和家系的调查中发现，肥胖具有一定的家族聚集性。还有科学家研究后得出了这样的结论：如双亲均肥胖者，子女中有70%～80%的人表现为肥胖。双亲之一（特别是母亲）为肥胖者，子女中有40%的人较胖。双亲都瘦的，其子女中仅10%的人为肥胖。人群的种族、性别和年龄差异对致肥胖因子的易感性不同。研究表明，遗传因素对肥胖形成的作用约占20%～40%。

遗传因素可以表现在很多方面。如有的是体内缺乏分解脂肪的酶，使脂肪合成占优势；有的人小肠较长，使食物消化吸收充分，摄入较多热能，这些人虽食量不大，但易发胖；遗传还影响人的性格，是否爱运动，易激动；以及代谢特点（如基础代谢率的高低）等，都会影响能量消耗。但遗传变异进程是非常缓慢的，而20世纪后期，肥胖发生率的全球性快速增长提示，肥胖可能不是遗传基因发生显著变化引起的，而主要是人类生活方式、生活环境转变造成的。

（二）影响身体成分和肥胖的环境与生活方式因素

1. 饮食和运动

高能量饮食，过度进食都可致肥胖。最重要的饮食因素之一是饮食的脂肪含量，研究发现，肥胖动物的体脂含量与饮量显著性正相关。高脂饮食比高碳水化合物饮食更易导致肥胖。含大麦和粗粮少，或蔬菜少的饮食也有助于肥胖的发生。另外，嗜甜食、零食及晚餐摄食过多也易于发生肥胖。

饮酒对体脂和体重的研究表明，男性饮酒与体重指数未发现有统计学意义的相关（啤酒除外）。缺乏运动也是发生肥胖的一个重要原因，不仅使能量利用减少，而且肌肉组织出现胰岛素抵抗的可能性增加，造成糖耐量降低，易于发生肥胖。

2. 生活方式、教育水平和社会经济地位

肥胖的发生与生活方式、教育水平和社会经济地位有关。调查发现，看电视时间长，每天看电视时间多于4h者更易肥胖。教育水平和社会经济地位与期望的理想体型、特有的饮食习惯、生活方式都有关，对体重的大小有一定影响。发达国家教育水平低，社会经济地位低者，肥胖的发生率高。

3. 环境因素

经济发展和现代化生活方式对进食模式有很大影响：在中国，随着家庭成员减少、收入增加和购买力提高，食品生产、加工、运输及储藏技术有所改善，可选择的食物品种更丰富。家庭收入增加，在外就餐和购买现成的加工、快餐食品的情况增多，其中不少食品的脂肪含量过高。特别有些人经常参加宴会和聚餐，常过量进食。有的人遇到不顺心的事，常以进食消愁等。

政策、新闻媒体、文化传统以及科教宣传等，对膳食选择和体力活动都会产生很大影响。如电视广告对儿童饮食模式的影响很大，广告主要宣传高脂肪、高能量和高盐的方便食品或快餐食品，会造成对儿童饮食行为的误导。

4. 内分泌异常

肥胖者最明显的内分泌变化是存在高胰岛素血症，胰岛素抵抗。胰岛素抵抗可以造成葡萄糖代谢缺陷和脂质代谢异常。葡萄糖转运进细胞能力下降，脂蛋白酯酶活性降低，极低密度脂蛋白和甘油三酯升高，高密度脂蛋白降低。但这些变化的因果关系目前仍不清楚。

肥胖还与内啡肽(EP)有密切关系。肥胖者血清 β-内啡肽水平明显增高，与体重相关。而且肥胖者体内靶细胞对 β-内啡肽敏感性增加。肥胖儿童血清中 β-内啡肽含量是正常儿童的 2 倍，且分泌的昼夜节律消失，β-内啡肽的分泌处于恒定的高水平。

二、男性发生肥胖的敏感时期

儿童少年肥胖发生的危险期是胎儿后期和出生后第一年(脂肪细胞增殖、长大)、5～7 岁(脂肪重聚)和青春期(生长突增)3 个阶段。

胎儿后期和婴儿期是体重增长的高峰，此期不仅有脂肪细胞体积的增大，还有脂肪细胞数量的增加，是肥胖发生的第一个敏感期，如果胎儿期喂养过度，极易发生肥胖。

5～7 岁是脂肪重聚的年龄，尤其出生时为足月低体重儿，脂肪重聚期最易发生“赶上生长”(Catch - up Growth)，此期脂肪细胞增殖过快，有可能出现成年后的肥胖。流行病学资料显示：脂肪重聚的年龄越提前，成年后发生肥胖的可能性就越大。因此，脂肪重聚期也是一个重要的肥胖干预点。

青春期是青少年肥胖的第三个敏感期，此期出现生长发育突增高峰，各种身体成分都迅速增长，对营养的需求很高。而且，此期第二性征也开始发育，是性激素分泌最多的时期，这段时期如果发生肥胖，有 2/3 可发展成为成年后肥胖。

成年男性肥胖发生的敏感期在 20～44 岁。

三、肥胖的危害与趋势

(一)人体肥胖总的危害

肥胖与超重大多是由于长期能量摄入和能量消耗不平衡所致，这种不平衡主要是摄入过多和体力活动不足。肥胖会导致一系列的并发症，引起的死亡率是正常人的 1～2 倍。英国科学家研究表明，过度肥胖平均减寿 13 年。还有资料显示，肥胖者每减少 1kg 体重可延寿 3 个月以上。

美国癌症协会的资料显示：BMI 与死亡率之间关系密切。BMI 在 22～25 之间，男女的死亡率最低；低于 22 或高于 25，其死亡率都增加；BMI 为 30 时，死亡率明显增加；接近 40 时，死亡率上升的更显著；而低于 20 时，死亡率也增加。有调查表明，没有一个百岁以上的老人是肥胖者。而且几乎所有的研究都发现，中心性肥胖比全身性肥胖具有更高的疾病和死亡危险，即脂肪分布是比肥胖本身对死亡率和相关疾病罹患率更重要的危险因素。

肥胖与一系列的疾病或健康有关。它可以引起高脂血症，即血胆固醇、甘油三酯浓度上升、高密度脂蛋白浓度下降，当胆固醇沉积在冠状动脉内膜生成脂斑层时，动脉管腔变狭窄，就发生冠状动脉粥样硬化性心脏病；它还可以引高血压和非胰岛素依赖型糖尿病（80%的糖尿病患者体重都超重）；肥胖还可导致肾功能异常；肥胖者也容易引起退行性骨关节病；肥胖者患某些癌症的可能性也加大，男性肥胖者患结肠癌和前列腺癌的危险性也明显增加；肥胖者也容易患脂肪肝、中风、胆结石、肾结石、阻塞性睡眠呼吸暂停综合征、痛风、胰腺炎、儿童疾病、皮肤疾病；肥胖还会增加外科手术的危险性、反应缓慢、运动能力下降、分泌及代谢紊乱等；此外，肥胖还会造成各种社会问题和心理障碍，如情绪不稳定、孤僻的性格等。特别是腹部和内脏脂肪含量过多对健康损害最大。

肥胖已成为当今世界人类健康最大的障碍，是大众最为担心的社会性疾病，减轻体重和体脂后，这些疾病可得到较好的控制。

（二）肥胖对成年人的具体危害

（1）肥胖易导致高血压。血压高大都发生在肥胖者身上，高血压可能会导致脑部中风、肾脏退化及心脏器官等不同程度的损伤，肥胖者中间的年轻人（20～30岁）高血压发生率比非肥胖者高出5倍；40～64岁肥胖者高血压发病率增加50%。所以，体重过重且血压高的病人，尤其需要进行适当的控重计划。

（2）肥胖易导致心脏病。当一个人的体重增加时，其心脏就必须更辛勤地工作，以供应氧气和营养物质到身体内的所有器官。所以，体重越重，心脏的负荷量也就越大，肥胖者患心脏病的比率自然也比一般人高。肥胖的中年男性体重超过30%者，猝死和心绞痛的发生率提高4倍。一项研究表明，从2000—2003年，35～64岁死于心血管疾病的人的比例，中国人是22%，美国只有12%，而人们通常认为美国的肥胖问题远比中国严重。

（3）肥胖易导致中风或动脉粥样硬化。过多的血胆固醇、血脂肪堆积于动脉管壁上，将使血管变小，甚至造成血管破裂，进而导致中风或心脏病突发。研究显示，肥胖者发生动脉粥样硬化的几率非常高。脑血管病发生率提高7倍，动脉硬化的发生是普遍现象。

（4）肥胖易导致恶性肿瘤。居于死亡榜首的恶性肿瘤，其中35%就是因为不良的饮食习惯所引起，摄取过多高热量、高脂肪含量的食物，将引发过多的自由基产生，导致正常细胞病变癌细胞。

（5）肥胖易导致肝硬化。肝脏是身体中相当重要的器官之一，长期酗酒或患有糖尿病的人，若过度肥胖，将导致脂肪肝的形成。换言之，过度肥胖者若有持续酗酒的恶习，长期下来，势必引起肝细胞坏死，导致肝硬化。肥胖者中30%～50%的人患有脂肪肝,胆固醇性胆石症为非肥胖者的3倍。

(6)肥胖易导致糖尿病。糖尿病几乎是所有肥胖者的通病,研究指出,肥胖者中间的糖尿病发生率是非肥胖者的4倍。40岁以上的人70%~80%病前有肥胖。糖尿病历中,几乎都是高糖类、高热量的饮食摄入过多所引起。事实上,有70%~85%的糖尿病患者,体重一旦减轻,其病症将随之改善。

(7)肥胖易导致手术困难。肥胖者若是进行麻醉性手术,其危险性将相对提高。肥胖患者手术后伤口不容易愈合。至于哮喘病人,如果过度肥胖施行麻醉性手术的危险程度那就更严重了。

(8)肥胖易导致关节炎。体重过重者,将使身体骨骼无法承受过大重量,进而引起关节肿胀而发炎。肥胖者骨关节病发生率为13%~43%,而骨关节病病人中肥胖者占12%~45%;痛风性关节病人肥胖者占50%。

(9)肥胖易导致意外事故的发生。肥胖者由于身体体积较为笨重,往往需要付出更多的体力才能完成一定量的工作,若再加上反应迟钝,动作不够灵活敏捷的话,发生意外的几率将比常人高出许多。

(三)肥胖对老年人的具体危害

(1)肥胖者容易患老年痴呆症。专家认为,控制体重能避免老年痴呆症,提高老年人的生存质量。老年人70岁以后,肥胖指数(BMI)每增加一个点,患病的危险就会增大36%。65岁以上的人群是老年痴呆症的高危人群。年纪越大,患病的几率越高。65~74岁之间的人群中,有3%的老年痴呆症患者,85岁以上则高达50%。

(2)肥胖者腰围大的老年人易失明。美国研究人员最近发现,老年人的腰围越大,则随着年龄的增加因黄斑退行性改变而患失明的危险也越高。

(3)肥胖会造成了老年人行动的不便,增加了意外事故的发生率。

(4)肥胖还容易导致或诱发老年人多种疾病的发生。如冠心病、高血压、糖尿病、胆石症和脂肪肝等。

(5)肥胖老年人易患动脉硬化,据专家报道,在50~59岁,60~69岁两组人群中,肥胖者动脉硬化发生率分为48.2%和66.7%。

(6)肥胖老年人容易发生腰背痛及膝、髋关节疼痛,痛风及高血脂症的发病率也增高。

(7)肥胖还会导致老年男性患癌症的风险增加。2005年2月3日发表在英国癌症杂志上的一项研究报告说,英国癌症研究中心通过对1930—1960年出生人群中癌症患病率分析发现,人群中总的癌症患病率,男性从1930年出生人群的38.5%上升到1960年出生的53.5%。也就是说,20世纪60年代出生人口癌症患病率已经进入"二选一"或"五五开"时代。

癌症是五大慢性疾病之一,从开始发生发展到临床可检出的肿瘤通常需要几十年的时间，因此有超过60%的癌症的诊断发生在65岁以上老年人(按此推论，如果人们活的足够长的话，大多数人将会在生命的某个时间罹患癌症)。

该研究指出，对于个人而来，所能做的就是通过改变生活方式来预防或者延缓癌症的发生。主要包括戒烟，更多的运动，尽量不(或少)喝酒，杜绝不健康的饮食，保持健康的体重(如超重者应适时减肥)等。因为高脂，高蛋白，高热量，低纤维素，缺乏碘、锌、铜、硒等微量元素和过量饮酒等都与癌症的发生发展有着密切相关。所以，世界癌症研究基金会建议人们以植物性食物为主，包括每天进食不同种类的水果和蔬菜。水果和蔬菜或能降低患癌风险，而且多吃水果和蔬菜的人士一般较少超重。适度进食红肉，如牛肉、猪肉和羊肉，以及避免过量食用加工肉制品，这有利于控制癌症发生，防范可能导致癌症的风险因素。

(四)肥胖的趋势

2014年5月29日，英国《柳叶刀》杂志网站刊登一篇有关肥胖的研究报告：全球如今有1/3的人超重或肥胖。

美国华盛顿大学卫生统计评估研究所分析了1980年至2013年间涵盖188个国家和地区的1 700份调查报告，结果发现，当前，全球约70亿人中有21亿是肥胖者。全球肥胖人口中最多的是美国人，中国的肥胖人口排全球第二。

四、体重控制的原理

1. 保持体重不变的原则

基本原则是“热量平衡”。在实践中应按照“量入为出”和“量出为入”来安排饮食量(能量摄入量)和体力活动量(能量消耗量)。

2. 减轻体重的原则

减轻体重计划应符合能量消耗大于能量摄入的原则。采用的方法有：控制饮食(减少能量的摄入)、增加运动(增加能量消耗)、控制饮食和运动相结合。

运动方面应注意运动量循序渐进，以消耗大量能量的运动为主，但要避免过度疲劳。

饮食方面应注意平衡膳食，减少热量摄入，选择热量低、营养素含量全面的食品。严格限制高热量、高脂肪、高糖类食品的摄入。控制零食的摄入，特别是睡觉前，以及非饥饿状态进食。注意合理安排进食时间。

3. 增加体重的原则

增加体重，特别是增加瘦体重，应从运动、饮食和睡眠等方面采取相应措施，不仅增加摄入量，也要增加运动量，要使机体热量摄入大于机体消耗的热量。使人体蛋白质代谢为正氮平衡。

运动，特别是系统的肌肉力量练习，能够促进骨骼肌蛋白的合成，使肌肉重量增多，体积增大。

配合运动训练，应及时调整饮食，每天进食 4～5 餐，食物选择以易消化吸收、高蛋白、相对高热量为原则，用循序渐进的方式逐步增加各种营养物质的摄入量，饮食量应使机体处于热量正平衡。应控制油脂类食品的摄取，减少患冠心病等疾病的风险，补充适量的维生素和矿物质，保证充足的睡眠。

4. 保持正常体重专家处方

美国专家通过大量医学统计资料提出了一个观点：通过生活方式的两个小改善就可以预防肥胖。

可以通过下面的公式来表达：

2 000 步/天[消耗 837kJ(200kcal)]+少吃 418kJ(100kcal)=不增加体重

中国慢性病控制中心的专家提出的“弥补能量距”方法与美国专家提出的方法相比，该法对生活方式改变更小，更易实施。即每天行走 3～4 站路程，每天少摄入 25g 植物油，或少摄入 12.5g 猪肉，体重就不会增加。这个方法对于那些尚未超重或者已经减重成功的人长期保持正常体重具有可行性。

美国专家提出每天活动消耗 418kJ(100kcal)，少摄入 418kJ(100kcal)，即形成 837kJ(200kcal)的能量距，可以使 90%的人保持正常体重；中国专家提出每天少吃 209kJ(50kcal)、多活动 209kJ(50kcal)，即每天保持 418kJ(100kcal)的能量距就可以使 90%的中国人保持正常体重。虽然看起来每天需保持的能量距数量并不多，但是要长期坚持。

五、减肥与体重控制的“置点”理论

人体具有精确调节自身各种机能的内在系统，身体重量就是这种调节过程的目标之一。每个人的身体重量似乎都存在一个已经设置好了的生理恒量(设置点)，机体将抵抗各种试图增加或减少已设置重量的各种因素，以保持其原有的体重范围。这就是为什么在经过艰苦的增加或减少体重的几个月或数年之后，身体重量又恢复如初的缘故。克服这个“置点”被证明是困难的。仅靠意志去忍受饥饿带来的痛苦是不能有效减肥的。研究证明，减肥—复原—再减肥—再复原的模式最终导致体内“置点”的提高，其结果有可能是超出原有体重。而且更大的副作用在于肌肉组织减少，脂肪组织增加。

燃烧脂肪只能靠运动。要减肥，长期限制饮食有时也可能达到，但要健康、要健美，锻炼才是更重要的生活方式。动力性身体活动能增加肌肉组织和骨质密度，健美体形以及减轻体重。科学研究和健身实践都证明：运动为主，节食为辅(两者结合)是控制体重的最佳方式。而体重的控制(减肥)是一项长期的生活方式。要想达到理想的体重和体脂比例，需要一生保持良好的饮食习惯和坚持体育锻炼。

研究证明，男性降体重后保持每周 3～5 次有氧运动锻炼(每次 35～60min)，以形体的训练为主，辅以科学的饮食方案就可能调低“置点”，使体重减少并保持在较低水平。

如果依靠节食减肥，在最初的24h之内，身体的代谢率就会相应下降5%～20%。这就意味消耗自动减少，而能量储存则自动增加。

长期效应表现在，如果肥大的脂肪细胞萎缩，就会有信号反馈给中枢神经系统，其结果是饮食行为发生变化，强烈的饥饿感促使人们摄入更多的卡路里来恢复体内已设置好的重量。

这简单得就像日常生活中的空调器一样，一旦温度设置完毕，它就通过制冷或制热来保持这一"置点"。长期的持之以恒的运动与科学饮食是调低"置点"的有效方法。

六、减肥的本质及其减肥等式

1. 减肥的本质

任何被吃进体内的食物都含有能量，而要维持人的生命与做任何活动都要消耗能量。从长期来看，当人身体的能量超过消耗的能量时，多余的那一部分没有用到的能量就会慢慢地以脂肪的形式储存在体内，这种状态叫能量的"正平衡"，这时人体会逐步变胖。当摄入身体的能量恰好等于消耗的能量时，这种状态使能量保持平衡，这时人既不会变胖，也不会变瘦。当摄入身体的能量小于消耗的能量时，人体就会动用脂肪这种储存在人体内的能量，消耗脂肪、释放能量，这种状态叫能量"负平衡"，在这个过程中，人就会慢慢的变瘦。这就是世间万物都要遵守的著名的"能量守恒定律"。我们所要做的正确而科学的减肥工作，就是要遵守这条自然规律。限制进入体内的能量，除了通过基础代谢进行消耗以外，还要通过有氧运动的方式来增加能量消耗，使自己处于一种能量负平衡的状态。这就是我们减肥的本质。

何为基础代谢？维持人体最基本的生命活动所消耗的最低限度的能量称作基础代谢。基础代谢消耗能量的速度，称作基础代谢率(BMR)。一般来说，健康成年人BMR为1kcal/(h·kg)，如体重为70kg的人，一昼夜至少消耗大约1 680kcal才能维持生命。基础代谢率女性低于男性，儿童少年最高，老年人最低。

2. 减肥等式

输入的能量－消耗的能量＝(变化的)体重(1kg体重约相当于7 700kcal热量)

这个等式也可以用另一种方式来表达，就是：减掉的体重＝少输入的能量＋多消耗的能量。

简单说来，我们吃进身体的任何物质(除了纯水)都会带入体内一部分能量，你想少带入一些能量自然规律都不会答应，能量进入人体就是这么简单，这是一个无法回避的事实。但是想消耗能量时却不像能量进入体内这么简单了，大量的事实证明想消耗已经进入人体的能量,唯一可行的方式就是运动。运动加限制饮食的减肥方式确实很辛苦,但这就是减肥的等式。然而却有很多人都在梦想既能够每天暴食美味,又不必辛苦流汗、气喘吁吁地去运动,而身上的肥肉却在不断减少。这些都是科学的减肥方法吗?回答是:任何不劳而获的做法都是徒劳的。

第三节　成年男性减肥运动处方指南与瘦身攻略

减体重的运动负荷常根据要减轻的体重数量及速度决定。根据采用减少膳食热能的措施,很多学者提出,每周减体脂 0.4～0.5kg 较适宜;每周减体脂 1kg 在医学上是可以接受的,但不宜超过。每周减 1kg 体脂即相当于亏空 2 094～4 180 kJ/d,每周累计的热能短缺量为 14 630～29 260kJ。具体措施可在一周内进行 3～5 次运动,每次运动最少要持续 20～30min(一般运动 30～60min),有氧运动强度可采用最大心率的 60%～70%(或最大摄氧量的 50%～70%),此种运动量被认为是刺激体脂消耗的"阈值",即每周运动的热能消耗量至少达到 3 762kJ(1kcal＝4.181 55kJ)。

对运动和限制饮食减体重的研究发现,经常进行有氧运动结合饮食结构的改变(减少摄入的能量密度),可有效地减少体脂成分,减轻肥胖。通过或增加身体活动,或两者结合可达到降体脂和体重的目的。重度肥胖的人,在实行长期严格的限制卡路里摄入时,运动所致的体内能量缺失比单纯限制饮食效果好,降体重量多,可保持瘦体重不丢失,运动耐久力增加。

一、运动中脂肪代谢的特点及运动减脂的特殊作用

1. 运动减脂瘦身的特殊作用

(1)增加热能消耗量。

(2)影响安静代谢率及生热作用。

肥胖者单位体重的 24h 能量消耗低于正常人。身体成分发生改变时,RMR 可能随着运动锻炼发生改变,降体脂而瘦体重保持,RMR 会增加,24h 能量消耗也增加。一次运动后耗氧量可持续增高 48h。

(3)使能量消耗和能量摄入准确适应,利于保持脂肪平衡。

长期中等强度的运动,可增加脂肪(碳水化合物)氧化能力,在同等能耗水平工作,有训练者比未训练者脂肪代谢比例增加。

(4)改善心血管、呼吸、消化系统功能,同时保持瘦体重,防止减体脂后的体重反弹。

研究证明,降体重后保持 3 次/周,500cal/次,35～60min 的有氧运动体重反弹

最少。

(5)改善肥胖内分泌失调。

(6)有规律的运动可防止或减轻肥胖合并症,对减轻减肥综合征的某些生物学和行为学特征也有重要作用。

2. 运动中脂肪代谢的特点

(1)动员(分解)较慢。即使是运动水平较高的人也需在持续运动20~40min后才可能动用部分脂肪供能,一般人常在运动2~4h后,体内糖原储备降低的情况下,血浆游离脂肪酸(FFA)才成为收缩肌的主要供能物质,此时血浆FFA才达到峰值水平。

(2)长时间运动后期(如越野跑、马拉松后半程),肌肉氧供应充足,可利用的FFA浓度增加,抑制了肌肉摄取葡萄糖,所以脂肪供能占总能耗的90%左右。

(3)短时间剧烈运动时,脂肪分解受到抑制。因为糖代谢利用增加,血乳酸水平增高,脂肪组织成分分解减少,导致肌肉摄取和利用FFA减少。

总之,脂肪供能特点是随运动持续时间延长而脂肪供能增多(减肥),随运动强度增大而脂肪供能增多减少(长壮)。

二、减肥瘦身运动处方范式要素

(一)减肥运动的形式、内容和方式

用于降低体重的运动应以中等强度(体质差者采用小强度)、较长时间、动力性、并有大肌肉群参与的全身性的有氧运动为主,辅之以肌肉力量训练和柔韧训练(运动形式),如走、跑、游泳、骑车、有氧舞蹈和健身操等,传统健身养生功法和各种球类运动也是上佳选择(内容)。走、跑虽方便易行,但耗时枯燥及下肢负担重;坐位或卧位骑车(采用功量计),下肢不着地,膝关节负担轻,且可调节运动量,并在室内进行,但需设备,且有坐久或卧久后体位不适,还有固定体位运动的热传导差及枯燥等问题;有氧舞蹈及健身操是一种良好的运动,既是全身性活动,又可提高健身者兴趣,易于坚持,但可能需要经费投入(方式)。

此外,身体状况好的练习者还可选择跳绳,每天在进行其他运动的同时跳绳10min,其效果相当于500m健身跑的功效。游泳对减肥也有效果,每周3~4次,每次不少于20min;还有各种球类,游戏和气功等也可能达到减肥的目的。

减肥运动中为什么要进行肌肉力量训练呢?一是修塑健美的形体,完美的身体曲线除力量训练外,别无他法;二是增加和保持瘦体重,本节已提到在节食减去的体重中,肌肉组织占35%~45%,有研究报告,即使是温和的节食减肥也会减少瘦体重的25%;三是肌肉含量增加可提高人安静状态下的代谢率,如果通过力量训练增加了1kg肌肉,在不运动时也会每天多消耗100~200kcal热量,这其中也包括脂肪的消耗。这正是在现代减肥运动处方中,常常首先安排力量练习的缘故。

(二)减肥运动的时间和频率

每次运动持续 30～60min(每次活动能量消耗为 300kcal 左右),每周进行 3～5 次运动,每周至少也要运动 3 次;也可早晚各锻炼一次,减肥者每天坚持运动则效果最佳。建议减肥者每次持续运动时间最好不要少于 40min(水平较高者可达 90min 左右),因为运动中脂肪代谢的特点是动员(分解)较慢,常在运动 2～4h 后,即便是训练水平高的人,在持续运动 20～40min 后才可能动用游离脂肪酸提供热能。美国运动医学研究显示,有氧运动前 15min,由肌糖原供能为主,脂肪供能在运动 15～20min 后才开始,运动 20min 内基本不减脂肪。运动 30～60min 时由糖原和脂肪同时供能,脂肪供能达 40%～70%。运动 60～90min 时,消耗的能量大部分由脂肪提供,脂肪供能所占比例可达 90%以上。故此,减肥者每次持续运动时间不可少于 20min,也不要超过 120min。

关于减肥运动最佳锻炼时间的选择,健身专家有 3 种建议。

(1)一种建议认为,每天下午 4 点至晚上 9 点,即 16～21 时运动为宜,19～20 时最佳。因为晚餐后即 19～20 时锻炼,可以消耗晚饭摄取的能量,防止吃饱后睡觉时能量的堆积,同时消耗掉一天多余的热量。

(2)一种研究证实,晚餐前 2h,即每天的 16～18 时锻炼最佳。有人通过人体实验比较了每天的 16～18 时与 19～20 时这两个时间段的减肥效果,证实晚饭前跑步与晚饭后跑步都有减肥效果,但晚饭前跑步的减肥效果明显好于晚饭后跑步的减肥效果,前者在 60 天内体重指数比后者多下降了 2.66。其机制可能有:第一,晚饭前运动时,会动员脂肪供能,降低了运动对含脂类、糖类食物的食欲,使人们较容易减少能量质的摄入;第二,晚饭前跑步,由于运动负荷的增加,不但提高了身体机能,也有利于睡眠的改善和脂肪的代谢;第三,由于晚饭时间相对延后,使睡眠前的饥饿期相应延迟到睡眠期内,不仅避免了饥饿感的痛苦,还再次动员了脂肪供能。

(3)一种观点认为,早饭前锻炼最佳。因为早饭前锻炼,其消耗的热量约 2/3 来源于脂肪,这是因为人在长达近 10h 活动后(睡觉同样要消耗能量),早上起床后是空腹,体内储存的糖原已被消耗殆尽,运动时无“原料”供应,只有靠分解脂肪供能。所以锻炼效果最好。但注意起床时先喝上一杯温开水和吃少量食品。因为,长期在早晨进行空腹锻炼可能出现下述问题。一是空腹跑步时胃里没有吸收一定的糖分,会因跑步而产生脂肪酸,使胃液分泌旺盛,甚至可能导致胃痛和十二指肠溃疡;二是空腹跑步不仅会增加心脏和肝脏负担,而且极易引发心律不齐,导致猝死,尤其 50 岁以上的中老年人,由于利用机体内游离脂肪酸的能力比年轻人低得多,因此发生意外的可能性更大;三是可能导致结石病和低血糖。故建议早晨锻炼不可起得太早,早餐时间也不宜晚于 8:30。

总之,晚饭或早饭前跑步可使减肥进入良性循环状态,既增加了运动量(即能量的消耗)，又减少了能量物质的摄入，所以减肥效果更好。但有研究证实，不论早上或晚上锻炼，其消耗的能量是一样的。

(三)减肥运动的强度

运动强度是运动处方的四要素(其他三要素是运动形式、时间、频率)中最重要的一个因素。一般用运动中的心率反映运动的强度，准确测量10s的脉搏乘以6即代表运动中的每分钟心率。在有氧运动中，减肥运动的强度应为最大吸氧量(VO_2 max)的50%～70%或最大靶心率的60%～70%(青少年人可达75%)。在此负荷强度范围内运动，脂肪氧化的绝对速率处于理想状态。即此时脂肪燃烧最快。因为运动过程中运动强度的不同，机体的供能方式是不同的。一般来说，大强度运动时是以磷酸原和糖的无氧酵解供能，中低强度运动时是以糖和脂肪的有氧氧化供能，而且运动时间越长脂肪参与供能的比例越大。减肥的目的是为了减少体内脂肪的含量，因此减肥运动应该选择中等强度(50%～70%最大心率)的有氧运动。通过实验发现，能强身健体的合理运动负荷是本人最大运动心率值的65%～85%之间(减肥者为最大心率的60%～70%)。

近年来，美国运动医学会与美国疾病预防控制中心(CDC)联合推出了一个新方案，采用的是3～6梅脱(METs)的运动强度(梅脱是另一种计量单位，即在1min内每公斤体重耗氧3.5mL就是1梅脱)，3～6METs相当于40%～75%最大心率，每次运动30min，每周运动7次。这种低强度的运动负荷更易于被肥胖者接受和坚持。

研究证明，持续运动30～60min，用最大靶心率的50%的负荷强度锻炼，每分钟可燃烧7kcal热量，且90%的热量来自脂肪；而用最大靶心率的75%的负荷强度锻炼，每分钟可燃烧14kcal热量，约60%的热量来自脂肪。可见低强度长时间的有氧运动更有利于减肥。

(四)减肥运动要进行适宜的力量训练

减肥运动过程中除了进行大量的有氧运动外，还要进行一定的力量训练。力量练习可以增加肌肉的体积和重量，由于肌肉组织安静时的代谢水平大大高于脂肪组织，因此肌肉组织的增加可以提高安静代谢率，从而增加能量消耗达到减肥的目的。对于力量训练，每周应进行2～3次6～8组大肌肉群的运动，每组运动以举起重量重复12～15次为宜(减肥者亦可适当减轻重量而增加次数)。每次训练还应加强局部肥胖部位例如腹部肌肉的重点练习，次数当然多多益善。

(五)运动减肥注意事项

(1)有氧运动为主。

(2)持续较长时间。

(3)保持经常地运动或活动，力争每天都安排运动。

(4)一般采取增加运动和控制饮食相结合的方法减肥,其中50%由运动减肥法解决,其余50%采用饮食减肥法。

(5)提高强度应循序渐进。

(6)出现以下症状,应立即停止运动:①心跳异常,如心率比平时运动时明显加快、心律不齐、心悸、心慌、心率快而后突然减慢等;②运动中、运动后即刻出现胸痛、上臂或咽喉部疼痛或沉重感;③特别眩晕或轻度头痛、意识紊乱、出冷汗或晕厥;④严重气短;⑤身体任何一部分突然疼痛或麻木;⑥暂时性失明或失语。

(六)不同减肥方法对机体的影响

采用运动措施结合减少膳食的热能摄入量减体重有很多优点。例如,在增加运动量后使热能的消耗量增加,即可使膳食热能的限制减少。此外,运动可使瘦体重增加、心血管机能改善、胰岛素的敏感性提高以及对心理和精神产生良好的影响,并可免除单纯采用限制饮食减肥所引起的代谢合并症及副作用(表7-5)。有研究证明,在只是单独限制饮食降低体重时,减少的体重当中35%~45%是瘦体重而不是脂肪的重量。看来,要降低体重(减肥),限制饮食也可达到,但要健康、要健美,锻炼才是更重要的生活方式。结论只有一个,运动为主,节食为辅(两者结合)是降低体重的最佳方式。燃烧脂肪只能靠运动。

表7-5 不同减体重措施的比较

观察指标	单纯控制饮食减体重	运动+少量限制膳食
心脏血管呼吸机能	减弱	改善
营养缺乏情况	容易发生	一般不会发生
瘦体重	减少	增加或保持
体脂	少量减少	减少较多
胰岛素敏感度	—	提高
生热作用	减少	增加或不变
生理及精神状态	压力大	改善
体力	下降,无氧工作能力降低	肌肉工作能力改善,耐力提高,肌肉力量增加
副作用	可发生代谢紊乱	一般无副作用
减体重计划	不易坚持,效果不持久	容易执行和坚持

三、美国运动医学院减肥和维持体重锻炼处方指南

仅仅在过去20年中,医疗界才认识到锻炼在体重控制中的关键作用。1991年,美国一本具有高度权威性的医疗参考书《哈里森氏内科医学原理》(*Harrison's*

Principles of Internal Medicine)中声明：锻炼是降低体重时能量消耗的良好途径，锻炼应当在任何减肥程序中占据一席之地，将规律性的锻炼整合入减肥程序中，会增加患者维持降低后体重的机会。

锻炼的目的是促进力量、肌肉耐力、柔韧性、心脏和呼吸系统耐力，维持或改善瘦体质，并提高运动技巧。这些体能要素中的任何一种或全部，都会促进情感上和心理上的健康。锻炼可以按照其模式、频次、持续时间和强度来描述。在设计促进体重下降的有效锻炼程序的时候，以上每个变量都应当考虑进去。美国运动医学院提出了以下一些目的在于减肥和维持体重锻炼处方的指南。

1. 处方指南要点

(1)目标增加能量支出。

(2)方式第一选择是步行(笔者建议，身体较好者也可选择慢跑)。替换方式包括爬阶梯、骑自行车以及水中运动等。

(3)强度应当是目标心率范围的低限，即 VO_2 的 50%～60%。

(4)持续时间一段锻炼足以消耗 836～1 254kJ 能量。

(5)频次至少一周 3 次。

2. 肥胖者锻炼注意事项

(1)避免关节承受过大压力。

(2)选择不会带来社会歧视的场所。

(3)监控肌肉疼痛的程度和其他运动伤害问题。

由于肥胖者受到运动伤害的相对风险较大，建议多数人维持较低的运动强度和较长的运动时间，以达到能量消耗 836～1 254kJ 的目标。鼓励进行交叉训练(轮换使用各种锻炼方式)。这样可以预防运动伤害，同时可以促进更高的能量消耗，达到每次 1 254～2 090kJ 能耗，或每周 4 180～8 360kJ。

许多肥胖者长期习惯于静态生活方式，许多人过去没有什么锻炼经历。除要进行适应锻炼的医疗检查之外，肥胖者在运动专家监护下开始锻炼程序是比较理想的做法。或是参加有指导的集体锻炼，或是由一个有经验的个人教练监护。在这样的监护之下，过去的不利经历可以被克服，而现实的力量和兴趣能够被激发出来。此外，肥胖者的需求和目标可以通过锻炼项目来调试，以达到长期的体重管理目标，达到将运动整合入健康生活方式的最终目标。

四、美国运动医学院倡导的最佳减肥方法指导

控制饮食与体育锻炼相结合是降低体重的最佳方法。

20 世纪 70 年代早期所做的科学研究证实，超重或肥胖者的身体脂肪比例可以通过锻炼得到改善，而无须同时节制能量摄入。脂肪的减少量通常并不很大，而且要在相当低强度锻炼之后才会发生。从历史上来说，正如美国运动医学院所提

倡的那样，一直建议肥胖者采用低强度和长时间锻炼。提倡这样的程序是因为：这样做既安全，又能比高强度运动时消耗更大比例的脂肪能源。Tremblay 及其他人对低强度锻炼促进脂肪消耗的说法提出了质疑。他们发现，一直不喜欢锻炼的瘦人在完成 15 周的高强度间歇锻炼程序之后，其皮下脂肪的消耗比对照组中完成 20 周中强度长时间锻炼程序的人更大。尽管较长时间的耐力锻炼所需的能量是短的间隔锻炼程序的 2 倍，而且前者是按照预想中最有利于脂肪消耗的方式设计的，但是后者的脂肪消耗显然更大。根据动物模型和从前人体上的类似研究，高强度的锻炼对于运动后一段时间内脂肪的利用具有促进效应，因而引起更强的全身脂肪利用效应。从临床上来说，他们提醒其他人在为不习惯运动的肥胖者安排高强度锻炼时要格外谨慎。在这种情况下，使用低强度的锻炼是最为安全的。然而，随着患者的体能水平不断提高，可以用更激烈的锻炼来替代低强度锻炼，以促进脂肪的利用和进一步增加。

设计锻炼和节食程序促进体重降低的时候，必须将锻炼和膳食选择与个人状况相匹配，包括体力状况、经济限制、减肥动机水平、目前疾病状况、过去减肥历史、当前目标等。开始必须花大量时间来协商决定行动的最佳途径。信任（患者方）和能力（指导方）基础上的伙伴关系可以促进形成情感上和身体上都健康的生活方式。

五、防止肥胖的“综合治理”策略

（一）防肥胖为什么要“综合治理”

肥胖症可以划分为两大类：单纯性肥胖，由非疾病所引起；因疾病诱发的称之为继发性肥胖，如下丘脑性肥胖、内分泌性肥胖、柯兴氏（Cushing’s）综合症。

随着生活水平，尤其是饮食结构的变化与提高，肥胖同时患内分泌疾病的人数逐渐增加，尤其在中老年人群里特别明显。饮食结构的改变，主要如工业饲料、生长激素类喂养的家禽和动物肉类的不加节制的摄入，在直接使人体肥胖的同时，造成了体内激素——内分泌腺体的平衡紊乱。因为激素是调节人体代谢（如水盐代谢、钙磷代谢、多种物质代谢等）的最重要物质，其作用很广泛，哪里有受体，激素就会在哪里发生作用。而内分泌正是研究激素对人体组织和器官的影响，因此由肥胖所导致的内分泌疾病和激素的分泌异常有密切的关系。以往对内分泌的研究，仅局限在几个内分泌腺体，如甲状腺、肾上腺。而如今发现，内分泌不仅受神经系统、情绪智商的控制，同时很多自身免疫性疾病也会造成内分泌腺体的异常。所以，我们在面对肥胖症，尤其是非单纯性肥胖症者不断增多的现代文明社会里，中西医学在诊治分析各个肥胖病例中，大多采取“综合治理”多元视角的思辨模式，作出肥胖个体的特异性对症治疗。

(二)树立"综合治理"肥胖的新理念

在防治肥胖——内分泌疾病的中西医学研究中，如何加强自我防范、保健意识与观念的转变，是很重要的。肥胖是一组病因复杂的全身性疾病，要想拥有一身轻盈敏捷的标准体重与健美的体型，必须树立"综合治理"减肥健美的新观念，这些观念包括：①环境毒的观念；②饮食毒，病从口入的观念；③野外运动，吸入天地真气的中医"天人合一"观念；④绿色居住、绿色饮食，节制高脂肪肉食摄入的饮食观念；⑤人体要不断地排污的观念。

简而言之，面对我们这个污染的世界，在紧张高节奏的现代都市生活里，要利用有限空间与时间，利用工作间隙，走向大自然怀抱，走进阳光，奔向海滨与高山，进行多种体育健身减肥运动。节制饮食，尤其要少吃或不吃含有色素的烧烤肉食品，多摄入无公害的绿色果蔬，如红白萝卜、野水芹、芦笋、苦瓜、猕猴桃这一类防癌抗肥胖的素食。还提倡每日多饮优质矿泉水，如美国保健医学专家所倡导的每日喝水 15 杯的健身防癌排毒的新观念。

六、定量运动与饮食控制减肥处方范例

(一)热量消耗定量运动减肥处方范例

1. 运动强度

运动能力(E.C.)：2.8～4METs。

靶心率(THR)：锻炼时心率保持在 76～109 次/分，或 78～108 次/分。

低于这个强度，锻炼效果不佳；超过这个强度，有可能会出现一些意外情况给身体造成损伤。

2. 锻炼项目

(1)周期性有氧运动。健身功率车，功率为 21～55W；平地走/跑，对您适合的走跑时间，速度为 4.5～5.5km/h，或 75～92m/min，或每 400m　4.35～5.33min。

(2)其他锻炼项目。骑自行车、划船等不负担自身体重的项目，并配合力量练习。

3. 锻炼时间

每次 43～63min。

4. 锻炼次数

1 次/天；锻炼时间如果大于每次 40min，开始阶段不能坚持长时间活动，可采用 2 次/天，锻炼时间÷2/次。

5. 热量消耗

按照运动处方锻炼，每次活动可以增加热量消耗 257kcal；每月可增加热量消耗约 7 700kcal(实际 7 710kcal)，相当于减少脂肪 1kg。

(二)饮食控制定量减肥处方范例

减脂目标:通过饮食控制每月减轻 1kg 体重。

饮食控制:每日少摄入 257kcal 热量的食物,每月可减少热量摄入约 7 700kcal(实际 7 710kcal),相当于减少脂肪 1kg。

根据饮食控制处方中提示的一日应当减少 257kcal 热量的食物。减肥者可参照表 7-6,合理选择并确定应当在自己的食谱中去掉哪些食品,方可达到饮食控制的目标。

运动与节食减肥注意以下事项。

(1)制订减肥计划,严格按计划减肥,不能急于求成,也不能存侥幸心理。

(2)要有信心、恒心、决心,不能半途而废。

(3)不能盲目增加运动量,应该严格控制运动强度。

(4)节食减肥要注意无机盐、水、维生素及蛋白质(必需)的补充。

表 7-6 不同食物的热量计算参数简表

类别	食物名称	食用量	可食重量(g)	发热量(kcal)
主食	大米	100g	100	346
	米饭	100g(熟重)	100	117
	米饭	50g 米/碗	142	166
	面粉	100g	100	350
	切面	100g	100	285
	方便面	100g	100	472
	挂面	100g	100	347
	馒头	100g(熟重)	100	208
	馒头	100g 面/个	140	291
	烙饼	100g(熟重)	100	244
	烙饼	100g 面/块	100	342
	油条	100g(熟重)	100	386
	油条	50g 面/根	80	309
	小米	100g	100	362
	鲜玉米	100g	66	129
	玉米面	100g	100	353
	窝头	100g(熟重)	100	191
	窝头	100g 玉米面/个	180	344
	面包	100g	100	312
畜肉	火腿肠	100g	100	212
	牛肉	100g	100	190
	午餐肉	100g	100	229
	羊肉	100g	90	178
	猪肉	100g	100	395

续表 7-6

类别	食物名称	食用量	可食重量(g)	发热量(kcal)
禽肉	鸡	100g	66	110
	鸭	100g	68	163
	肯德基	100g(熟重)	70	195
乳类	牛乳	1袋	250	135
	全脂奶粉	100g	100	478
	酸奶	1瓶	200	144
	脱脂奶粉	100g	100	423
蛋类	鸡蛋	1个(16个/kg)	55	86
	咸鸭蛋	1个(12个/kg)	72	139
鱼类	草鱼	100g	58	65
	带鱼	100g	76	97
	鲫鱼	100g	54	58
	鲤鱼	100g	54	59
油脂类	色拉油	50g	50	449
	芝麻油	50g	50	449
	猪油	50g	50	449
糖	白糖	50g	50	198
	奶糖	50g	50	204
其他	巧克力	50g	50	293
	饼干	50g	50	217
	冰淇淋	1杯	50	94
	雪糕	1杯	60	95
	啤酒	1杯	350	109

(5)运动项目宜多样化,一般 2～3 个项目结合起来。

(6)运动中有明显不适,应及时由运动处方指导者复查,重新进行机能评定,重新开运动处方。

(7)强调安全有效,以安全为首要因素。

【术语提示】

功能能力:简称 F. C. (Functional Capacity),单位是梅脱 METs。是指人体在尽力活动时,所能达到的最大梅脱值。

运动能力:简称 E. C. (Exercise Capacity),单位是梅脱 METs。是指人体在进行运动锻炼时,所应达到并应该保持的运动强度。它是由 F. C. 计算得来的。

靶心率:简写为 THR(Target Heart Rate),是指人体在进行运动锻炼时,所应达到并应保持的心率。它是按照 F. C. 的水平来确定的。

运动强度:就是在单位时间内完成的运动量。运动强度可用最大吸氧量、心率、功率、速度(m/s)等表示。由于运动强度对锻炼者的机体影响最大,因此,它的安排合理与否是影响运动处方效果的关键。

METs：Metabolic Equivalent of Energy 的缩写，意译为“能量代谢当量”，音译为“梅脱”。它的定义是每公斤体重，从事 1min 活动，消耗 3.5mL 的氧，其运动强度为 1 METs。

第四节　成年男性肥胖者的个性化运动瘦身攻略

一、青年男性肥胖者瘦身运动处方范式

1. 运动目的

(1)改善内分泌系统功能，使神经-体液调节和激素调节趋于正常。

(2)通过有氧运动提高机体有氧代谢能力，提高物质代谢、能量代谢水平、促进脂肪氧化利用，降低摄食效率。

(3)改善新陈代谢紊乱，缓解高胰岛素血症，增加胰岛素的敏感性。调节碳水化合物和脂肪代谢的过程，使之达到机能稳态有序化。

(4)改善心血管系统和呼吸系统机能，提高心肺功能，提高身体整体有氧代谢工作能力，增强体质。

(5)改善体形体态，维持理想体重。

2. 运动种类与方法

肥胖者的康复体育运动种类选择必须强调有氧运动。在有氧运动范围内进行身体的全面锻炼，通常包括全身性的有氧耐力运动、低强度的肌肉力量练习、舒缓柔和的柔韧性练习等。

(1)中、低强度有氧耐力运动：此类运动为有氧供能，是减肥最为适宜的运动形式，一般指步行、跑步、骑自行车、游泳、划船等大肌群参加的长时间运动。慢速长跑是消耗热量最多、减肥见效最快的项目。以长跑为例，可具体制订为速度 100～130m/min，持续时间 0.5～1h，距离为 5～7km，每日 1 次；也可以 80～100m/min 的速度，一日内分次完成数百米至 2 000m 的步行。其他周期性有氧耐力运动可参考定量。功率自行车运动可采用 300～600kg/m，每分钟 50～70 转的强度，持续 20～60min 的练习，每日 1～2 次。

(2)低强度的肌肉力量练习：这种形式的运动是通过锻炼身体某一部分的肌肉，消耗局部脂肪，增强肌力，矫治肥胖。主要进行四肢大肌群、躯干及腹肌的局部运动。此外，还有以这些动作为基础编排的各种减肥操。例如，减少肩部及胸部脂肪的哑铃操，各种形体锻炼的韵律操、健美操、健美舞、武术等。减肥运动处方的运动量与参加动作的肌群大小、运动的用力程度、运动节奏的快慢、运动的体位等因素有关。进行力量性运动时，运动量可以以肌肉适度疲劳为度。

(3)传统健身养生法:主要有养生气功、太极剑、太极拳、八段锦、瑜伽等。

(4)各种球类运动:此类运动为综合性全身肌肉运动,对于发展全身协调性、灵活性,增加运动兴趣等非常有益,亦可收到较好的减肥效果。依个人情况可分别选用乒乓球、羽毛球、排球、篮球等运动。

3. 运动强度

减体重的运动量,通常根据要减轻体重的数量及减重速度决定。许多学者提出,每周减轻体重0.45kg较适宜,每周减轻体重0.9kg为可接受的上限,但不宜超过此限度,约相当日亏空能量500~1 000kcal。每周累计的热能短缺量为3 500~7 000kcal。要求运动强度为刺激体脂消耗的"阈值",即50%~85%VO_2 max或60%~70%HR_{max},相应心率为110~150次/分。

4. 运动时间

每次中等强度的有氧耐力运动应持续30~60min,其中达到适宜心率的时间必须在30~40min以上,持续40min以上效果会更好。

在计算运动持续时间时,还有两点必须注意:一是运动持续时间的增加必须循序渐进;二是在进行间歇性运动时,运动持续时间的计算应扣除间歇休息时间。

5. 运动频度

减肥运动应每日有规律地进行,每周运动3~4次。

6. 注意事项

(1)减肥运动不能急于求成,要有持之以恒、长期坚持的决心,运动强度不要太大,但时间要尽可能地长。持续1h以上最好。

(2)运动应与饮食控制相结合。

(3)运动量由小到大,循序渐进,身体适应了运动以后要逐渐加量,主要是延长运动时间。

(4)如果因某些原因不能坚持运动,停止减肥运动要防止身体出现一时性反跳现象,应通过一段时间(约3周左右)的逐渐减量(如减少每天运动的时间,或减少每周运动的次数等),同时还要与严格控制饮食相结合。

二、中老年男性肥胖者减脂运动处方范式

中老年男性(包括青年男性)肥胖的预防和治疗需要采取饮食控制、适量运动、纠正不良生活方式和必要时的药物治疗的综合措施。由于人不可能终生依赖药物来管理或控制体重,饮食控制结合适量运动是公认的最佳方案。

1. 运动类型

有氧运动,即有节奏的低阻力动力型运动,如步行、慢跑、骑自行车、跳绳、跳舞、游泳、爬山、各种球类活动等。这种大肌肉群参与的动力型节律性运动是目前普遍认为有效的减肥运动。在选择具体运动项目时应根据个人兴趣和健康状况而

区别对待。其原则为:根据个人的身体健康情况,选择个人喜欢、有兴趣的项目,而且最好是能够终生都可以坚持下去的运动项目。

2. 运动强度

中低强度,50%～70% VO_2 max,3～6METs,相当于最大心率的60%～70%;自觉疲劳程度为有一点累或稍累。美国疾病预防控制中心(CDC)与美国运动医学学会(ACSM)联合推荐的减肥运动方案:3～6METs,30min/次,7次/周,减肥效果较好。

3. 运动时间和频率

运动时间为:30～60min/d(最少也应保持每次运动20～40min)。一天的运动时间可以累加,但每次运动应在15～20min以上,才能达到减少身体脂肪的目的。运动频率为:3～5次/周,最好1次/天。运动效益必须累计达到一定量才能发挥其效应。

4. 适量的力量训练和伸展运动

2～3次/周,10～15分/次,以增加肌肉重量和机体柔韧性,培养不易肥胖的体质。

5. 局部(腹部)运动

在全身有氧运动的基础上,针对某些局部肥胖部位,例如腹部肥胖,增加锻炼腹肌的运动,如仰卧起坐、仰卧抬腿、腹部按摩等,1～2次/天,2～3组/次,15次/组或以上。

6. 运动减肥的注意事项

由于中老年肥胖者易并发其他合并症,因此,进行运动减肥时应注意以下几点。

(1)运动前应先进行身体检查,尤其是心血管系统的检查。根据个人的运动、呼吸、循环系统功能状况及其体质情况,选择适宜的运动项目及运动量。

(2)注意积极处理合并症,如关节炎、腰痛、哮喘、高血压、糖尿病、心脏病、阻塞性睡眠暂停综合征等。

(3)出现下列症状应停止运动:心跳不正常(心跳不规则、心悸、快脉搏突然变慢),胸部、上臂或咽喉部突然疼痛或沉重;特别眩晕或轻度头痛、意识紊乱、出冷汗、晕厥;严重气短;身体任何一部分突然疼痛或麻木;上腹部疼痛或"烧心";一时失明或失语。

总之,控制肥胖只有在实施膳食治疗的同时辅助以体力活动、行为疗法等其他方法,才能取得良好的效果。

三、活动跑台减肥运动处方范式

1. 项目简介

活动跑台与跑步机、功率自行车一样,是一种较为新颖的健身器材。随着科学技术的发达，各类健身器材已经达到了电脑化的程度，健身者可以利用电脑随即设计个性化的健身方案，进行有针对性的运动，在运动过程中屏幕可以显示各种信息，如监控的靶心率、持续时间、跑动速度、运动距离、坡度、能耗量等。另外，简易式跑台也进入了寻常百姓家，健身者可以一边看电视、聊天，一边进行锻炼。

2. 运动特点

在跑台上进行匀速的、较长时间的、中低运动强度的练习，以达到减肥去脂的目的。同时，跑台运动对人体的心肺功能、腿、臀、腰、腹肌肉力量与耐力素质都有很好的强化作用。活动跑台也可作为准老年人运动能力强化、弱体质以及下肢伤者的功能康复锻炼器械。

3. 适应人群

青少年肥胖症、单纯性肥胖者、体质测定皮下脂肪厚度超标者。弱体质、慢性病者，最好能够在医生或运动医学专家的指导下进行锻炼。心脑器官实质性病变者禁忌。

4. 运动强度

有氧运动为主的练习，中、低运动强度，运动心率在 120～130 次/分(表7－7)。

表 7－7　运动时间与强度的组合　(单位:%)

时间(min)	低强度训练	中强度训练	大强度训练
5	70	80	90
10	65	75	85
15	60	70	80
30	50	60	70
60	40	50	60

注:表中的强度是指最大吸氧量的百分数。

5. 运动频率

每周 5～7 次，每次 1～2 组，每次 45～60min。

6. 辅助运动

各类规格的跑步机、跑步器、慢跑车、健步器、踏步器、功率自行车、跳舞毯、健身慢跑、原地跑、跳绳、有氧操、健身舞、羽毛球、乒乓球、游泳等。

7. 注意事项

运动开始时，心率要求可以稍微低一些，控制在 100～110 次/分，等待身体逐渐适应后，内脏器官功能逐渐跟上后，运动状态持续稳定后再适量提高、增递运动负荷。一般来说，运动时间不少于 30min，每周 3～4 次。随着体能水平的提高，可适当地延长运动时间，增加运动次数，但是不增加运动强度。青少年减肥的最高运动心率不宜超过 150 次/分，运动时间不少于 40min。

四、器械体操抗阻练习减肥运动处方范例

(1)适应人群:青少年肥胖症、单纯性肥胖者、皮下脂肪厚度超标者、运动不足或不爱运动者。

(2)运动强度:中等偏低的运动强度。有氧代谢为主。

(3)运动频率:每周4～6次,每次1～2套,酌情增加或减少每节操的重复次数,或每次活动30～45min。

(4)辅助运动:增加户外活动次数和活动量,增加辅助性减肥活动项目;提倡平衡膳食结构,控制营养总量,改变摄入过多的饮食习惯。

(5)注意事项:减去零食是保证减肥成功的一个关键环节。

(6)效果评价:身体活动的有效性在于周身开始潮热,等待身体开始发热、微微出汗后,应该继续运动并保持这种状态5～10min。需要指出的是,任何有氧运动、减肥瘦身绝非应该让人疲劳之竭、大汗淋漓的状态。减肥锻炼计划见表7-8。

表7-8 减肥锻炼计划示例(以一次练习为例)

序号	运动名称	主要练习部位	组数、强度和次数
1	准备活动	身体各关节活动	8～10min
2	有氧健美操	去脂减肥	45～60min
3	平卧推举	胸部锻炼	$\frac{60\%～70\%强度}{20～25次}$×3组
4	俯卧划船	背部锻炼	$\frac{65\%～70\%强度}{20～25次}$×3组
5	负重体侧屈	腰部锻炼	$\frac{60\%～70\%强度}{20～25次}$×3组
6	负重提踵	小腿锻炼	$\frac{60\%～70\%强度}{20～25次}$×3组
7	仰卧举腿	腹部锻炼	25～30次×3组
8	整理活动	放松肌肉	5～8min

五、不同肥胖程度和疾病症的减肥运动处方案例

(一)轻度肥胖的减肥运动处方案例

秦先生,男,38岁,身高174.5cm,体重78.4kg,体重指数25.7,属轻度肥胖。但是,秦先生的肥胖程度还在进展,且他的腰臀比达92.8(上半身肥胖明显),需要通过运动来减肥。运动计划见表7-9所示。

1. 运动目的

(1)减轻体重5kg,控制肥胖,减小腰臀比。

(2)提高心肺功能,预防心血管疾病。

2. 运动项目

健身走。

3. 运动周期

运动起始阶段 2 周,正式阶段 10 周,共 12 周。从第 13 周起为后运动阶段,即为保持体重阶段,防止体重的反弹。

4. 运动强度与运动时间

(1)步行速度 5.0km/h,每次运动消耗 1 600~2 000kJ 热能。

(2)运动起始阶段 2 周,起始运动强度为心率 132 次/分(60%心率储备)。秦先生的最大心率=220-38=182 次/分,最小心率为 70 次/分,心率储备=182-70=112 次/分,运动强度达 60%心率储备时,其运动平均心率=心率储备×60%+最小心率=60%×112+70=132 次/分。正式运动时间从 30min 逐渐增加到 55min。

表 7-9 男性轻度肥胖减肥运动处方

运动天数	第 1~2 天	第 3~6 天	第 7~10 天	第 11~14 天	第 3~12 周	第 13 周起
运动阶段	起始阶段				正式阶段	后运动阶段
热身运动(min)	5	5	5	5	5	5
有氧运动(min)	30	40	50	55	60	50
整理运动(min)	5	5	10	10	10	10
运动持续时间(min)	40	50	65	70	75	65
步行速度(km/h)	3.5	4.0	4.0	4.5	5.0~5.5	4.5~5.0
运动强度(心率储备百分数)	60	65	70	70	75	65~70

(3)运动正式阶段 10 周,基本运动时间为每次 60min(不含热身、整理 15min),运动强度为 75%心率储备,平均心率达 154 次/分。

(4)后运动阶段从 13 周起,基本运动时间可减到 50min,运动强度保持心率储备 65%~70%之间。

5. 运动频度

前 12 周每周运动 4 次,从第 13 周开始可减少到每周 3 次。

6. 注意事项

(1)有氧锻炼的目的是通过热能消耗,促进体内脂肪分解,使体重真正减轻。适宜的减重速度是每周 0.5~0.6kg,相当于耗能 6 400~8 000kJ,分 4 次完成,每次平均耗能 1 600~2 000kJ。但是,这种耗能过程只有在持续的有氧运动中才能实现，不能理解为随便锻炼一次，就能减轻体重 0.1kg 左右。

(2)减肥者每次运动的热能消耗(kJ)＝体重(kg)×运动时间(h)＝76×22×(75/60)≈2 090kJ。可见秦先生通过每周 4 次不间断的有氧运动，足可实现每周减重 0.5kg 的目标。式中体重取的是秦先生减重过程的中间值；单位体重热能消耗 24kJ/kg，需要秦先生的步行速度达到 5.0km/h；换言之，秦先生的运动速度如果更快，其单位热能消耗还将更多。式中的(75/60)，是指他在 60min 正式运动后，体内有氧活动并不立即停止，还将持续 15min 左右。如果有氧运动少于 50min，这段时间不能加。

(3)运动起始阶段，正式运动时间开始只有 30min。其后通过两周循序渐进的提高，逐步具有有氧运动条件。秦先生不能指望最初两周内就开始减重，但他作为一名肥胖者必须有一个适应过程，否则不仅容易过度疲劳或出现意外事故，还常会因为无法坚持半途而废。

(4)增强腰腹肌为中心做健身操，以减少腰臀比。锻炼期间应合理控制饮食，摄入热量控制在锻炼前的 80%左右，减少糖、油脂摄入，增加蔬菜和水果，增加食物的数量和体积，减轻饥饿感。

(5)达到减肥目标后还要进行“后运动阶段”锻炼，防止体重反弹。

(二)重度肥胖的减肥运动处方案例

全先生，31 岁，身高 178.4cm、体重 96.0kg，体重指数 30.2，重度单纯性肥胖。运动计划如表 7-10 所示。

表 7-10　男性重度肥胖减肥运动处方

运动天数	第 1 周	第 2 周	第 3～4 周	第 5～6 周	第 7～16 周	第 17～28 周	第 29～40 周	第 43 周起
运动阶段	起始阶段				第 1 阶段	第 2 阶段	第 3 阶段	后运动阶段
热身运动(min)	8	8	10	10	10	10	10	8
有氧运动(min)	20	25	30	40	50	55	60	40
整理运动(min)	12	12	15	15	15	15	15	12
运动持续时间(min)	40	45	55	65	75	80	85	60
步行速度(km/h)	2.0	2.5	3.0	3.0	3.5	4.0	4.5	4.0
运动强度(心率储备百分数)	40	45	50	50	55	60	60	55

1. 运动目的

(1)实现减重 20kg，体重指数降至 24。

(2)提高心肺功能，预防心血管疾病。

2. 运动项目

健身走。

3. 运动周期

通过总计 4 阶段、40 周的有氧锻炼。起始阶段 6 周，第 3～6 周预期减重 1kg；第 1 阶梯 10 周，预期减重 4kg；第 2 阶梯 12 周，预期减重 6kg；第 3 阶梯 12 周，预期减重 9kg。

本处方的特点是 3 个阶梯中心率储备从 55%增至 60%；经过较长起始期，心肺顺应性可望显著提高；3 阶梯运动平均心跳数分别为 142 次/分、147 次/分、147 次/分，绝大多数肥胖者能承受；每个阶梯的历经时间较长，可逐步缓慢提高运动时间；随运动过程持续，肥胖者的身体负荷将逐步减轻，锻炼水准逐步提高，活动起来越来越轻松。

越到本处方后面的阶梯，消耗热能将越多，减重效果越明显。实际上在起始第 3～6 周已开始减重；4 个阶段的单位热能消耗分别为 12.1kJ、14.6kJ、17.0kJ、18.8kJ；运动持续时间分别为 40min、65min、70min 和 75min；全先生体重在这些阶段的中间值分别为 95kg、93kg、88kg 和 80kg。因此，他在起始、第 1 阶梯（10 周）、第 2 阶梯（12 周）、第 3 阶梯（12 周）分别减重 1kg、4kg、6kg、9kg 的目标能够实现。

4. 运动强度与运动时间

(1)起始阶段 6 周，运动强度从心率储备的 40%逐渐增加到 50%，步行速度从 2.0km/h 逐步增加到 3.0km/h，基本运动时间从 20min 增加到 40min。

(2)第 1 阶梯，步行速度 3.5km/h，运动强度为 50%心率储备，基本运动时间 50min。

(3)第 2 阶梯，步行速度 4.0km/h，运动强度为 60%心率储备，基本运动时间 55min。

(4)第 3 阶梯，步行速度 4.5km/h，运动强度为 60%心率储备，基本运动时间 60min。

(5)后运动阶段，步行速度 4.0km/h，运动强度为 55%心率储备，基本运动时间 40min。

5. 运动频度

前 40 周，每周运动 4 次。后运动阶段，每周运动 3 次。

6. 注意事项

(1)运动开始不久就会出现心跳急剧上升，大汗淋漓，脸涨得通红，心跳数则明显超过 130～140 次/分，给人以运动过分激烈的假象。所以起始阶段步行速度要缓慢，运动时间逐步延长，经常监测心率。多数青壮年重度肥胖者经一段时间适应后，假象会消除，心肺顺应性提高。如经过 6 周仍不适应，运动起始阶段还可顺延。

这样做表面上拖后了减肥的进程，实际上是为后面的各阶梯运动阶段奠定基础，是重度肥胖者能否完成本处方的关键。

(2)作为重度肥胖者，在第1阶梯结束前最好在健身教练指导下完成，控制好运动速度、时间和强度，防止意外事故的发生，自我监测心率。

(3)对重度肥胖者，“后运动阶段”更为重要，为防止体重出现反弹，应继续有氧锻炼，或增加有氧体操。

(4)处方持续时间长，难免因各种生活事件导致中途停顿。原则上若停顿时间不足1周且体质较好者，可在原有阶梯上恢复运动；停顿时间超过1周的，应后退1～2个阶段重新开始。已进入高级阶段(如17周)后，如果一恢复活动立即采取高速度、高强度的话，很可能因准备不足而出现过度疲劳或意外事故，欲速则不达，反而拖慢减肥进程。

(三)循序渐进步行减肥运动处方案例

针对体重超过正常体重25kg以上者，与节食相结合所制订的循序渐进的步行运动处方，见表7-11。

表7-11 循序渐进步行运动处方

周次	距离(m)	时间(min)	每周次数	得分
1	3 200	40	3	3
2	3 200	39	3	9
3	3 200	38	4	12
4	3 200	37	4	12
5	3 200	36	5	15
6	3 200	35	5	15
7	4 000	45	5	20
8	4 000	43	5	20
9	4 800	52	5	25
10	4 800	51	5	25
11	4 800	50	5	25
12	4 800	49	5	25
13	4 800	48	5	25
14	4 800	47	5	25
15	4 800	46	5	25
16	4 800	＜45	4	32

(四)肥胖伴有高血压病者的危机预防攻略

1.肥胖者高血压的预防方案

由于高血压病是一种病因机制不十分清楚，又非常复杂的疾病，一般需经过较长的时间逐步形成。假若能在血压未升高以前，找出将来可能发生高血压的人群，及时采取预防措施，也就是防患于未然，就能避免高血压的发生，或减轻、延缓高血压病的发展进程。下列一些人应引起预防意识：①有明显的高血压家庭史者；②在儿童、少年时期血压偏高者；③超重或中度以上肥胖者，尤其是在儿童、少年时期已有超重或肥胖者；④有高血压倾向，血压虽未达到高血压程度，但是在运动以后或偶测时，有血压升高者；⑤有糖耐量异常、高胰岛素血症、胰岛素抵抗或血脂代谢紊乱者；⑥动态血压仪检测，有高血压倾向者。

2.肥胖兼高血压病人的健身禁忌

患肥胖兼有高血压的病人在体育锻炼时，需注意以下原则。

(1)不要过分做低头弯腰动作。当我们头部下垂时，由于地心吸引力的作用，血液会通过基底动脉大量流入脑部，导致脑血管压力突然增加，血管壁紧张，从而头昏头重，甚至会使较脆弱的小血管承受不住超负荷的压力而破裂，发生脑出血。

(2)不要用力屏气。用力屏气会使胸腹压力增高，全身血管收缩，周围阻力增大，血压上升。另外，当你屏气时，心脏的射血受阻，一旦放松，血液大量喷出，有时会发生脑血管意外破裂。

(3)不要做体位变化以及幅度大的快速运动。高血压病人的心脏储备功能较差，脑血管对血流量的调节功能减退，当体位突然改变时，会产生脑血流量不足，而发生直立性昏厥倒地。

(4)Ⅱ期以上的高血压，并有明显的并发症，代谢功能不全者，要避免做耗氧量大的体育运动。最好在医师的指导下或护理人员的监护下，选择一些运动量小，安全性大而可靠，针对性强的轻柔缓慢项目。

六、老年男性肥胖患者的个性化运动处方范例

人体内脂肪积存过多，体重超过标准体重 20%以上者为肥胖。肥胖由进食过多、缺乏体力劳动、不参加体育锻炼及工作性质以坐为主等引起，也有因脑病或内分泌腺病引起者。因此，合理安排饮食，积极参加体力劳动与运动锻炼，是治疗肥胖病的积极措施。

(1)锻炼目的：减少皮下脂肪，降低体重，消除肥胖病伴发的机体内各种障碍，改善心肺功能。

(2)运动强度：对于饮食过多、不运动而引起肥胖病的患者，运动量可加大。一般从小运动量开始，过渡到中等强度运动量，再向强运动量迈进，运动时最高心率可达 120～150 次/分，由其他疾病引起肥胖病的患者，应从运动时最高心率 100

次/分以下向最高心率120～130次/分过渡。

(3)运动各类与练习次数、时间:对饮食过多、运动太少的肥胖者,按身体情况分两组。第一组,患者心血管及肺的功能没有病变,腹肌力量较强,气喘不显著。第二组,患者心血管及功能变化不大,但身体软弱,体质较差,有气喘,心肌脂肪沉积。

1)第一组:身体情况较好者的运动处方。

该组身体条件较好,可以进行多种活动。

跑步:开始时,走、跑交替,走50m慢跑100m。逐步延长跑的距离,减少走的次数。2～3km练习,逐步向慢跑4～5km过渡。每周3～4次,每次20～30min。可逐步做到日日跑,每次30～40min,如能坚持数月定见效果。

骑自行车:每日5～6km,每周3～4次。速度要求中速,慢骑效果不好。

球类运动:打篮球、排球和踢足球等,每日30～40min。

其他运动:如爬山、游泳都可进行,每次30～40min。

2)第二组:身体情况较差者的运动处方。

由于该组心肺功能不正常,所以运动量要严格控制,以防意外。

呼吸体操:每日1次,每次5～10min。

保健体操:可做简单的四肢、扩胸、腰部运动。应结合呼吸练习,也可做广播体操1～2遍,每日1～2次,每次15～20min。

慢跑或走、跑交替:每周3～4次,每次5～15min。走、跑交替可走50m,慢跑50m。

其他运动:冬天滑冰、滑雪,夏天游泳、划船是很好的锻炼方法。每周3～4次,每次20～50min。

(4)注意事项:运动量要根据患者的体力及心肺状态而定。消耗量要超过吸收量,否则反而增加体重。第二组患者,要根据脉搏、血压情况控制运动量,在练习过程中要加强呼吸,要注意控制饮食。

第五节　肥胖男性的饮食控制原则与膳食瘦身攻略

一、饮食控制的主要原则与原理

1. 饮食控制的主要原则

减少饮食热量的摄入,均衡合理配备三大营养素和增加高膳食纤维等。

2. 饮食控制的原理

节制饮食并限制膳食总热量,使机体消耗的热能大于摄入热能,使热能处于一种负平衡状态，从而使体重减轻。

试图用长期禁食或控制饮食来残酷地限制卡路里摄取，是不科学的，也是危险的。长期的禁食或控制饮食将丢失大量的水分、电解质、无机盐、糖及蛋白质，来换取有限脂肪的减少。如果不坚持运动，仅靠节食，哪怕是长期的较为温和地控制饮食也会造成营养不良和肌肉的分解。

二、一般成年男性肥胖者的饮食控制攻略

饮食控制的主要原则是减少饮食热量的摄入，均衡合理配备三大营养素和增加高膳食纤维等。饮食控制的原理就在于节制饮食并限制膳食总热量，使机体消耗的热能大于摄入热能，使热能处于一种负平衡状态，从而使体重减轻。

控制热能摄入，最简单的办法就是饥饿疗法，如禁食、节食、减食等。然而，每一种方法都有一个不可回避的问题，即饥饿。由此，许多减肥瘦身计划往往被迫中断，并带来不少负面作用。故减肥瘦身膳食应该是平衡膳食。

（一）调整饮食结构

适当减少食物中碳水化合物的摄入和提高蛋白质的摄取量，限制脂肪摄取量，补充丰富的维生素、矿物质、微量元素和食物纤维。调整饮食结构为的是在限制总热能的范围内合理分配蛋白质、脂肪和碳水化合物类热能的比值，达到营养平衡，即减重又要保证机体正常需要。合理的热能比值为，蛋白质/脂肪/碳水化合物＝20%～25%/15%～20%/50%～60%。提高蛋白质的摄入比例（一般在15%～20%之间，最高时可达25%），是防止瘦体重的流失，并通过运动适当增加瘦体重。蛋白质以选用禽肉（如去皮鸡肉、清炖瘦牛肉等）、鱼肉（清蒸鱼等）、白灼虾、鸡蛋白及豆制品、奶制品（如乳清蛋白、大豆蛋白、豆腐、豆浆、牛奶等）为佳，限制猪肉、鸡蛋黄（日摄入量不超过2个）的摄入，慎重选用火腿肠、肉肠、酱鸡翅、红烧肉、烤鸭、水煮鱼等。此外，蛋白质的摄入会使机体代谢率提高30%，远高于碳水化合物和脂肪，有利于减脂。适量减少碳水化合物的摄入，以便于运动时动用游离脂肪酸，但不能少于总能量的45%～50%，一般可达55%～60%。减少碳水化合物的摄入的同时，应优先选用全麦面包、煮玉米、粗粮杂粮等，慎重选用牛角面包、肉松面包、热狗面包、油饼、油条、点心、蛋糕，忌吃蔗糖、蜜糖、饴糖和含糖量多的饮料及糕点等，可减少胰岛素的分泌，从而减少脂肪的合成和脂肪的储存。脂肪摄入量可控制在15%～20%之间，但不可超过25%。摄入适量的脂肪能够抑制胰岛素和胰高血糖素的分泌，促进机体的脂肪利用，并产生饱腹感。

此外，适当饮水也是减肥的关键。在饮食控制过程中，如果限制饮水量，减体重速度看似较快，但在所减体重中，脂肪仅占13%，水占84%。而不限制饮水时，虽然减体重速度会慢一些，但在所减体重中，脂肪将占25%，水为75%。一般每天应喝七八杯水（2 000～2 500mL），体重越大饮水量应越多，体重每超过理想体重

13.5kg，就要在此基础上每天增加饮水 500mL。减肥者在节食期间，可选择一些营养好、热量低的食物食用，例如同是肉类，水产品像鱼、海参、蟹、海蜇等水生动物肉的热量就低于其他肉类；同是禽类，飞禽肉就比家禽肉热量低；同是畜肉，瘦肉就比肥肉（如五花肉）热量低；同是奶制品，脱脂奶就比全脂奶热量低。减肥者对水果的选择也有讲究，应优先选用苹果、梨子、猕猴桃、番茄、橙子、柚子等，适量食用香蕉、西瓜和葡萄等。下列食物可尽情选用。

1. 最佳减肥食物

（1）冬瓜。冬瓜除含水分外，还具有较高的营养价值，其中维生素 C 的含量较高，而且含有丙醇二酸，对防止人体肥胖、增进形体健美有重要作用。因此，常吃冬瓜有明显的减肥轻身作用。

冬瓜自古为减肥妙品，在敦煌遗书《食疗本草》中说“将冬瓜煮熟吃，能使五脏得益”。常吃冬瓜能美容、明目、健体、养生。

（2）黄瓜。黄瓜用作“减肥美容的佳品”，长期以来一直受到人们青睐。现代药理学研究认为，鲜黄瓜中含有一种叫丙醇二酸的物质，它有抑制糖类转化为脂肪的作用。因此，多吃黄瓜有减肥作用。

（3）竹笋。竹笋的种类繁多，大致可分为冬笋、春笋、鞭笋三类。竹笋中所含的蛋白质比较丰富，并且有低脂肪、低糖、高纤维素的特点，食用竹笋，能促进肠道蠕动，帮助消化，促进排便，是理想的减肥蔬菜。

（4）罗汉果。罗汉果可鲜吃，但常烘干保存，是一种风味独特的干果。现代医学研究发现，罗汉果含丰富的糖甙，这种糖甙的甜度是蔗糖甜度的 300 倍，具有降糖作用，可以用来辅助治疗糖尿病；含丰富的维生素 C，有抗衰老、抗癌及美肤养容作用；有降血脂及减肥作用，可辅助治疗高脂血症，改善肥胖者体型。

（5）柚子。柚肉中含有非常丰富的维生素 C 以及类胰岛素等成分，故有降血糖、降血脂、减肥、美肤养容等功效。经常食用，对肥胖者有健体养颜功能。

（6）菱角。菱角的营养价值可与其他坚果媲美，中医认为，食菱角可以轻身，减肥健美。

（7）山药。山药最大的特点是能够给人体大量的黏液蛋白，这是一种多糖蛋白质，对人体有特殊的保健作用，能预防心血管系统的脂肪沉积，保持血管弹性，防止动脉粥样硬化过早发生，减少皮下脂肪沉积，避免出现肥胖。所以，山药是一种非常理想的减肥健美食品。

（8）爆玉米。含有大量纤维，热量却近于零。

（9）菊花。菊花含有糖、脂肪、氨基酸、维生素 C、维生素 B 等成分，具有良好的瘦身效能。

（10）苹果。美国最新研究发现，午餐前吃苹果，可减少热量摄入并防止肥胖，每餐因此少摄入 180cal 热量。前人研究指出，餐前吃水果可帮助人们减少热量摄入。而且吃整个水果要比喝果汁更有效。在各种水果中，苹果的减肥功效比较理想。因而得出“苹果是最佳减肥水果”的结论。

2. 其他低热量食物

除上述减肥食品外，下列低热量食品可放心享用：芦笋、芹菜、西兰花、番茄、香菇、莴苣、芫荽、小红萝卜、白萝卜、菠菜、苦瓜、南瓜、白薯、红薯、土豆、大蒜、海藻、绿豆芽、白菜、韭菜、黑木耳、海带、山楂、酸奶、豆腐、海蜇、兔肉、燕麦、玉米、糙米、醋、葱头、茶等。

此外有报道讲，吃辣椒能消耗更多的能量，有减肥作用，且辣椒越辣营养越高，世界上有一种“断魂椒”其营养价值是辣椒中最高的，但不可吃太多。

3. 纤维素食物

纤维素有利减肥，热量低，咀嚼时间长，容易填饱肚子，又可降低体内脂肪。如某些蔬果、燕麦片、干蚕豆、大麦等，以及玉米、小米、荞麦等纤维性食物可降低血液中胆固醇，但不可吃太多，以免消化不良。

4. 充饥食物

万一饥饿难耐，可以随身带上你喜欢吃的水果，不妨吃一个水果当点心，和其他食物比较起来，水果提供的热量最少，当然也不可吃太多。

另外，饮食的脂肪含量高低与体重变化密切相关。研究发现，肥胖者的体脂含量与饮食的脂肪含量呈显著性正相关。高脂饮食比高碳水化合物饮食更易导致体脂含量增加，即高脂肪饮食造成的能量代谢正平衡对体重增加作用更显著。

（二）改进饮食方式

合理分配三餐，正常一日三餐饮食热能量分配应为 3∶4∶3。减肥者科学的三餐热量分配大约为：早餐占全天总热量的 33%，午餐占 39%，晚餐占 28%，也可根据实际需要做适当调整。人体胰腺分泌的各种消化酶夜间高于白天，即消化吸收功能夜间好于白天，如果晚餐丰富、过量，加之晚间消耗能量的活动少，会增加体内脂肪储存。故晚餐忌吃得过饱和过于丰富，而宜清淡。还可适当增加早餐热量摄入，减少晚餐热量摄入。另外，睡前不要加餐，纠正吃零食的习惯，进食避免过快，少饮酒与咖啡，适量饮茶，少食盐，每天不超过 5g。改进烹饪方式，少煎、炒、烹炸、油焖、干烧，多拌、卤、煮、清蒸、滑溜，减少用油量等。

现在中国健身健美界还提倡一种饮食原则：能生吃的不要熟吃，能淡吃的不要盐吃，能素吃的不要油吃（肉要吃点）。

（三）适当控制食量

限制膳食热量或控制食量不等于禁食，如果摄入糖、脂肪过少，“脂库”中储存的脂肪转化为热量一时难以满足人体的正常活动需要，就会导致低血糖。出现头晕、心悸、乏力等症状。因此，控制饮食既不能禁食也不能减得太快，要逐渐递减。

食量控制应以有饥饿感又能保持正常活动的精力、体力为宜，一般是逐步降低到正常需要热量的 60%～70%。

饮食控制的原理是：节制饮食并限制膳食总热量，使机体消耗的热能大于摄入热能，使热能处于一种负平衡状态，从而使体重减轻。

一般采用低能量膳食：例如男性每天摄入 1 200～2 000kcal，或比原来摄入的能量低 300～500kcal。减重速度以每周不超过 0.5kg 为宜，速度过快不仅影响正常生理机能，有损健康，且减重的质量不好，即所减重量中的非脂肪细胞成分(如蛋白质与水)较多，减肥的效果也不易巩固。

低能量膳食期间，为了避免因食物减少引起维生素和矿物质不足，应适量摄入含维生素 A、B_2、B_6、C 和锌、铁、钙等微量营养素补充剂。可按照推荐每日营养素摄入量设计添加混合营养素补充剂。

在任何一种情况下，每减少身体中0.454kg的脂肪，须消耗 3 500kcal 热能。如果一个人每天有 500kcal 的能量的负平衡，那么每周可同样减少身体中 0.454kg 的脂肪。对于饮食的控制应该循序渐进，逐步降低，不可骤然猛降。对成年轻度肥胖者，可按每月稳步减肥 0.5～1.0kg，即每日负能 125～250kcal 的标准来确定其一日三餐膳食的供能量。而对成年中度以上的肥胖者，当以每周减肥 0.5～1.0kg，每日负能 500～1 000kcal 为宜，并应适当从严控制。总之，男性尽量勿使其每人每日膳食之供能量低于 1 200kcal，因为这是可在较长时间内坚持的最低安全水平。避免极低能量膳食(即每天少于 800～900kcal)，如有需要，应在医务监督下进行。

对于肥胖的人，饮食调整的原则是控制总能量摄入基础上的平衡膳食。能量摄入一般每天建议减少 1 256～2 093kJ(300～500kcal)，严格地控制油脂和精制糖，适量控制精白米面和肉类，保证蔬菜水果和牛奶的摄入。根据肥胖程度的不同，减少总摄入热量标准如下：目前，国际上推荐的正常人热能需要量（指非减肥者也应注意控制饮食)以 20～39 岁年龄段者的热能需要量作为基数，40～49 岁年龄段者减少供能 5%，50～59 岁年龄段者减少 10%，60～69 岁年龄段者减少 20%，70 以上年龄段者减少 30%。此法行之有效，可以延缓衰老过程。

(四)节食控制法忠告

(1)每天至少饮 2 000mL 水。

(2)准确了解自己的需要，摄入足够量的蛋白质。

(3)每天最好摄入 200～250g 碳水化合物(每顿约 75～100g 主食)和 10g 脂肪。

(4)不饿也要按顿饮食，并且吃各种食物。

(5)体重减少控制在每周 0.5～1(kg)，直至达到目的。

(6)避免吃泻剂、刺激剂、利尿剂，保证维生素和无机盐的摄入。

(7)饮食与体育锻炼相结合，每周至少 3 次，每次最好 40～60min。

(8)常年锻炼，贵在坚持。

三、青少年男性肥胖者的膳食瘦身攻略

1.膳食改进方案

(1)减少食物摄入总热量，但应保证各种营养素的均衡，以满足日常生活、学习和体育锻炼的需要。

(2)尽量选择一些低热量、高营养素含量的食物，如脱脂奶类、蛋类、鱼类、豆腐等。

(3)控制高油脂的食物，如油炸食品、高脂肪肉类(如五花肉)等。

(4)少吃零食尤其是高热量零食，例如巧克力(脂肪含量在40%以上，高于肥瘦猪肉的脂肪含量)、花生(脂肪含量在44%，50g花生相当于100g猪肘子肉)等。

(5)饮食和运动联合治疗比单纯饮食治疗效果要好。

2.重点提示

(1)青少年减肥不能操之过急。最佳的减重速度是每周0.25～0.5kg(每周减体脂1kg在医学上是可以接受的)，少年儿童以每月减体脂1～2kg为宜，过快速度的减体重减去的主要不是脂肪，而是水分，如此达到的减肥效果是不能保持的。

(2)减肥不是一朝一夕的事情，而是要形成一种健康的生活模式，长期乃至于终身坚持下去。

四、中老年男性肥胖者的膳食营养攻略

人体内的脂肪只有转化成能量被消耗才能减少，而体内能量转化需要多种营养素，如VB_1、VB_2、VB_6、VB_{12}、烟酸、尼克酸及微量元素，锌、铁、铜等起催化作用，如若不然，能量转化就会受到限制，体内脂肪就会堆积，导致肥胖。因此，中老年(包括青年人)肥胖者为了减肥就应遵从合理的饮食原则。

1. 限制膳食热量摄入过多

减少摄入热量，造成机体热能负平衡，迫使身体消耗体内的脂肪。1kg人体脂肪大约含有29 288kJ的能量，因此，减轻体重(脂肪)1kg，必须大约减少29 288kJ的能量摄入。如果每天减少能量摄入2 092.0～2 928.8kJ，则大约需要10～14d时间，才能实现减掉1kg脂肪的目标。一般来说，以标准体重来决定合适的能量摄入量。因此，中老年人减肥绝对不可操之过急。可根据拟降体重数计算饮食的热量，原则上是以原热量摄入水平为基础，根据肥胖的程度，逐渐减掉原摄入热量的20%～40%，依次向低热量饮食过渡。最安全的减肥速度是每周不要超过1kg。限制热量的饮食，应减少谷类、薯类、糖果、甜点心、肥肉、含油脂较多的干果及含糖饮料等高热量食物。

2. 注重适宜的营养素分配比例

由于限制能量的摄入，所以要保证必需营养素供给，才能维持人体正常的生理功能。在膳食减肥过程中，三大产热营养素的分配是至关重要的。中老年人肥胖膳食治疗的三大营养素分配原则是蛋白质占总热能的25%，脂肪占15%，糖类占60%。在蛋白质的选择中，动物性蛋白质可占总蛋白质的50%左右。一般来说动物性食品不仅含较高的蛋白质，而且含有较高的脂肪。在有限的脂肪摄入量中，最好能够保证必需脂肪酸的摄入。在膳食减肥时，常常会出现维生素和无机盐摄入不足的问题。容易缺乏的维生素主要有维生素 B_1、维生素 B_2、尼克酸等，容易缺乏的无机盐有钙、铁等。为了防止维生素和微量元素缺乏病，在进行膳食减肥的过程中，必须要注意合理的食物选择和搭配。另外，在医生的指导下，可以适当服用复合维生素和微量元素制剂。肥胖患者常有便秘的问题，适当增加膳食纤维的摄入可有助于缓解便秘，所以提倡食用富含膳食纤维的食物如蔬菜、水果、粗粮和杂粮等，中老年人最好能保证每天的膳食纤维摄入量为25～30g。

3. 养成科学的饮食习惯

①少吃多餐；②放慢进餐速度，细嚼慢咽；③依据早餐好、午餐饱、晚餐少的原则安排三餐；④减少盐摄入量，因为钠在体内会增加水潴留；⑤少吃刺激食欲的食物，如辣椒、味精等；⑥戒酒或少饮酒，因酒精是高热量食物。

4. 注意多饮水

水是各种代谢物质的溶剂，饮水不足不仅会引起人体新陈代谢功能紊乱，而且会使体内脂肪更容易积聚，引起肥胖。

5. 控制饮食应持之以恒

中老年肥胖者除了限制热能外，其他所有营养物质均能满足。饮食控制必须简便易行，不论在家里或外出公差、旅行均能实行，并且要持之以恒。

6. 加强营养干预

研究表明，生物活性物质、常见的水果蔬菜及一些民间食品在肥胖防治方面均发挥重要的作用。研究发现，糖类、5-羟色氨酸、铬和绿茶提取物均可以促进体重下降，其中前两种营养素可抑制食欲，绿茶可提高每日能耗，补铬能促进脂肪的消耗和肌肉生长，并有助于抑制脂肪在脂肪细胞中的沉积，甚至被称为“脂肪燃烧器”。它们按有效剂量加以混合即成为一种新的功能性食品，并且临床实验显示出较好的效果。

此外，黄瓜中含有丙醇二酸，有助于抑制食物中的糖类在体内转化为脂肪；萝卜含有辛辣成分芥子油，可促进体内脂肪的新陈代谢、减少脂肪在体内积聚；海冬花粉可阻碍脂肪细胞增大、减少脂肪细胞蓄积。因此应对这些有益于调动脂肪堆积的食品加以开发利用。

五、肥胖伴有其他各种疾病者的膳食瘦身攻略

1. 肥胖伴有高血脂症患者的膳食营养特点

(1)由于中老年人对胆固醇的降解能力下降,应严格限制胆固醇的摄入。一般轻度高胆固醇血症者每天摄入量应低于300mg,中度及以上者每天摄入量低于200mg。

(2)限制动物性脂肪的摄入,增加植物油的比例,使不饱和脂肪酸与饱和脂肪酸的比值达到2∶1左右(适当增加不饱和脂肪酸的比率)。

2. 肥胖伴有冠心病、动脉粥样硬化症患者的膳食营养特点

(1)严格限制胆固醇和脂肪的摄入量,胆固醇摄入量每日低于250mg,蛋白质营养中增加大豆的比例。

(2)适当增加对冠心病有益的矿物质,如吃含镁、铜、硒、锰、钙等较多的食物。

3. 肥胖伴有高血压、脑血栓症患者的膳食营养特点

(1)限制钠盐的摄入量,轻者每天的钠盐摄入应低于4g,而中度以上者应严格控制盐的摄入量,逐渐养成口味清淡的饮食习惯。

(2)严格限制胆固醇和脂肪的摄入量,胆固醇摄入量每日低于250mg,增加植物油的比例。

(3)适当增加镁的摄入,多吃香菇、豆类、芥菜等食物。

(4)适当增加锌、镉的比率,如坚果、豆类、茶叶、各种粗粮。

(5)适当增加铬的摄入,铬在糖代谢中的作用是增强机体对葡萄糖的利用,具有降低血糖的作用,而铬、镁、锌等富含于麸皮、胚芽、豆类及各类坚果中。

(6)常吃有降血压作用的食物,如菠菜、芥菜、山楂、香蕉、莲藕、蜂蜜、醋等。

(7)适当补充钾盐,使钾钠比值在1.5∶1水平。

4. 肥胖伴有骨质疏松症患者的膳食营养特点

(1)增加每日钙的摄入量。每日的钙摄入量应在1 200～1 500mg,补充钙的方法是摄入大量的奶制品、深绿色的蔬菜、大豆制品和各种坚果。蔬菜如芹菜、雪里红(鲜)、苋菜、青扁豆、油菜、圆白菜、菠菜等,其中以芹菜叶含量最高,在吃芹菜时应将芹菜叶一起进行烹调;坚果以炒熟的西瓜子和南瓜子含量最多,其次为杏仁(炒熟)、核桃仁、花生仁(炒熟),可以作为中老年人的日常零食补充,还可以补充一些动物骨粉等。

(2)通过食物和经常接触阳光获得充足的维生素D,多吃未经加工的粗粮。

(3)适当控制膳食中的蛋白质摄入量,过多摄入蛋白质会抑制钙的吸收和利用。

5. 肥胖伴有糖尿病患者的膳食营养特点

(1)严格控制总热量的摄入。每天的总热量摄入应根据活动量、病情的轻重,

按标准体重来计算。

(2)适当控制碳水化合物的摄入量。碳水化合物以占总热量55%左右为宜，对碳水化合物的摄取时间、总量、每次量以及组成均应保持适当的稳定。一般对于糖尿病患者可以采用增加餐数，减少每次量，碳水化合物的每天摄入量在200～300g。碳水化合物摄入不能过少，否则会引起体内脂肪代谢过度而造成酮症酸中毒。

(3)蛋白质供应应占总热量的15%～20%，以摄入优质蛋白质为宜。这是因为糖尿病患者体内糖原储备低下，肝脏糖异生旺盛造成了蛋白质消耗量大，但对于肾功能障碍者应适当减少蛋白质摄入量。

(4)适当控制脂肪和胆固醇的摄入量。脂肪以占总热量的20%～25%，其中适当增加植物油(不饱和脂肪酸)的比率，胆固醇的摄入量应低于250mg。

(5)注意无机盐和微量元素的补充。因为糖尿病患者接受利尿剂与胰岛素治疗时，可能出现钠、钾、氯等元素的缺乏。铬可激活胰岛素，改善糖耐量，促进糖进入组织储备。

(6)适当增加食物纤维和维生素的摄入。食物纤维具有降低血糖的作用，以大豆、豌豆、豆角类等和水果为食物纤维的主要来源，效果较好。而维生素是人体正常代谢的必须物质，尤其是维生素B_1、维生素B_2及尼克酸在糖代谢中具有重要作用。因此，对于糖尿病患者还应注意维生素B_1、维生素B_2及尼克酸的补充。

六、单纯性肥胖者膳食营养处方范例

肥胖是指由于能量摄入超过能量消耗导致体内脂肪储存过多而引起的体重增加，超过标准体重20%以上。近年来肥胖的发生率不断增加，统计发现肥胖40%～70%由遗传因素决定，环境因素占30%～60%，外因与社会因素、饮食因素、心理行为因素及体力活动因素相关。肥胖是高血压、冠心病，动脉粥样硬化、高脂血症、糖尿病等病症的诱发因素。控制肥胖是医疗保健中的一个重要课题。采用低能量营养平衡膳食是治疗的基本措施。

1. 控制能量摄入，使之低于消耗

成年以上中度肥胖，每周减体重0.5～1.0kg，每日能量可减少552～1 104kcal(2.31～4.62MJ)。减少能量应循序渐进，不能过快、过猛，否则会影响健康。每日能量应不低于1 000kcal(4.2MJ)。

2. 保证营养平衡

在限制热能的范围内，合理安排蛋白质、脂肪、糖类的进量，保证无机盐和维生素的供给充足。

(1)适量蛋白质，供能比占15%～20%或1.0g/(kg·d)，优质蛋白占50%以上。

(2)限制脂肪入量,供能比应低于25%,其中饱和脂肪应低于7%,控制烹调油在10～20g/d。

(3)糖类的进量可适当减少,一般占总能量的45%～60%,谷类食物应作为主要来源。

(4)新鲜水果和蔬菜应作为无机盐、维生素的主要来源,同时含有较多的无机盐和水分、膳食纤维,有充饥功能。

(5)限制食盐和嘌呤,食盐3～6g/d,嘌呤可增进食欲,加重肝肾代谢负担,故含嘌呤高的食物如动物肝、心、肾等应限制。

3. 注意烹调方法

食物应以煮、炖、拌、卤等少油烹调方法制备为主,以减少用油量。为了减少水在体内的潴留,同时应限制食盐和酱油、味精的摄入。

4. 养成良好的生活习惯

(1)一日三餐,定时定量。减少一餐或晚餐进食过多,均不利于减肥。

(2)少吃零食、甜食和饮料。多数零食尤其是坚果类如花生、核桃、开心果、瓜子等,均含有极高的能量和脂肪,不利于减肥。

(3)吃饭细嚼慢咽,能够延长进餐时间,达到饱腹作用。

此外,配合积极的体育锻炼,必要时选择适合的药物治疗,能够达到理想的效果。不同活动消耗90kcal所需的时间如表7-12所示。

表7-12　不同活动消耗90kcal所需的时间

活动项目	时间(min)	活动项目	时间(min)
睡眠	80	步行、跳舞、游泳	18～30
坐、写字、手工缝纫	50	体操、购物、上下楼	25
电动打字	45	熨衣、打高尔夫球	25
弹钢琴、剪裁、打台球	40	骑自行车	15～25
办公室工作	35	打乒乓球、排球	20
铺床、扫地	30	打羽毛球、网球	15
烹饪、机器缝纫	30	长跑、爬山、打篮球、踢足球	10

七、每周减轻0.454kg体脂的简易处方

1. 减肥计划

如果计划每周减掉0.454kg体重,其背负的卡路里赤字为3 500kcal;换句话说,你需要燃烧掉的卡路里比你摄入的卡路里要多3 500kcal。所以要减掉减

0.454kg脂肪，你需要每天步行超过2h。

2. 简易处方

一周内，每天减少250kcal食物摄入（例如可以通过将午餐三明治上所配的蛋黄酱改为芥末而每天减少250kcal），再通过每天30min的慢跑燃烧掉另外250kcal的热量。同时男性每天的卡路里摄入量不得低于1 200kcal，女性不得低于1 000kcal。减肥者每周可能需要进行5～6次锻炼。每次锻炼至少45min。

八、快速减体重者的膳食营养攻略

（一）快速减体重的常用措施及物质代谢特点

快速减体重往往对健康和身体素质不利，常伴有身体素质的下降，从健康和身体素质的角度考虑，不建议快速减体重。但是，在某些特殊情况下，比如有些参加举重、摔跤、健美等项目的运动者为了参加比赛，有时在赛前需要采用快速减重。常用的方法有以下几种。

1. 脱水法

水在人体中占相当大的比重，适量排出体内多余的水分是减轻体重最直接的方法。常用的脱水方法有发汗和利尿，以此排泄体内的水分，达到减轻体重的目的。但发汗只能减少体内水分，不能减少体脂，减重只能是应急的、暂时的，并且短时间内不能大量发汗，否则会造成体内缺水、电解质紊乱等，影响心脏、肝脏、肾脏的功能。

2. 饮食控制法

主要是减少饮食摄入，使体内的过多能量被消耗掉以达到减肥的目的。开始控制膳食期间，体重减轻的速度较快，但减掉的成分主要是水分和瘦体重（包括糖原和蛋白质），体脂减得并不多。随着体重进一步减轻，脂肪动用比例加大。这种减肥方法常出现反弹，造成限食者营养不良、体力不佳、基础代谢率低下等一系列不良后果，也不能起到改善身体成分的作用。值得注意的是，如果在不加指导的情况下，盲目节食，会引起体内新陈代谢紊乱，抵抗力下降，严重者可出现低血钾、低血糖，容易患传染病，甚至由于厌食导致死亡。

（二）快速减体重者运动锻炼的营养要求

1.脱水法减重者的营养补充方案

脱水法一般是比赛前1～2天内实施的方法，这种方法不宜超过2天。长时间缺水身体素质会下降，此时的营养措施显得尤其重要，否则会导致身体的损伤。

脱水法实施中限制运动者比赛期的进食量和饮水时，这必然会导致其营养摄入不足，营养摄入不足必然降低体力，不利于比赛。常采用特殊营养补剂的方法，比如复合能量补剂（以糖和蛋白质为主要成分）、复合维生素及复合的无机盐制剂等。以期在减少水体重的同时，保证种种营养素的摄入，尽可能保持身体素质。

2. 饮食控制法减重者的营养补充方案

饮食控制法一般是比赛前2～3周内实施的方法，这种方法比脱水法给身体带来的伤害小，是比较合理的快速减重法。

饮食控制法的核心是减少体脂，减少热量摄入，并在这一阶段内保持热量的负平衡状态，使体重逐步下降。每日膳食应减少热量摄入，主要是减少饱和脂肪酸的摄入，应保证蛋白质和一定量的不饱和脂肪酸的摄入，其他营养素不应减少，保证必需氨基酸、微量元素、无机盐、维生素等的摄入。但仍应当注意是，即使是不训练的日子，热量减少后的数值，总热量也不得低于900kcal，以保证基础代谢和一般活动的需要。

参加比赛的运动者应该在赛前较早实行渐进性减体重，只要安排合理，是能获得满意效果的。如果渐进性减体重因某种原因(如开始太迟或赛期提前)未达到预期要求，可在赛前实行一定的快速减体重措施，应在赛前7～10天开始。具体膳食要求如下。

(1)减少热量摄入：每日至少摄入1 200～2 400kcal，体重减轻每周不超过1.5～2.0kg。

(2)供给充足的蛋白质、无机盐和维生素：由于食物量减少较多，蛋白质、无机盐和维生素更易缺乏，因此应注意供给。蛋白质不低于每千克体重2g，可服用一些维生素制剂和复合盐片，必要时服用专门配制的强化食品。

(3)膳食措施：参加比赛的健身者可能有饥饿感，晚上睡前更明显，可供少量间餐(含100kcal热量)，晚上睡前吃一些水果。

(4)适当控制饮水量：在临近比赛的几天内可适当控制饮水，以减少体内的水储备。但不能过分。每昼夜的尿量必须超过500mL。如果有渴感，可将喝水方式改为少量多次。

(5)赛前称体重后不要暴饮暴食：如果短时间内大量进食，胃肠道来不及消化吸收，会引起胃肠道疾病，所以这时应少量多次地补充一些易消化吸收的食物和饮料。

九、长期控制体重者的膳食营养攻略

(一)长期控制体重者运动锻炼的营养要求

长期控制体重所需的时间长，减重对身体功能的影响较小。适合于普通健身人群。长期控制体重合理的方法是饮食结合运动。长期控体重之前，应当确定减重的目标。建议减体重后的体脂到达正常范围后，给予维持，不可松懈，以防体重反弹。可根据BMI指数得到理想体重，计算现有体重与理想体重的差值，再折合成热量值。比如，某人现体重90kg，理想体重70kg，那么其差值为20kg，以减少

20kg 的体脂折合成热量，则需减少 180 000kcal 热量摄入。

很多食物减肥法在长期减肥和控制体重上是不成功的。很多食物减肥法把饮食者限制在一个很窄的食物圈里，能量太低而不能保持正常的生活，许多人因此而烦恼，并失去信心。长期成功地减肥和控制体重的方法是在大多数时间里吃适合的各种食物，并增加能量的消耗，特别是大肌肉群的能量消耗。做一些步行、慢跑、自行车、跳绳、跳舞、游泳、爬山、各种球类活动及轻重量多次数的器械锻炼等，这些锻炼都用利于脂肪的减少，减掉一部分体重。要坚持每天多消耗少吸收，循序渐进，在一段时间之内慢慢消耗掉体内多余的脂肪。

在减体重期间生活要有规律，按时进餐，睡眠充足。不良的饮食方式对减体重不利，比如，不吃早餐。因为上午是工作、学习最紧张之时，需要消耗大量的能量和营养，长期不用早餐就会使体力、脑力活动下降，甚至出现机体抵抗力下降而患各种疾病。同时由于不用早餐，必然一天所需食物完全强加给午餐或晚餐，导致饮食过量和热量过剩。此时饥饿使人体储存热量的机能增强，吃下去的食物极易被机体吸收，并转变成脂肪储存起来。细嚼慢咽也有助于减肥。因为延长咀嚼时间，可刺激唾液和胃液的分泌，有利于消化吸收。反之，狼吞虎咽会影响食物的消化吸收，不仅容易饥饿，而且会引起营养物质的缺乏。另外，从舌、胃肠等神经传导到大脑，大脑需要接受一定程度的刺激，才能产生饱腹感，从而达到食欲下降的目的，如果狼吞虎咽进食过快，只会使胃口大开，大脑还没有反应过来，就已经吃多了。所以延长进食时间，给大脑一个反应的时间，虽然吃的量少，也可达到饱腹作用，而且也容易把食量控制在理想范围内。

食物种类要多样化，不要偏食；避免高脂肪、高胆固醇食物；改变烹调方法，多用蒸、炖、煮、拌，减少油量，避免吃多油的煎炸食品；避免过多的糖、饮料和甜点的摄入；多吃高纤维素食物，如水果、蔬菜及粗粮等。

(二)长期控制体重者运动锻炼营养的具体方案

1. 摄入热量低于消耗量

一般认为每周可减轻体重 0.5～1.0kg，不宜超过 1kg，而且基本上是减少体内的脂肪组织，减少 1kg 脂肪组织相当于亏空 33.484kJ 热量。因此为了每周减轻 0.5～1kg 体重，每天的热量摄入大约应比需要量少 2.09～4.18kJ。降体重措施的持续时间可根据体重减轻多少等具体情况而定，一般为 1.5 个月左右，也可以持续 3 个月左右，当体重减轻至适宜体重后，热量摄入就应与需要量保持平衡。

2. 供给充足的蛋白质、无机盐和维生素

降低热量摄入是通过减少食物中的糖和脂肪来实现的。而蛋白质、无机盐和维生素的供给应充分，不能因减体重而引起缺乏。例如，蛋白质的摄入量应为每日每千克体重 1.0～1.5g，而且应含较多的优质蛋白质。

3. 膳食措施

减少主食和含油脂多的副食，增加蔬菜、水果及含蛋白质丰富的副食（鱼、鸡、蛋、牛奶、豆制品等）。要改掉平时嗜好吃零食的习惯。必要时可适当补充维生素和无机盐制剂。

4. 不限制饮水

长期限制饮水对身体不利，而且通过限制饮水减轻体重的效果是暂时和不巩固的。

5. 选用特殊减肥营养品

(1)丙酮酸。其具有促进减脂，改善运动能力的作用。补充丙酮酸能提高乙酰辅酶 A 的水平，抑制丙酮酸脱氢酶的作用，从而阻止糖的氧化，提高脂肪酸的氧化率；补充丙酮酸还可引起血浆胰岛素水平降低，从而促进脂肪酸的氧化。

(2)L-肉碱。其是食物的组成成分，被认为是类维生素的营养素，它是一种氨基酸衍生物。其主要功能是转运长链脂肪酸通过线粒体内膜进入线粒体基质进行 β-氧化供能。并参加支链氨基酸如亮氨酸、异亮氨酸等代谢产物的运输，从而有利于这些氨基酸的正常代谢，起到减脂的作用。

综上所述，控制体重必须采用科学而有序的方法，遵循严格的医务监督，才能取得好的效果。

十、美国人体重控制的科学策略

从代谢角度来说，体重控制的目标是达到平均呼吸商(RQ)与膳食中的食物商(FQ)相一致的情况，而无需通过脂肪组织的膨胀这种令人不快的方式来解决问题。这个目标可以很容易地通过摄入高碳水化合物和低脂肪的膳食来实现，这样很显然会比较容易达到低于膳食中 FQ 的 RQ，而 FQ 实际上相对比较高。经常性的体力活动提供了又一个控制 RQ 与 FQ 相等的调节杠杆，因为长时间锻炼会优先促进脂肪的氧化，而不是葡萄糖的氧化。

1. 限制脂肪消费量

机体自发地和有效地维持蛋白质和碳水化合物的平衡，但不能同样精确地调节脂肪的平衡，因此为实现这个软目标进行主动的努力才是明智的选择。与控制总的能量交换数量相比，把重点放在脂类平衡上提供了一个更加确定的目标。因为显而易见，当脂肪摄入量比较少时，脂肪氧化会比较容易保持至少与脂肪摄入相一致的状况。为了避免饥饿同时又不至于摄入油腻食物，可以进食那些能量主要以碳水化合物形式存在的食物。几项研究证明，这种方法可以减少体脂肪（一般2～4kg），甚至当食物消费量没有受到限制，而低脂肪食品设计得比替换掉的高脂肪食物更加可口的情况下也是如此。

考虑到这样一个事实：高脂食物具有特别高的能量密度，低脂膳食可以占据更大的体积，膳食学家们一直都推荐在体重控制中食用低脂肪食物。在过去的10年中，减少脂肪摄入量的建议在政府机构和医疗或健康组织所发布的膳食指南中广为传播。控制脂肪摄入量（特别是消费肉类和乳类中的饱和脂肪）确实是降低血胆固醇水平和减少动脉粥样硬化危险的一个关键的措施。这些限制脂肪摄入量的建议又补充了这样的认识，即出于代谢的原因，当膳食中脂肪含量较低时，人们可以在较少脂肪组织数量的情况下维持体重的稳定状态。选择低脂肪食品既不会使人感觉到饥饿不适，也不会使人远离自己喜欢的所有食物。

2. 保持乙醇消费和脂肪平衡

学者们研究证实，美国人所消费的食物能量中，稍多于5%的能量来自乙醇，而在那些经常性消费酒精饮料的人群当中，这个比例可以超过一日能量摄入的10%。另一个事实说明，乙醇为许多人提供了显著数量的能量，可以将血液中的遗传浓度提高到0.08%的法定界限以上，而这个剂量的乙醇将提供相当于每日静息能量支出的约20%的能量。人们都知道“啤酒肚”，但乙醇的这种效果对于能量平衡的影响是复杂的。在长期酗酒者中，酒精可以占到一日能量摄入的一半左右，其药理学作用抑制了食物的摄入，长期效果是导致消瘦和营养不良。

酒精的消费导致能量支出略微增加，这是因为乙醇的氧化中，每消耗1mol氧原子所得到的ATP比碳水化合物或脂肪氧化得到的ATP少。在习惯性饮酒者当中这个效果更为显著，因为经常消费酒精诱导与ATP产生无关的肝脏氧化酶类活性。这些反应可浪费酒精中所含的多达25%的能量。Suter等人的研究表明，消费和代谢乙醇并不会改变碳水化合物和蛋白质的氧化，但是显著地减少脂肪的氧化。因此，消费乙醇不能引起食物摄入量的补偿性减少，这并不奇怪。酒精饮料的供应倾向于增加总的能量摄入，特别是同时消费高脂肪含量膳食的时候。最后，必须注意到，既然乙醇主要具有节省脂肪的效果，在计算膳食中碳水化合物和脂肪的相对比例时，以乙醇形式摄入的能量应当被计算在脂肪中，而不是计入碳水化合物中。

3. 坚持体育锻炼

体力活动引起机体代谢的巨大变化，在运动时和运动后都会发生。锻炼对于能量底物利用和食物摄入的总体效果可以由这样的考虑来评判：较多体力活动的人可以在脂肪组织膨胀较少的情况下达到体重维持状态。这个简单的事实综合了锻炼的所有独立效果，证明其总体效应是优先促进脂肪的氧化而不是碳水化合物的氧化。因而，为了达到平均RQ（呼吸商）与平均FQ（膳食中的食物商）同样低、脂肪氧化与脂肪摄入量相协调的效果，运动可以降低身体中脂肪含量，而体脂肪含量增加则是缺乏运动的结果。

十一、美国人减轻体重的最佳策略

减轻体重的新老方法层出不穷，其中有些建立在可靠的理论基础上，有的则是没有根据的甚至错误的说法。以下总结了代谢基础上的一些主要原则。

由于减肥膳食而带来的能量支出下降经常被人们过分夸大了。每天的能量支出包括食物摄入本身所带来的热效应，它会浪费食物中能量的10%。例如，将食物能量摄入减少418kJ则食物的热效应(TEF)当然会减少418kJ。很显然，能量摄入的减少越多，能量亏损越大，这一点上的疑问也就越没有道理。此外，能量支出是与身体大小相关联的。一旦体重减少了，体重维持的能量也就自然地随之减少，每减重1kg，维持能量减少50.16～62.70kJ。

1. 避免食用高膳食脂肪

低脂肪膳食一般会在较低的肥胖程度上达到稳定的体重维持状态。人们因而期待，大量削减脂肪摄入会帮助原来摄入较多脂肪的人减少体脂肪数量。不过很重要的一点是，对体重减轻的速率要有切合实际的预计。对于已经习惯脂肪占膳食总能量40%的人，将膳食中脂肪减少到30%将使总能量摄入减少10%，如果蛋白质和碳水化合物的数量保持稳定的话。这可以带来每天627～1 254kJ的能量亏损，具体数字取决于体型大小和日常能量需求，其结果是每天减少脂肪15～30g。遗憾的是，一周的脂肪减少量仅为0.11～0.23kg，这个数量不太可能给需要减轻大量体重的人带来多少激动之情。这些数字还说明，对于那些目标是维持体重的人来说，自由取食碳水化合物而减少脂肪摄入对能量平衡的影响。要使它成为体重校正的一个有效措施，脂肪摄入量的减少必须相当大，而且辅以对碳水化合物食品的限制(至少决不能增加)。

避免食用脂肪含量较高的食物有一个优点，就是减少了可选择食物的种类，因此可以在某种程度上减轻了混合膳食中丰富食物品种促进肥胖效应的影响。这个好处最近已经不太明显了，因为市场上涌现出多种多样的低脂肪替代物。消费这样的替代物而不是更油腻的“真东西”，可能让人们减少脂肪的摄入量，却不能让消费者学会改变饮食习惯，更加明智地选择食物，因而这个做法又开了一扇门，让人们回到过去的饮食习惯和体重增加当中。

2. 掌握平衡减重技巧

许多减肥膳食的处方是每天摄入4 180～6 270kJ能量，但没有强调改变碳水化合物、脂肪和蛋白质的相对比例。为了保证足够的蛋白质摄入量，应当选择那些蛋白质含量较高的食物，即使是在那些所谓平衡的减肥膳食中。如果体重的降低不那么快速，长期参加减肥计划直到体重有显著降低为止的可能性就会比较小，而参加那些下面将要讨论的、严格限食的PLMF(节约蛋白质改良禁食)和VLCD(极低能量膳食)饮食制度项目的人却会多一些，但这样就不会有那么难受的饥饿感。

然而，营养平衡的减重膳食的好处是，强调合理的食物选择，强调控制食物的分量大小，还能增加有关食物和控制饮食行为的知识，这些对于长期体重控制的成功是非常必要的。

3. 慎用快速减重方式

除非通过外科手术切除脂肪，减少体脂肪含量的唯一办法是让它作为能量底物被消耗掉。因为脂肪氧化的比例只能限制在总能量支出与蛋白质和碳水化合物摄入量之间，严格限制碳水化合物的摄入量对于促进脂肪的快速消耗是必要的。几乎完全除去碳水化合物会迫使机体通过分解脂肪来满足大部分的能量需求。因身体大小和体力活动量不同，这需要每天诱导 150～200g 脂肪分解。因而，许多减肥膳食都强调限制碳水化合物。但是，只有在脂肪的氧化不被脂肪的摄入所补偿的时候，这种措施才是有益的。

完全饥饿造成最大的能量亏损和极快的体重下降，但是这是因为从断绝碳水化合物供应的第一天起，细胞外体积就开始下降。人体可以忍受饥饿的时间达数周之久，因为肝脏可以产生胴体，代替葡萄糖作为大脑的能源。在断食几天之后，饥饿感显然在很大程度上减弱了。饥饿产生的一大缺点是：饥饿导致机体蛋白质的大量丧失（开始时为 100g/d，3 周后降低到约一半）。只要摄入蛋白质，就能有效地减轻这样的损失。节约蛋白质改良禁食和极低能量膳食（Very Low Caloriediets，VLCD）的方式已经确定，它们利用了完全饥饿感相对较轻的好处，同时就需要很高的蛋白质摄入量。有时候人们不容易看清这个事实，比如，把 VLCD 膳食达到氮平衡时的蛋白质供应量和成年人蛋白质的每日摄食营养素供给量（RDA）相比较时常有这种感觉。不能忘记，RDA（每日摄食营养素供给量）的数量是在达到能量平衡的情况下，人群平均的蛋白质需要量再加上两个标准差。在 PLMF（节约蛋白质改良禁食）膳食中，蛋白质供应量是 1.2～1.5g/($kg_{体重}$ · d)，通常用瘦肉或鱼来供应。而人们认为（极低能量膳食）VLCD 膳食中 70g 蛋白质即可满足需要，因为每天还有 50～70g 碳水化合物。对于那些不太胖的受试者、肥胖青少年以及从事较大体力活动的成年人，还需要摄取多一些的碳水化合物或生糖前体物质才能满足其体内的氮平衡。

PLMF（节约蛋白质改良禁食）和 VLCD（极低能量膳食）治疗膳食提供了高生理的蛋白质，补充了足够的矿物质、维生素、钾和钠等，有充足的成分来满足体重降低的要求，尽管这类疗法往往会导致结石的发生。这些治疗膳对肥胖严重的受试者最为合适，他们对生糖前体的需求最少，而且他们也有足够的动力尽快降低体重。从理论上来说，长期的严格营养限制会导致一些健康上的风险，而且这些治疗膳都必须在医疗监督之下进行，以保证其中含有足够数量的必需营养素[即蛋白质、矿物质、电解质（特别是钾，它是用处方药供应的）以及维生素]，还需要药品剂量的安全管理（剂量经常需要重新进行调整）以及可靠的咨询，以帮助每个人解决其自身的不同问题。

4. 防止体重回升

减轻体重取决于战胜调节食物摄入量的自然倾向，而要维持体重必须在某种程度上信赖于对食物摄入的主动控制（至少要把增加饮食量的麻烦减到最小限度）。因而一个需要认识的重要问题是：在体重维持期间和体重下降期间，营养素的选择是不同的。这一点并非人所共知，因为这些概念与仅仅建立在总的能量平衡上的考虑并没有密切关系。如果看不到维持体重和减轻体重的差异所在，很可能会导致减肥后体重迅速回升。

减肥者在剧烈的减重之后，只要碳水化合物摄入量不再受到严格控制，体重就倾向于回升。减肥者可能还记得，自己是靠严格控制碳水化合物而只吃一些肉和鱼才达到了减肥的成功。这就强化了人们通常的想法，即碳水化合物是引起体重增加的罪魁祸首。减肥者可能会被某些食物（如肉类、鱼类、奶酪、和坚果等）诱惑而放心食用，因为人所共知这些食物的碳水化合物含量低而蛋白质含量高。然而，这种偏好就只会带来反作用，因为这些食物的绝大多数脂肪含量很高，阻碍了维持体重的核心措施——通过限制脂肪摄入来预防脂肪正平衡状态。

总之，在生物进化过程中，维持合适的糖原储备和适当的瘦体质比较重要，而避免脂肪平衡误差的问题没有被放在重要位置上。因而，所有的机体都会自动地维持蛋白质和碳水化合物的平衡。为了避免体重增加，消耗脂肪的数量与摄入脂肪的数量相符是一个充分必要条件。当膳食中含有大量脂肪，而生活方式又缺乏运动的时候，这一条件便会难以实现。如果不能控制脂肪的摄入量，或不能达到足够的运动量以增加肌肉中脂肪的氧化，脂肪组织就会膨胀，直到将脂肪氧化水平提高到与脂肪摄入量相适应的程度上。

相应于一个人的膳食而言，这个人必须达到多胖的程度体重才能稳定？这个问题要由每个人独特的遗传特性、环境条件、生活方式和饮食模式来决定。既然环境因素是不能改变的，这个“机体定位”的暂时性地被干扰之后仍然倾向于重新恢复原有状态。因而表面看起来，似乎某个体偏好在一个特定的体重下生活，这就产生了机体在一个预先决定的“定点”上维持其体重的概念。然而，这些概念没有考虑到环境因素的影响，除非它们援引“重调定点”的神秘说法。如果我们理解，只要某个特定的身体成分可以达到 RQ 与 FQ 相等的效果。体重维持状态就能够建立起来，那么就不需要用“定点”之类的特殊假说来解释体重的稳定性。因而，看来肥胖的发生并不是由于调节能量平衡的能力发生了缺陷，而是因为只有在令人难以接受的高脂肪组织数量下才能维持能量平衡，这是机体的内在倾向所致。

究竟总能量摄入中有多少来自脂肪才能预防肥胖？目前还没有充分的信息来回答这个问题，而且这个限度是因人而异的。目前的膳食指南所提出的 30％的限制目标对于那些天生容易发生肥胖的人来说是不够的。然而，将脂肪摄入量限制在 30%，即使不能保证或维持理想的体重，预计这个措施还是会有一些效果的。特别是肥胖者通常偏爱高脂肪食物，而限制脂肪摄入量可以在相当大的程度上改变肥胖者的膳食习惯。如果将脂肪能量中的比例减少到 25%，甚至 20%当然也是可行的，但是这样就需要长期维持更小的食物选择范围，这会与食品多样化的生活相去甚远。除去从这方面获得的代谢杠杆效应之外，通过减少混合膳食中食物的种类来降低所选食物的能量密度，对于帮助控制体重也具有非常明显的好处——如果这种好处不会被越来越多的低脂肪替代物所淹没的话。要通过大幅度减少膳食脂肪来控制体重，还需要牢记的是，以乙醇形式摄入的能量应当算作脂肪一类，因为摄入乙醇会选择性地减少脂肪氧化数量，对碳水化合物的氧化则没有影响。

十二、消除节食减肥过程中饥饿感及少量多餐的饮食攻略

(一)节食减肥者消除饥饿感的方法

对肥胖者来说，减肥是一件非常痛苦的事情，以往喜欢吃的食物不能多吃，能吃的东西也不能放开吃，每天忍饥挨饿，非常难受。观念转变是第一位的因素。首先，要端正自己的减肥态度，充分认识到肥胖不但影响美观，而且对身体会产生危害，必须下定决心减肥，而减肥首先就要从限制饮食摄入做起。其次，应认识到科学的减肥饮食，不会导致营养不良，从而克服下意识的恐惧心理。

还需要认识到人体的胃是一个容量器官，以往摄入太多的食物产生很大的容积，刚采用节食疗法时，进食量突然减少，容易产生“食不裹腹”的感觉。但只要适应几天，胃“饿”小了，饥饿感就会减轻，从而坚定减肥的信念。以下几点可能对于消除饥饿感有所帮助。

(1)细嚼慢咽，延长进餐时间，可以减少饥饿感。

(2)以低能量、高容积的食物代替高能量食物，多吃蔬菜、粗粮等，产生很大的容积，饥饿感也就消除了。

(3)精力分散法，避免各种产生食欲的因素刺激，如多做运动、散步、看电影等，分散对食物的注意。饭前多饮水，也会利于少吃。

(4)少量多餐，每日将能量分开，进食 4～5 餐，有利于维持胃的容量，不至于感到饥饿。

(5)还有些人的饥饿只是心理性的，而不是生理性的，经过一段时间的适应，养成新的饮食习惯，这种现象会自然消失。

(二)节食减肥者少量多餐饮食方案

减肥的餐次应当控制在每日总能量不变的基础上，定时进餐，每日 4～5 餐最为理想。具体做法是每日将总能量分为 6～8 次摄入，早餐不吃太多，节省下来的能量在上午 9～10 点钟再加餐。中午的能量也减少 1/3，在下午的 3～4 点

之间吃 1 个水果。晚餐少吃，达到六成饱，在睡前半小时或运动锻炼后半小时再吃些牛奶、饼干等少量食品。这样做可以使胃内始终有一些食物而不至于感到太饥饿，同时将所吃食物充分消化吸收，保证节食期间的营养供应，不会发生营养不良。

(三)不当节食副作用的防治方案

在节食减肥中，不当的控食方法常常会导致身体的不适，常见以下几种表现。

(1)胃痛：严格限制进食可导致胃容量过低而强烈收缩，产生胃痛的感觉。最好的办法是进食体积大容量低的蔬菜，以多喝水来保持胃的容量。

(2)口臭：许多节食者会发生口臭，这可能与生活习惯改变，体内化学作用发生变化，或是没有摄取足够吸收胃酸的食物有关。此时节食者可以每天刷 3 次牙，或随身携带无糖口香糖或薄荷糖，必要时可服用适量的制酸药物。

(3)眩晕：不当的过度节食，可使身体失去大量的水分和钠盐，而钠和水在维持血容量和血压中十分重要。此外，缺乏碳水化合物也可能使血压急速下降，使人感到眩晕，尤其是猛然站起时。这时需要你立刻停止节食或采用科学减肥的方法。

(4)头痛：如果在两餐之间、用餐之前发生头痛，可能是饮食中蛋白质、碳水化合物不足而发生的血糖过低所致。也有可能是减肥者过度的运动，使体内小血管无法容纳急剧增加的血流量而使血压上升，导致头痛。此时需要在饮食中适当增加蛋白质、糖类，同时运动量要稍减。

(5)沮丧、抑郁：很多节食者常会感到心烦意乱、情绪不佳，或是想哭的冲动，这可能是血糖过低，节食搅乱了血糖和胰岛素的平衡所致。缺乏钙质或维生素 B_1 也是导致情绪低落的原因。这就需要调整食谱，均衡饮食。

(6)疲乏无力：过低碳水化合物的节食法，会使你感到异常疲乏，因为你的身体被迫燃烧太多的体内脂肪。这时应多吃碳水化合物、蛋白质、维生素 B 族含量高的食物。

十三、低 GI 食物减肥与体重控制理念的应用

(一)何谓 GI

GI 是“食物血糖生成指数”的英文缩写。食物血糖生成指数是指 50g 碳水化合物的食物与相当量的葡萄糖在一定时间(一般为 2h)体内血糖反应水平的百分比值，反映食物与葡萄糖相比升高血糖的速度和能力，有时也称“升糖指数”。通常把葡萄糖的血糖指数定为 100。一般而言，食物血糖生成指数大于 70 为高 GI 食物，小于 55 为低 GI 食物，55～70 为中 GI 食物。专家们提出用“食物血糖生成指数”(GI)的概念来衡量某种食物或膳食组成对血糖浓度影响的程度。最初食物血糖生成指数(GI)适用于糖尿病患者选择富含碳水化合物类食物的参考依据，现在

也广泛用于肥胖者和代谢综合征患者的膳食管理以及健康人群的营养教育中。

而GI值指的是，当我们将食物吃进体内后，(相对于吃进葡萄糖时)使血糖升高的比例。简单来说，越容易使血糖快速上升的食物，其GI值就越高，像糖类和淀粉类是属于高GI；反之，使血糖上升速度较慢的食物，其GI值就越低，像油脂类和蛋白质属于低GI。

如何借由吃低GI食品来达到减肥的效果，和胰岛素的分泌有极大的关系。我们在吃低糖类、淀粉类等GI值高(升糖指数高)的食物后，血糖就会快速升高，促使胰脏分泌胰岛素来降低血糖浓度，将之转换成为生活中所需的能量，但是如果摄取了过多的糖类、淀粉类食物时，胰岛素会将多余的糖类转换成脂肪，储存在体内，就容易导致肥胖了。所以当我们吃进GI值低(升糖指数低)的食物，减缓血糖上升的速度，胰岛素的分泌量减少，也减少脂肪的形成和堆积，就是所谓的"低GI饮食法"，也称为"低胰岛素减肥法"。

(二)如何选择GI低的食物

豆类(如豌豆等)、乳类、燕麦(含麦芽糊精)、蔬菜(含烤土豆等)、水果(如苹果、桃)等纤维含量高，都是低GI值食物，魔芋粉的血糖生成指数只有17，在几乎所有食物中是最低的。而葡萄糖、蔗糖、蜂蜜、葡萄干、白面包、馒头、香蕉、玉米片、米饭、蛋糕、饼干、冰淇淋、甜点等则属于高GI食物。通心粉、面条、麦片粥、橘子、黑葡萄、绿葡萄等属中GI食品。谷类、薯类、水果常因品种和加工方式不同，特别是其中的膳食纤维含量发生变化，而引起GI的变化。此外，选择未经过太多烹调手续和较少调味、添加物的较粗糙的食物，少吃过于精致的食物，也是一种挑选低GI食物的方法。

(三)过量食用GI低的食物也会长胖

很多人对低GI食物有误解，认为低GI的食品是吃不胖的，可以尽情享用，但事实上并非如此，如果吃了过量的低GI食物，其总热量还是很高，一样会造成发胖的结果。所以必须在固定的食物总热量范围内，重新组合食物的品质(GI值)而非食物的量，才能有效发挥低GI的减重功效。因此除必须选择低GI的饮食外，还必须控制食物的总热量。

还有人说"低胰岛素减肥法"是人性化的减肥方式，认为它不需要特别的运动，更不需要忍饥挨饿，就可以达到减肥的效果。其实，这种为糖尿病患者以饮食的方式来控制血糖而设计饮食疗法，并不一定适合当作塑身减肥的理想方式。减肥塑身还是要靠长期的运动，才能维持良好的身材，并在全身性有氧运动＋肌肉负荷训练＋局部训练(体型修塑)＋伸展性训练的基础上结合饮食调控才能收到最佳效果(即获得健美的体型或理想的曲线)。而科学平衡的膳食只是减肥塑身和健美方法中最重要的因素之一。

当然“GI减肥食谱”在某种程度上也有一些进步的意义，但更多是体现在提倡健康时尚的生活方式上。专家们认为仅仅靠吃低碳水化合物还不行，仍要配合低热量、低饱和脂肪酸的食物，多吃蔬菜水果，减少咖啡因的摄入，保证良好的睡眠，缓解压力，让人想吃东西才行。“GI减肥食谱”还要求使用者：坚决不吃糖，不喝果汁而吃水果，永远不要吃果泥、蔬菜泥，吃生的蔬菜，不吃奶酪，不摄入咖啡因，每3h吃一次东西以避免低血糖等也有一定借鉴作用。

(四)低GI食物减肥法和节食减肥法的不足

长期的低GI食物减肥法和节食减肥的主要不足在于，单纯节食减去的体重中，肌肉组织占35%～45%，虽然节食可能使身体各部围度缩小，但很难改变身体的曲线，只有力量练习再配以有氧运动才可以减少肌肉组织的丢失和修塑健美的形体和曲线。此外，如果长期采用低糖饮食，当葡萄糖耗尽，脂肪便以酮体形式提供能量，长此下去还会导致摄入过多的胆固醇和脂肪，久而久之更会导致心脏功能的衰竭。

第六节 成年男性形体消瘦的原因与增加体重的攻略

一、身体过瘦的原因

根据消瘦的原因，通常分为单纯性消瘦和继发性消瘦两类。单纯性消瘦又包括体质性消瘦和外源性消瘦。我们以下主要探讨的是外源性消瘦。

1. 单纯性消瘦

(1)体质性消瘦。主要为非渐进性消瘦，具有一定的遗传性。

(2)外源性消瘦。通常受饮食、生活习惯和心理等各方面因素的影响。食物摄入量不足、偏食、厌食、漏餐、生活不规律和缺乏锻炼等饮食生活习惯以及工作压力大，精神紧张和过度疲劳等心理因素都是导致外源性消瘦的原因。

饮食失调：在某些情况下，个人的饮食方式将会对健康产生不利的影响。这种状况如果得不到纠正，将可能使健康水平严重下降，甚至造成死亡。在临床上称为进食障碍，包括神经性厌食、偏食、食物摄入量不足的饮食失调等。饮食失调是指亚临床的不健康饮食方式，常常是进食障碍的先兆。关于饮食失调和进食障碍，并没有单一的机制可以解释其发病原因。一般认为，遗传和生物力学的、心理学的以及社会文化方面的因素都可能引起这种疾患的发生。

缺乏锻炼：随着社会的进步、科技的发展，生产方式的变革，身体直接参与的劳动越来越少，又没有专门的体育活动，身体的肌肉就得不到刺激和锻炼，导致肌肉不发达甚至萎缩。瘦体重又是身体的主要成分,瘦体重过轻直接导致体重过轻。

不规律的生活方式:不规律的饮食、作息时间对身体伤害很大。根据一些资料表明,很多人的睡眠远远不足 6h,身体一直处于透支状态。睡眠是人体体力恢复的重要措施,也是促进肌肉生长的“生长激素”分泌异常活跃的时期。没有睡眠保证,身体很难得到体力恢复。

2. 继发性消瘦

由各类疾病所引起的消瘦我们称之为继发性消瘦。胃肠道疾病如胃炎、胃下垂、胃及十二指肠溃疡,代谢性疾病如甲亢、糖尿病,慢性消耗性疾病如肺结核、肝病等都可能引起消瘦。另外,胆囊切除术等腹腔手术术后也可能导致消瘦。

二、身体过瘦的危害

过瘦与肥胖一样,都是亚健康的一种。人体内的肌肉、脂肪含量过低,体重指数 BMI 小于 18.5 即为消瘦。消瘦者不仅容易疲倦、体力差,而且抵抗力低、免疫力差、耐寒抗病能力弱,易患多种疾病。

(1)消瘦的儿童少年则有营养不良和智力发育的问题。因为儿童和少年正处于生长发育时期,需要的热量及营养物质都较高,过瘦的儿童和少年会出现热量短缺,蛋白质、矿物质及维生素等缺乏。

(2)消瘦的青年人常伴有肠胃疾病。

(3)消瘦的中老年人易患骨质疏松。

(4)消瘦的人群容易出现便秘现象。由于食物及液体摄入量过少,使肠道缺少应有的正常刺激造成便秘。

三、身体增重的方法

目前增重的方法主要有:饮食增重法、药物增重法、运动增重法。以下主要介绍饮食增重法和运动增重法。

1. 饮食增重法

饮食失调造成了一部分人体重过轻,所以又有一部分人在为增加自己的体重而操心。对于他们,很重要的一个建议就是应尽可能地使瘦体重增加,而不要造成脂肪的堆积。另外,当一个人的体重持续下降或增加体重非常困难时,应接受医学检查来排除潜在疾患的可能。

(1)增加热量摄入。摄入的能量必须保持大于消耗的能量才能增加体重。当人体摄入的热量大于消耗的热量时,才能有多余的热量用于肌肉生长。经研究表明,体重无变化时,摄入和消耗的热量是相等的,此时在饮食量和消耗量不变的基础上,额外增加摄入3 500kcal热量,便可增重 0.454kg 左右。科学健康的增重方式是:将额外增加的 3 500kcal 热量分配到 1 周内摄取,即每天额外增加热量摄取

500kcal，1 周的体重增加数控制在 0.454kg 左右。饮食增重法还应了解增肥食物的特点：高能量的食物，如糖、脂肪；味美的食物，如甜、香、油炸的食物；水分少且不易产生饱腹感的食物，如饼干、干果仁、葵花子；如期望健美塑身或增肌者在饮食方面则应多食蛋白质食物。

(2)调整膳食组成。摄入热量的分配必须科学。人体摄入的热量来自蛋白质、糖类和脂肪这 3 种营养素，它们都可以产生热量，但不能相互代替，否则对健康不利。如糖类过多而脂肪过少，会加重胃肠负担；如脂肪过多而糖类过少，则可能引起肥胖症、心脑血管疾病；如蛋白质过少，会使生长发育受抑、机体抵抗力降低。所以它们的摄入必须有一个科学的比例，人体摄入热量的 55%～65%应来自于糖类，15%～20%来自于蛋白质，其他来自于脂肪。

(3)增加进餐频率。少量多餐的进餐方式有助于改善血糖和胰岛素的调节张力，改善体内氮的滞留，提高机体自我调控的能力。研究表明，每天以少量多次原则进餐 5 次或 5 次以上者的体重高于每天进餐 3 次或 3 次以下者，而且皮褶厚度前者低于后者。

2. 运动增重法

系统的肌肉力量练习，能够促进骨骼肌蛋白质的合成，使肌肉重量增加，体积增大。

(1)抗阻训练。美国运动医学协会 1998 年建议将抗阻训练纳入完整体适能计划。系统的抗阻训练，能够促进骨骼肌蛋白质的合成，使肌肉体积增大，重量增加。对于初练者练习的强度和运动量要循序渐进，开始训练时，使用负荷要较轻，次数频率也要较少。随着身体运动状况的调整和适应，及时增加肌肉抗阻训练。增重者每周尽量达到 2～3 次抗阻训练，每次训练选择主要肌肉群进行抗阻训练，负荷强度为 8～10RM，既有利于局部肌肉塑造，又有利于瘦体重的增加。

(2)心肺耐力训练。长期规律的心肺耐力训练可以提高机体的有氧适能的水平。有氧适能的提高就会使肺的通气能力提高、血液的载氧能力提高、心脏泵血能力提高、动脉血管对血液的再分配能力提高及肌肉利用氧的能力提高。适当的心肺耐力训练对抗阻训练有非常大的促进作用，对瘦体重增加非常必要。但也要注意，持续时间不可过长，一般控制 25min 以内较为合适。

四、健美形体的一般动作与锻炼攻略

(一)健美颈部肌群的锻炼动作与方法

早在古希腊时代，人们就认为："健美的人体应具有宽敞的胸部、灵活而强壮的脖子……和块块隆起的肌肉。"由此可见，颈部的强壮与否直接关系到一个人是否雄健、英武和健美。颈部强健的胸锁乳头肌，能显示出男性的阳刚之气；如果颈部脂肪堆积，则显得臃肿。颈部保持良好的姿态和曲线才会增添人的风度和气质美。

(1)锻炼颈部的肌群及常见练习。要想使颈部变得强健漂亮,就必须锻炼胸锁乳头肌、斜方肌、颈阔肌、夹肌、头长肌、颈长肌等与颈部健美有关的肌肉。主要练习动作有站姿颈屈伸、侧向颈屈伸、仰卧颈屈伸、俯卧颈屈伸、俯立颈屈伸等。

(2)颈部肌群锻炼方法建议。

锻炼的初级阶段,一般只进行徒手颈绕环和左右转颈等练习,也可不安排专门的颈部练习,6 个月后每次课选择 1～2 个动作,每个动作练习 2～4 组,每组 10～12次。

在没有专门器械的情况下,可以徒手(或毛巾)的自抗力练习为主;6 个月至 1 年后,可加重量练习,如负重颈屈伸等,以使颈部肌群与全身肌群平衡发展。

(二)健美肩部肌群的锻炼动作与方法

假若现代男性拥有一副宽阔厚实的肩膀,则无疑是独具魅力的。而决定肩膀宽度和健美与否的条件有两个:一是锁骨和肩胛骨的长短与大小,二是锁骨末端附着的三角肌的丰满程度。肩窄的根本原因是锁骨和肩胛骨周围附着的肌肉群不发达而无力,使得锁骨和肩胛骨远端下垂。另一原因是两个横面的肌肉发展不平衡,前紧后松继而形成扣肩凹胸。锁骨和肩胛骨的长短大小,除先天的遗传因素外,与后天缺乏锻炼、不注意保持正确姿态,也有重要关系。

(1)锻炼肩部的肌群及常见练习。男性要想展示肩的宽度和力度,体现“倒三角形”体型。主要练习动作有站姿提肘上拉、站姿侧平举、站姿前平举、躬身侧平举、俯立飞鸟、颈后推举、颈前推举、坐姿推举哑铃、平举下拉橡皮带、侧上拉橡皮带、站立耸肩、俯立耸肩等。

(2)肩部肌群锻炼方法建议。初练时按不同的锻炼部位,每次课可安排一个动作,每个动作可做 2～3 组;半年至一年的锻炼课,每次可选择两个动作为组合,每个动作做 2～4 组;一年以后应根据实际情况,选择三个动作为一组合,每周练二次,每次课的每个综合为 8～10 组。

为了发达肌肉的男性,其试举的重量应大些,次数可少些,每组一般 8～12 次。在锻炼中,还必须根据肩部的生理特点,把每个动作按不同的部位(如肩部的前中后)合理地安排在训练课中,使肩膀周围的肌群都能得到锻炼。

(三)健美臂部肌群的锻炼动作与方法

自古以来,胳膊就被视为力量的象征,它是完成人的基本活动的重要器官。在我国历史上也一直把臂力过人的英雄作为崇拜的偶像,如楚霸王力举大鼎、鲁智深倒拔垂杨柳的故事就曾迷倒过不少青少年。在现代生活中虽有各种起重机能举起数以吨计的重物,但有一双灵巧的手和健美粗壮的胳膊还是很重要的。因为能具有力拔千斤的力量,仍是令人羡慕的。

(1)锻炼臂部的肌群及常见练习。健美臂部应重点锻炼肱三头肌、肱二头肌、肱肌。主要练习动作有站姿反握弯举、坐姿托肘固定弯举、俯身弯举、斜板单臂弯举、单臂坐弯举、斜卧弯举、反握引体向上、颈后臂屈伸、仰卧臂屈伸、俯立臂屈伸、站姿双臂胸前屈肘下压、仰卧撑、直臂后上拉举、腕屈伸、站姿双手卷棒、重锤握力器交替握等。

(2)臂部肌群锻炼方法建议。胳膊肌肉的锻炼，重点应集中在上臂，以练肱二头肌和肱三头肌为主。其他的肌肉如前臂的屈肌和伸肌，只要适当安排 2～3 个动作就足以能与上臂肌肉协调发展。这是因为在练上臂的同时，前臂也加入了运动，从而得到了锻炼。锻炼胳膊时应充分注意：两手交替练习和依次练习的项目，其负荷应完全相同，既要练屈肌又要练伸肌，只有这样，才能使臂肌发达对称；男性的锻炼多数是以发达臂部肌肉、增强臂力为主要目的。练习重量应以大重量为主，练习次数可少些。

在进行系统的锻炼时，各阶段训练课的内容安排一般如下。

第一个月的锻炼课安排：每块主要肌肉或肌群，如肱二头肌、肱三头肌、前臂肌群等，各选择一个动作，每个动作练 2 组。

第二、第三个月的锻炼课安排：应根据上述各肌肉或肌群另选择动作，每个动作练 3 组。

第三个月至第六个月的锻炼课安排：每块肌肉或肌群可选择两个不同方位或不同器械的动作，每个动作做 2～3 组。

六个月以后的锻炼课安排：应根据臂部肌肉的增长情况，每块肌肉或肌群选择 2～3 个不同的动作，每个动作练 3～4 组，最多不超过 5 组。

锻炼一年左右，一般臂围会明显增粗。但一年后，臂围的增长幅度可能要稍慢些，为进一步增强训练效果，一年后的锻炼应根据实际情况，合理选择有效动作进行练习，并应适当的增加运动量。

(四)健美胸部肌群的锻炼动作与方法

人们在追求健美的体形时，往往把挺拔、丰满、结实的胸脯看作是人体美的主要标志。它甚至象征着男性的力量和开阔的胸襟。它可使小伙子显得格外魁梧健壮，并为自己的挺拔宽厚的胸脯感到自豪。练就宽厚的胸部，不仅可使体型变得健壮优美，而且有助于矫正低头含胸的缺陷，还可增强心肺功能，使人充满青春活力。

(1)锻炼胸部的肌群及常见练习。健美的胸部主要有赖于发达的胸大肌。主要练习动作包括平卧推举、斜卧推举、仰卧飞鸟、俯卧撑、双杠臂屈伸、仰卧屈臂上拉、仰卧直臂上拉、坐姿屈臂扩夹胸等。

(2)胸部肌群锻炼方法建议。各阶段胸部肌群锻炼的内容安排如下。

初练至三个月的锻炼期：除掌握基本的动作要领外，主要应以发展胸部形状为主。可隔天练习，每周练 3 次，每次课选 1～2 个动作。此外，在练胸肌时最好同练背阔肌及大腿肌群结合起来，以取得更好的效果。

三个月以后至一年的锻炼期：即第一阶段是三个月至六个月，第二个阶段是六个月至一年。一般在这个时期的训练中，主要以扩大胸腔、改变基本体形为主，促使胸肌发达，每次课练 2～3 组。

一年以后的锻炼期：根据胸肌的发展情况，合理地选择发展不同部位的 3～5 个动作为一个组合。由于运动量逐渐增大，还要与身体其他部位的锻炼结合起来，每次课可选 3～10 个动作为一个组合，综合组数为 3～4 组。

男性的胸部外形，根据部位可分为“外侧翼”“下缘沟”“上胸部”等。如改变“排骨”体型的锻炼，主要从发达胸大肌，扩大胸腔，增强呼吸系统功能着手，然后结合肩、背、臂和腿部等肌肉群进行锻炼。前三个月的锻炼，主要以发展胸部的形状为主，即先发达“外侧翼”“下缘沟”的肌群，然后，由“外侧翼”逐渐向“中间沟”“下缘沟”“上胸部”发展，把三角肌前束肌群联系起来，以形成宽厚结实的胸脯。

(五)健美背部肌群的锻炼动作与方法

背部肌肉宽阔、发达，不但使上肢强劲有力，给人以健壮、雄浑之感，而且能使躯干呈“V”字形，构成挺拔的体态，给人以美好的背影，也是现代男性健与美的综合反映。

(1)锻炼背部的肌群及常见练习。要想使躯干上部肌肉发达，重点是要加强对胸大肌和背阔肌的锻炼。值得注意的是，在健美训练中有的人只注重对胸大肌的锻炼，认为锻炼胸肌同时会影响到背肌，我们认为这种观点不算全对。虽然锻炼胸肌会使背阔肌得到锻炼，但背阔肌面积大，要使背阔肌与胸大肌同步发展，或者说要想使背阔肌发展得快，必须做大量的专门练习，否则只注意发达胸肌，不作背阔肌专门练习，可能会导致胸廓畸形发展。例如俯卧撑对健美胸部和肩部有很好的效果；对“后缩肩”和“鸡胸”体型有矫正作用，即可使肩前伸，但对于“驼背”“含胸”“翼状肩”缺陷者则不宜练习，因为做俯卧撑反而增大了缺陷效果。所以发达胸大肌与背阔肌要交替进行，不可偏废。当然，在全面锻炼的基础上，各阶段可以有所侧重。锻炼背部的主要练习动作有坐姿重锤颈后下拉、单杠引体向上至颈后、俯立划船、俯卧提拉、屈体硬拉、坐姿双手划船、坐姿对握腹前平拉等。

(2)男性背部肌群锻炼方法建议。古人把“虎背熊腰”作为男性健美的标准，而现代男性则把“V”字形挺拔体姿作为衡量健美的尺度。人体的躯干是人体活动的支柱，人到中年、晚年后，如果缺乏体育健身锻炼，背部肌群的萎缩或脊柱的老化就会提前，导致躯干变成“含胸前屈”体姿。如能经常进行锻炼，背部肌群就能保持良好的体态。一般男性的背部锻炼，应从背阔肌的训练着手，先使其宽厚和形成良好的体形，一年后，再根据各人的背部肌肉发展的特点，合理地安排重点锻炼部位。在锻炼课中，一般在 1～3 个月内，每次课可选 2 个动作，做 2～3 组；3～12 个月内，每次课可选 2～3 动作，做 5～8 组。发达肌肉的最佳次数都是每组 8～12 次；如果着重减缩脂肪者，次数可多些；如果着重在发展力量者，次数应少于 8 次。

(六)健美腰腹部肌群的锻炼动作与方法

当我们赞美某一个人“挺拔、利索”时,“挺”是指胸部肌肉丰满而结实,“拔”是指腰部细壮而拔直有力和重心高,“利索”则是指腰部动作灵活。人体躯干挺拔、利索,不仅是健与美的体现,而且具有重要的生理功能与运动功能。腰部是连接人体上、下两部分的枢纽,是人体做前后屈、体侧屈及旋转等各方面运动的一架万能轴承,承担着各种生活技能和运动技能的繁重工作。并且在人体的腰腹部位又集中着人体消化、排泄、生殖等重要器官,真可谓是人体内脏的一个大储藏箱。

腰部是人体躯体的第二个生理弯曲,如果腰腹部脂肪堆积,大腹便便,不仅体型不美,而且使人们行动不便,动作迟缓,给人以笨拙之感,甚至引起内脏器官功能紊乱,体虚乏力,心血管系统负担加重,体质下降,还有可能出现其他疾病。增强腰腹肌群的锻炼,不仅可以增强消化和排泄系统的功能,而且对消化不良,胃溃疡、胃炎、胃下垂和便秘等症也有一定疗效。尤其对减缩腰腹部脂肪,更是一种很好的体育健身疗法。

(1)锻炼腰腹部的肌群及常见练习。要想使躯干强壮,就要发展竖棘肌和腰背伸肌以及股后肌群力量。要想使腹部曲线优美,肌肉结实而有力,就必须加强上腹部(腹直肌上部)、下腹部(腹直肌下部及髂腰肌)和腹部两侧(腹内外斜肌)肌群的锻炼。主要练习动作有俯卧两头起、俯卧挺身、直腿硬拉、俯身展体、负重体侧屈、侧卧弯起、负重转体、俯卧转体挺身、仰卧起坐、仰卧举腿、仰卧两头起、悬垂收腹举腿、仰卧双腿绕环等。

(2)腰腹部肌群锻炼方法建议。在男性健美体形匀称发展的要求中,腹部肌肉线条是体型美的主要部位。所以,腰腹部的锻炼,除了减缩多余的脂肪之外,主要是发达腹直肌和腹外侧肌。

对重点减肥者,应包括腰周围的上腹、下腹、腹侧、腰背甚至胸部、臀部和大腿上部等部位的锻炼,每周安排 5～6 天训练,每次训练课至少 60min 以上,并以有氧运动为主。各部位的训练组数和次数也应相应增加。有条件的人每天还可练习两次。对较瘦者,则采取加强重点部位锻炼的方法,以达到丰满体型、增强内脏器官机能的目的。对外型原就比较匀称者,则以加强力量和肌肉弹性的练习为主,使其能达到增强体质,保持其健美体形的目的。

腰腹肌的健美锻炼应与发达其他部位的肌肉的锻炼严格区别开来。特别要注意:每次课应选择 2～4 个动作,练习的组数为 3～5 组,每组的次数不得少于 20 次,间歇时间最多不超过 30s,每周至少安排 2～5 天。动作频率稍快,初练时动作难度要求不必过高,从徒手到持器械,有一定基础后不断增加训练难度和增加器械的重量。从运动生理学的能量供应与热量的消耗来说,腰腹肌的锻炼应安排在每次训练课的最后,这是使腰腹健美的关键。

(七)健美臀部肌群的锻炼动作与方法

臀部是人体背面审美的焦点,是男性健和力的象征。男性的臀部则应有丰满、鼓胀、富有弹性和立体感的肌肉群,显现出男性的强健的力感和阳刚之气。塌臀、宽臀不美,臀部肥大或松弛下垂也不美,只有圆凸、坚实的臀部才最具魅力。

(1)锻炼臀部的肌群及常见练习。臀部的健美与臀大肌、股后肌群、扩筋膜张肌及大腿部肌群有关。如果臀部瘦削、干瘪、无肌肉弹性或臀部太小,通过系统的训练可使臀部肌肉发达起来,并逐渐塑造成丰满结实的臀部。反之,如果臀部肥大或松弛下垂,亦可以通过健美训练加以修塑。俯卧直腿后上举、负重弓步蹲、最大宽度半蹲等练习是美化臀部曲线的最好方法。此外,还有俯卧后举腿、俯卧交替后举腿、站姿直腿前举、外侧举、内侧举、后举、站立支撑后摆腿、站姿负重伸大腿等也对美化臀腿有重要作用。

(2)臀部肌群锻炼方法建议。修塑臀部并使臀部结实圆凸的最好办法,一是发展臀部肌肉,如臀大肌、臀中肌和臀小肌,二是减缩全身和臀部多余的脂肪。在锻炼中,对要求达到减缩脂肪、增加肌肉弹性或发达肌肉群的锻炼者们来说,由于锻炼部位相同,动作方法基本是相同的,只是试举的重量,练习的次数,练习的组数,动作速度、频率,动作幅度的大小和训练的强度、密度与运动量有所区别。

对重点要求减肥者和增强肌肉群弹性者,应采用最多不超过60%的重量标准(指这个动作能举起最大重量的百分比)进行练习,练习次数可做到极限的最后一次。锻炼时注意力一定要集中在所练的肌肉部位,动作速度、频率可稍快些。

对重点要求发达肌肉者,应采用最高为85%左右的重量标准进行练习,练习次数应比减肥者少些,组与组的间隙时间一般要比减肥者长些,组数要少些。通过一定时间的锻炼后,课程的内容可根据自己的特点进行合理选择,并根据体力和力量的增长情况适当增加试举的重量。

在锻炼课的安排中,一般前3个月选择1～2个动作,每个动作可做2～3组;对重点减肥者还可适当增加。3个月后,除根据自己的特点选择动作外,每次训练课最多不能超过4个动作,每个动作练习的组数和次数可与前3个月基本相同。

(八)健美腿部肌群的锻炼动作与方法

如果说把人宽阔、厚实的胸部比作是“门面”,挺拔、结实的腰部比作是一架“万能轴”,那么强健、有力的双腿应视为“中流砥柱”。线条流畅的双腿不仅是健美体格的基础,而且是维持运动和生命活力的有力“武器”。在正常情况下,除了运用外力和机械之外,能使人产生位移的唯一办法是靠双腿的运动,所以腿是组成人体的重要部分。大腿应以股四头肌健壮有力、结实丰满、棱角分明、肌肉显著为美;小腿则以腿肚鼓突适中,呈纺锤形的为美,而腓肠肌与比目鱼肌构成的腿肚又是腿部审美的重点。然而,要想双腿既苗条修长和重心高又强健有力,只有积极参加健身健美锻炼,做专门练习才能达到这一目的。

(1)锻炼腿部的肌群及常见练习。健美腿部应重点发展股四头肌、小腿三头肌、股二头肌以及半腱肌、半膜肌等肌群。主要练习动作有、坐姿腿举、下蹲起(前蹲、后蹲、半蹲、深蹲)、坐姿腿屈伸、跨举、仰卧腿举、斜架负重蹲起、俯卧腿弯举、对抗腿弯举、站姿负重提踵、练习架提踵、坐姿负重举踵、壶铃蹲跳等。

(2)腿部肌群锻炼方法建议。腿部肌肉块较多,从健身健美角度出发,一般以大腿前面的股四头肌和小腿后面的小腿三头肌为主,以股二头肌等肌群为辅。男性腿部的锻炼主要以发达肌肉群,增长肌肉力量为主。下肢肌群能承受的负荷和运动量比其他肌肉群要大得多,尤其是股四头肌。腿部能承担的负荷能力,一般超过体重的几倍。

在安排训练时,一般男性在前六个月的训练中,应适当降低动作难度,每次课可安排 1～2 个动作,大腿做 3～4 组,小腿做 2～3 组。在六个月至一年,动作难度可适当增加,每次课可安排 1～2 个动作,做 4～5 组。在一年以后,大腿锻炼一般安排 2～3 个动作。单纯性腿部肥胖者,其锻炼方法,练习次数、组数、负荷、间歇时间等均可按照常规的减肥和体型雕塑方法进行。

腿部力量和肌肉增长有其客观规律,在开始的 1～2 年内,增长速度较快,以后越来越慢。到了一定程度时,增长曲线往往上下起伏,好像到了生理极限。根据遗传学的研究结果表明,腿部肌肉力量的极限所出现的时间最高点是受遗传因子影响的。因此,可以说,每个人的生理极限是有差异的。有些人练来练去腿部肌肉都不会怎么长,就是这个原因。在这种情况下就必须采取不同重量、不同站距、不同角度、不同方法等进行多组数和多次数的练习。腿部的潜力是很大的,只要不怕艰苦,坚持练习,腿部力量和肌肉都会逐渐地得到增强和增长,挺拔、美观、强健、有力的双腿一定会实现。

五、发达肌肉和健美形体的循环训练处方范例

把同类的或不同类的动作编排在 1 大组内分为 4～8 个站,然后按序一个接一个地进行练习,做到规定次数后,即快速转换到下一站进行训练。待所有的站都全部练完,该大组训练结束。训练下来后汗流满面,心跳加快。这种训练法(循练习法)是有氧训练,对去脂减肥,增加肌肉线条的鲜明度大有好处(图 7 - 3、图 7 - 4)。而丰满形体和发达全身肌肉的形体塑造处方范例可参考第五章的表 5 - 2～表 5 - 5“健美锻炼课程表”,这里不再赘述。

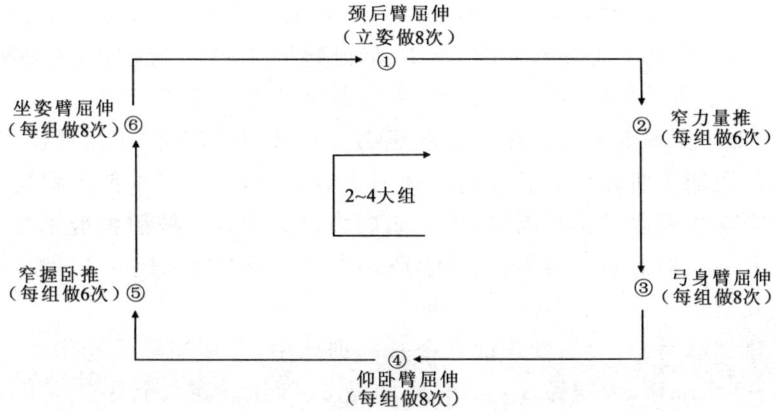

图7-3　发达上臂伸肌（肱三头肌）的循环练习（范例）

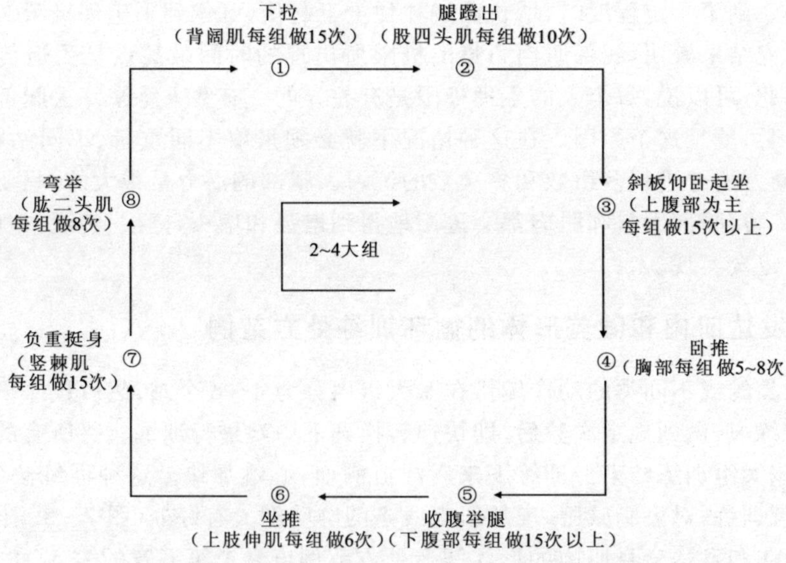

图7-4　发达全身肌力的循环练习（范例）

第七节 成年男性消瘦者的营养调配与膳食增重攻略

一、健美形体的饮食营养方案

(一)一般健身锻炼及消瘦者饮食方案

不论是增加肌肉体积还是减缩多余脂肪,都必须通过科学的健身健美锻炼才能实现,但是如果不注意科学合理的营养就达不到预期的效果。科学合理的健身健美锻炼与营养有机的结合是取得良好效果的基础。

健身界有句行话,叫"一半靠练,一半靠吃",健美界也有句行话,叫"三分练,七分吃"。这的确是一条通俗的经验总结。当然,"练"是指科学的练,"吃"是指合理的吃。根据我们对健身健美训练者多年的跟踪调查和实践经验的总结,得出健身健美锻炼者的每日食谱配备公式,即:

每日食谱=适度的蛋白质食品+较低含量的脂肪食品+高含量的碳水化合物食品

在健身健美训练的过程中,不少锻炼者对每日进餐次数和时间产生兴趣,这种对健身健美餐食的新态度,无疑有利于建立符合自己健身健美训练目标的良好餐食习惯。那么参加健身健美训练的人每天吃几餐?什么时间吃好?我们认为,应根据人体一天消耗能量的需要和消化规律来确定。同时也要将进餐与健身健美训练相适应,让食物所释放的能量和营养素及时地去满足"身体建设"的需求,从而发挥维护和提高身体健与美的更大功效。根据我国的国情和大众健美训练的特点,实践证明,对健身健美锻炼者来说,采用"日食五餐法"较为合适。即每天吃五次,每次吃六七成饱为度,每餐间隔 3h 左右成为基本的建议模式,或五餐达到每日应摄取热量之和的进餐方式。采用"日食五餐法"是因为眼下市场上供应的食物质量已逐渐优质化,烹调技术趋于科学化,食物选择实现多样化,食物被消化吸收的进程相对缩短,打破了人体生物钟的规律。

对于参加健身锻炼的一般人来说,控制热能平衡非常重要。理想的膳食结构比例是蛋白质应该点总量的 18%～25%,脂肪占总量的 20%～30%,碳水化合物占总量的 55%～60%。同时,一日五餐热量的摄入也必须保持适当比例。即早餐应占全天总量的 20%,午前餐 10%,午餐 30%,午后餐 10%,晚餐 30%等。这样,就从根本上解决了健身健美锻炼者在老式三餐模式的每餐之间,容易产生饥饿感(在这个时间内的工作、学习效率滑向低谷)的"两饿(锻炼前饿和锻炼后饿)"与"偏食(必需的营养成分不足而供能太多,或必要的营养成分过剩而供能缺乏)"的问题。健身健美训练与进餐的相隔时间,一般是小到中等运动量,休息半小时后即可进餐；如果大运动量，应至少休息 1h 后再进餐。

（二）健美运动员训练膳食指导性建议

1. 主要营养比例

蛋白质∶碳水化合物∶脂肪＝30％～35％∶55％～60％∶10％～15％

2. 进餐次数

平均每天进餐 6～7 次。

3. 食物种类

谷类食物以米饭、馒头为主，蔬菜以番茄、小白菜、芹菜梗、油麦菜、黄瓜为主，此外，芦笋、冬瓜、莴苣、芫荽、小红萝卜、菠菜、苦瓜、南瓜、白薯、红薯、山药、土豆、大蒜、海藻、绿豆芽、韭菜、辣椒、魔芋也可有选择的食用。水果以香蕉、西瓜和苹果为主，肉蛋类以牛肉、蛋清、无皮鸡胸、鱼、豆腐为主。

4. 烹调特点

肉类食物以水煮或清蒸为主，蔬菜以生吃为主，限制烹调用油和盐及含盐量高的佐料，如酱油等。

5. 赛前饮食期营养补品建议

为了降低体脂，保持瘦体重，要尽可能保存食物中的维生素，降低糖、盐、油的摄入量。

总之，健身健美训练者应根据自己的年龄、体重、训练状况及经济条件等精心安排营养食谱，切勿照搬别人的。要明白只有丰富的营养物质，科学合理的膳食结构与摄取，才能使健身健美训练者在较短的时间内达到健身健美的目的。

此外，形体消瘦者和健美运动员还应注意并充分利用训练后补糖的最佳时间，除了运动前、中、后，尽量减少在其他时间食用加工过的糖，而选用富含膳食纤维的食物如全麦食物，最后一次碳水化合物的摄入不要离晚上睡前太近。

（三）健美训练人群的膳食营养处方案例

表 7－13 是源于中国健美队训练实践的某一个健美营养膳食方案（举例），仅供参考。

“一高三低”即高蛋白、低碳水化合物、低脂、低盐（低钠）是该方案的基本特点。该方案在施行时的食物做法、进餐次数、进餐时间间隔及各餐热量分配方面均较为合理，但同时，该方案也有值得商榷之处，如，上午运动前碳水化合物多、蛋白质少，这将减弱运动时脂肪的分解，而运动后蛋白质多，碳水化合物少，这会影响到运动后肌糖原的恢复，错过了最佳恢复时间；长期低脂摄入会导致脂溶性维生素和必需脂肪酸摄入不足，同时降低体内激素睾酮的合成；长期低钠盐摄入，会影响体内水分代谢以及细胞渗透压等多方面的功能，而这些与人体运动能力、肌肉生长又是密切相关的。制订健美训练膳食方案时可以此为鉴，但不宜照搬，可因人、因训练和竞赛期的不同而各异，并在此基础上行改良之举，以扬长避短。

表 7－13　营养膳食方案

餐次	食物种类	热量（kcal）	蛋白质（g）	脂肪（g）	碳水化合物（g）
第一餐	蛋清、粽子	596	48	0.57	10
第二餐（上午运动前0.5h）	面条、菠菜（水煮）	354	13.2	0.3	74.7
第三餐（上午运动后1～1.5h）	鸡胸、米饭、青椒、芹菜（水煮）及其他蔬菜	493	62.9	9.1	39.5
第四餐（下午运动前0.5h）	鸡胸、芹菜及其他蔬菜	504	64.0	9.3	41.1
第五餐（下午运动后2h）	鸡胸、蛋清、胡萝卜及其他蔬菜	495	62.9	15.3	26.5
第六餐	同第五餐	338	52.6	6.5	17.5
加上营养品总计		3 205	366	44	333
三大能量物质供能比			46%	12%	42%

二、一般消瘦者的饮食调配方案

肥胖对健康不利，消瘦对健康也是有害的。造成人体瘦弱的原因很多，例如有的经济困难，食物量少质差；有的精神不愉快，食欲不振，进食量太少；有的消化功能差，虽然吃得不少，但消化吸收不良等。由于种种原因，使体内摄取的热量不足，营养素缺乏，这是造成体质瘦弱的根本原因。因此，科学合理的饮食对改变人的瘦弱体质是大有帮助的（详见前文的饮食增重法）。

一般瘦人的饮食应注意以下几点。

（1）要养成良好的饮食卫生习惯。饮食要定时定量，不吃零食，不暴饮暴食等，以便保护消化器官的功能；吃饭时要细嚼慢咽，以利于消化吸收；饭前不要大量喝水，以免冲淡胃酸，影响消化过程；饭前洗手，注意食品卫生，预防肠道感染等。

（2）要区别不同对象，合理安排饮食。胃肠功能低下者，要选择好消化、好吸收的食物。在刀工上应多采用丝、丁、末、片等，烹调应尽量做到软烂可口，易于消化吸收。对食欲不振者，应注意食品的多样化。调料上可选用刺激胃液，增加食欲的调味品。但不论何种情况，都应注意膳食平衡，营养合理，要粗细搭配，荤素相宜，有干有稀。

（3）要有良好的生活规律。要按时睡觉、起床，保证有充足的睡眠时间，以便保持良好的精神状态；每天要按时排便，这样肠道通畅，食欲也会增加。饭后要适当休息，饭前饭后30min内不剧烈活动等。此外，要适当地参加体育锻炼，这样可增强消化吸收功能，增进食欲，有助于各种营养素的消化吸收。心情忧郁会影响消化液的分泌和胃肠的蠕动。因此，保持良好的精神状态，对于消瘦者也是非常重要的。

三、消瘦的预防方案

在排除任何疾病的情况下，健康人要预防消瘦，应该掌握以下3点。

(1)警惕消瘦的预兆。凡事预先都有前期迹象，在消瘦还不太明显时，往往会出现一些预兆，如果能警惕“捕捉”，便有可能及时预防。

(2)在日常生活中勤检查。经常进行认真细致的自我检查和测量，是发现身体消瘦预兆和寻找身体消瘦原因的重要手段与方法。

(3)学会防瘦的方法。预防消瘦的方法有两种即健美运动与合理膳食两者相互结合起来，综合使用。

四、消瘦者的增肥方案

近几年来，国内外的学者对于消瘦者如何增肥进行了深入细致的研究，总结出增肥的十大要素。

(1)要想每周增加0.5kg体重，必须做几次高强度的训练，且保证所练肌肉有48h的休息，并做到每天增加饮食热量100～200kcal。

(2)为减慢新陈代谢，尽量不去做除了家务劳动、工作和学习以外的其他活动，尤其不可进行有氧耐力运动。

(3)每天保证8～9h的睡眠。

(4)当能坐着的时候，就不要站着，当能乘车时，就不要走路。

(5)不要吸烟和饮烈性酒。

(6)饭前一刻钟不做身体练习和工作。

(7)避免紧张，以免消耗体内热能。

(8)不要有饥饿感，想吃就吃，并多吃些含蛋白质、糖类和脂肪丰富的食物。

(9)饭前吃一片消化酶。

(10)持之以恒，坚持不懈。

五、消瘦者的进补方案

这里所说的瘦人，是指体型消瘦，但无任何疾病的健康人。这类人一般活泼好动，反应灵活，能食易饥，容易激动，多为阴血不足，宜选用大补阴丸、当归丸、人参蜂王浆、人参银耳晶、虫草补酒等滋阴补血之品进行调补。

需要注意的是，很多消瘦者并不存在虚像，属健康体质，没有进补的必要，只要加强健美运动和增加食物的摄入量就可以了。即使有了虚症，也应小剂量缓缓进补，否则虚弱者乱补，症状反而会加重，引起一系列不良反应，这称为“虚不受补”。如瘦人属脾胃虚弱和阴虚类型，有时选用补品反而引起助滞和虚火内炽现象。因为脾胃虚弱者，消化吸收功能不好，补阴、补血之品当归、熟地、阿胶及动物性补品，质多滋腻，人体不易吸收，进补后易阻滞肠胃功能，出现食少便溏、嗳气、腹胀等气滞症。因此，进补时需佐以少量健脾理气之品，如木香、陈皮等，调理脾胃功能，以便避免上述不良反应。对于阴虚者，如进食人参、鹿茸，可使人体功能亢盛，原有的虚火内炽症状便进一步加重，出现口燥咽干、烦躁、兴奋、失眠、大便秘结、小便黄赤等症状。如系阴虚症又必须使用人参者，可选偏滋润的西洋参，这样可收到气阴双补的效果。

六、丰满者长寿的新理念

法新社东京 2009 年 6 月 19 日报道：日本东北大学医学研究生院栗山信教授等通过大量研究数据证实“瘦人的健康风险更高”。这项研究是由日本东北大学教授通次一郎领导的厚生省科研小组进行的。他们通过对 5 万名年龄 40～79 岁的民众追踪 12 年的研究得出了这一成果。结果显示：40 岁时体重略微超重的人比偏瘦的人多活 6～7 年，而偏瘦的人平均预期寿命要比肥胖的人少大约 5 年。但栗山信一强调是用身体质量指数(BMI)换算的。身体质量指数 18.5～25 为正常，低于 18.5 为偏瘦，身体质量指数 25～30 为微胖，超过 30 则属于肥胖。栗山信一讲，并非建议人们随心所欲地去进食。中国中央电视台 2009 年 6 月 20 日的午间新闻也做了报道，参考消息 2009 年 6 月 21 日亦有文字报道。但这种微胖或曰丰满应该像所谓的“过体重”(过体重，是指肌肉组织增加引起的体重增加并超过了理想体重或标准体重)一样，最好是由肌肉组织增加而引起的体重增加并超过了理想体重或标准体重。这种体重的增加就不能说是肥胖，而属于过体重。当然是由于运动健身而导致的良性结果，肯定是值得推崇的。

第八章　成年男性身高太矮与不良体型的修塑攻略

身材美与容貌美一样是衡量形体美的重要要素，不良体型不仅有损男性的身材比例和曲线，也影响男性的身高和整体形象。下述技法不仅可以修塑男性体形，也可改变因不良体型而影响到的男性形象与身高。

第一节　成年男性形体局部肥胖的修塑攻略

人体多余的能量通常以脂肪的形式储存在身体的腰、腹、臀等不同部位，人在采用科学的综合训练与饮食调控等方法，特别是有氧训练的基础上，再进行针对性的训练(如局部修塑减肥练习等)，每天练习并坚持数周或数月，就可达到减肥的目的。但在运用下面的局部减肥技法时，首先也必须遵从体型雕塑的训练原则，否则仅练局部则可能收效甚微。

一、腹部过胖的修塑技法

1. 仰卧起坐(20 次×4)

(1)仰卧屈膝，屈臂交叉抱肩(也可双手抱头或双臂伸直置于头上方)。

(2)慢慢抬起上体成坐姿，计数 3s。还原。

(3)重复练习。起坐时脚不离地，可叫同伴用双手压住脚背。

2. 仰卧腿屈伸(15 次×2)

(1)仰卧，两臂伸直在头上方，双手抓住床架或其他固定物体。

(2)收腹举腿，与躯干呈直角。

(3)屈膝大腿贴胸。

(4)双腿下伸还原成(1)的姿势。

3. 收腹提膝(8 次×3)

(1)直立，两手侧平举。

(2)左脚起跳，收腹，右膝触左肘。

(3)右腿放下，同时起跳，收腹，左膝触右肘。

(4)左右腿交替进行。

4. 屈膝两头起(8 次×3)

(1)仰卧,两臂在头上方伸直。

(2)收腹起坐,同时屈膝,两臂前摆至膝部两侧。

(3)还原成仰卧姿势再做。

5. 全蹲跳转(15 次×3)

(1)屈膝全蹲,脚跟抬起,两臂侧上举。

(2)上体不动,膝腿向左右转动或跳起左右转动,使之锻炼腹内外斜肌。

6. 仰卧并腿绕环(15 次×2)

(1)仰卧,两腿伸直并拢,两臂平放于体侧,掌心朝下。

(2)两腿微抬起,由左侧经头部绕向右侧至原位,再练习。

7. 直立转体(20 次×4)

(1)两腿微开立,左右间距 10cm,两手侧平举。

(2)下肢站稳不动,以腰部为轴左右转动,脚跟不得离地。

8. 仰卧交替举腿(15 次×2)

(1)仰卧在垫子上,两手抓住固定物体,两腿并拢伸直。

(2)一腿上举至躯干垂直部位,放下脚跟不触地。

(3)另一腿作同样练习。交替进行。

二、腰部过胖的修塑技法

1. 俯卧两头起(15 次×2)

(1)俯卧在垫上,两臂在头前伸直。

(2)抬头挺胸,臂后振,同时两腿向上方摆动,使胸部和下腹同时离垫。

(3)还原成俯卧姿势。

2. 胸腰波浪(15 次×3)

(1)跪撑、低头、弓背、肩后缩。

(2)屈肘、蹋腰、胸轻微触垫向前滑动,然后伸直手臂,抬头、挺胸。

(3)弓身向后滑动成(1)的姿势,再重复练习。

3. 仰卧转体(15 次×4)

(1)仰卧,两臂屈肘于胸前,两腿屈膝,大小腿折叠,脚稍抬起。

(2)两脚并拢向左转,尽量让脚部触地。同时上体带动两臂向右扭转。

(3)上下肢换一个方向扭转一次。

4. 左右侧屈(20 次×3)

(1)左右开立同肩宽,上体正直,两臂下垂放于体侧。

(2)上体右侧屈,体不前倾,右手尽量下伸摸膝外侧下方。

(3)换一个方向,上体左侧屈,左手摸左膝外侧下方。如此左右交替练习。

5. 上体绕环(15 次×2)

(1)坐在垫子上,两脚并拢伸直固定,两臂伸直上举。

(2)上体前倾由右向后、向左、向前匀速做绕环运动。

(3)换一个方向再做一次。顺、逆时针方向交替进行。

6. 俯身侧起(15 次×2)

(1)俯卧,腹下部位置于长凳或跳箱盖上,两脚都用绳带固定或由同伴按住固定,躯干和头下垂。

(2)边抬上身边转上体,眼看上空。

(3)还原后换一个方向再做一次。左右交替进行。

7. 侧卧抬腿(15 次×2)

(1)侧卧,两臂向前平伸,两腿重叠伸直。

(2)使劲抬起双腿向上举,稍停。

(3)还原成(1)的姿势再重复练习。练完一侧规定次数后,再换另一侧练习。

8. 左右体前屈(20 次×2)

(1)两脚左右开立,与肩同宽,两手侧平举。

(2)先向左侧腿做一次体前屈,尽量使手触地或触脚趾。

(3)还原成开始姿势,再向后侧腿做体前屈。左右交替进行。

三、臀部过胖的修塑技法

1. 弓步送髋(8 次×4)

预备姿势:左膝跪地,右腿屈膝呈 90°,两手置于膝盖上。

(1)左腿和臂向前下方移,髋部尽量前送。

(2)还原成预备姿势,再重复练习。左右腿交替练习。

2. 仰卧抱膝(8 次×4)

预备姿势:仰卧,两手放在身体两侧,两腿并拢伸直。

(1)右腿屈膝上举,两手抱膝(尽量靠近胸部),左脚伸直。

(2)还原成仰卧。

(3)同(1),(4)同(2)。两腿交替练习。

3. 跪撑后摆腿(8 次×4)

预备姿势:跪撑在垫子上,低头、弓腰、含胸。

(1)抬头、挺胸、蹋腰,左腿尽量伸直后上踢。

(2)还原。还原时腿尽量不要触垫子。

(3)同(1),(4)同(2)。8 次后换右腿按左腿方法练习。

4. 腿伸异侧(8 次×2)

预备姿势:身体侧向有靠背的椅子站立,距离 30~50cm,两手抓握椅背。

(1)～(3)左腿屈膝下蹲，右腿在左腿后尽力向左侧外伸展，上体正直、头部左转。

(4)还原成站立姿势。做完8次后换至另一侧练习。

5. 仰卧挺髋(15次×4)

预备姿势：仰卧在垫上，分腿(或并腿)屈膝，两腿间距约同肩宽，两臂伸直平放在身体两侧。

(1)两腿蹬伸，髋部向上挺起，臀部用力夹紧，身体成反弓。

(2)还原。

(3)同(1)，(4)同(2)。

6. 体前屈(8次×3)

预备姿势：两脚左右开立，略宽于肩，两手臂放松垂于体侧。

(1)上体前屈，两手撑地，两脚尖内转，脚趾相对。

(2)两脚尖向侧外转。

(3)同(1)。

(4)还原成预备姿势。

7. 俯卧绕腿(8次×4)

预备姿势：俯卧垫上，手抓垫边，两腿伸直并拢。

(1)上体不动，两腿尽量向上抬起，划弧形向左边放下。

(2)同(1)，向右边放下。

(3)同(1)，(4)同(2)。

8. 坐姿前振(8次×4)

预备姿势：分腿坐，腿伸直，两臂屈肘撑地，手指相对。

(1)上体前振，同时两臂屈肘触地。

(2)、(3)上体微抬起，再向前振2次。

(4)手臂伸直向前压1次，手掌触地，停2～3s。还原再做。

四、腿部过胖的修塑技法

1. 并膝提踵(15次×2)

(1)坐在凳子上，两腿屈膝并拢，脚踏在地上，两手压住膝盖。

(2)提踵，脚趾用力抵地，双膝用力挤在一起。

(3)两踵轻轻放下，但不完全着地，自然放松。重复练习。

2. 俯卧抬腿(8次×2)

(1)俯卧，头枕双臂。

(2)双腿抬起离地15cm左右，稍停。

(3)屈膝大小腿呈90°，停3～5s。

(4)腿伸直,然后慢慢放下。

重复练习。

3. 两膝挤球(15 次×4)

(1)坐正,两脚踏实,两膝夹住一个柔软的橡皮球。

(2)两膝挤压橡皮球。

(3)匀速地松开,挤压,再松开,再挤压。如此重复练习。

4. 屈膝触胸(15 次×4)

(1)侧卧平躺,两腿伸直。

(2)屈右膝触胸。

(3)右大腿外展。

(4)向上伸小腿,绷直,然后轻轻放下,不着地。

重复练习 15 次后,换左腿按右腿方法练习。

5. 脚背屈伸(15 次×2)

(1)直背坐凳,两臂伸直撑凳边。

(2)直腿抬平勾腿尖。

(3)直腿绷脚背向上抬 10cm 左右。

(4)放下成(2)的姿势。大腿与躯干呈直角。左脚练完后练右脚。

6. 站立提踵(15 次×4)

(1)直立,双腿并拢,两手在背后握住椅背或其他物体。

(2)双腿提踵,脚趾用力抵地稍停。

(3)两踵轻轻放下,离地 3～5cm。重复练习。

7. 屈膝伸腿(8 次×4)

(1)半躺在垫子上,两臂屈肘放于体侧支撑上体,屈膝,两脚置地平放。

(2)两膝分开至超过肩宽,脚尖指向身体外侧,一腿屈膝靠向胸部中间,然后外展,弧形伸直还原成(1)的姿势。另一脚重复同样的动作。

8. 大腿侧抬(4 次×4)

(1)直立,两臂侧平举,两肩放松,脚跟并拢,脚尖向外。

(2)左膝抬至左肘,体不前倾,然后还原成开始直立姿势。

(3)左腿直腿侧抬,脚或踝触手。

(4)右腿做(2)、(3)同样动作。动作开始慢些,以免拉伤肌肉。

五、胸部过胖的修塑技法

1. 直立扩胸(8 次×3)

(1)两脚左右开立,与肩同宽。

(2)胸前屈肘抬平,手心向下,指尖相对。

(3)扩胸后振，还原。

(4)两臂经前平举扩胸，还原成胸前屈肘抬平的姿势。

重复练习。

2. 跪撑压胸(8次×3)

(1)跪姿，两膝稍分开，手指相对撑地。

(2)用力下压胸部随之慢屈肘，使胸部尽可能接近垫子，两臂撑起还原。

再重复练习。

3. 站立抬臂(8次×4)

(1)两脚左右开立。左手背贴近左脸颊，肘部尽量上提。

(2)向上伸展左臂，再将左手由后向下画弧放至体侧。重复8次后换手做，动作相同。

(3)最后两手臂同时进行，重复做8次。

4. 直立夹胸(8次×4)

(1)两脚开立，上体正直，肩放松，臂下垂。

(2)臀部后移同时收胸，两肩前移尽量靠拢夹紧。挺胸，两肩后移尽量向后靠拢。还原。

重复练习。收胸时胸肌尽量夹紧，挺胸时两肩用力后收。

5. 俯卧抬头挺胸(8次×2)

俯卧，双手交叉置于脑后，头部和胸尽量向后上方抬起。还原再做。

6. 反撑挺胸(8次×2)

(1)背对椅子(或其他稳定物体)，双脚分开站立。

(2)双手在背后握住椅背，慢慢下蹲，然后站起，胸部尽量前挺。还原，重复做。

7. 跪撑转肩(8次×3)

(1)直体跪，上体前屈，左手撑地。

(2)右臂先伸至左侧腰部，再回到右侧并尽量向右侧后上方伸举。

重复做8次，换左手做，动作相同。

8. 俯卧抬臂(8次×2)

(1)俯卧，右臂前伸，左臂放在体侧伸直。

(2)两臂同时向后抬起，还原，做8次后，将左臂前伸，右臂放在体侧，做同样动作。

六、臂部过胖的修塑技法

1. 直臂内旋外转(8次×4)

预备姿势：两脚开立与肩同宽，身体站直，双手持哑铃垂于体侧，拳心向内，离身体15～20cm。

(1)两臂同时外转超过90°。

(2)接着两臂同时内旋超过90°。

(3)同(1),(4)同(2)。

重复练习。

2. 直臂后举(8次×2)

预备姿势:右腿直立,左腿微屈,脚跟抬起,双手持哑铃置于身体两侧。

(1)双臂斜后拉至极限,拳心相对。

(2)大臂不动,小臂前屈,提铃至胸前两侧。

(3)大臂仍固定不动,小臂后伸,还原成(1)的姿势。

(4)慢慢还原成预备姿势。

3. 仰卧头上拉(8次×4)

预备姿势:仰卧,下背部贴紧垫子,两腿屈膝平放,手持哑铃直臂上举。

(1)微屈肘慢慢地把哑铃放在头顶上方,使哑铃微触地面。

(2)双手向上拉起哑铃,还原成预备姿势。

(3)同(1),(4)同(2)。

4. 颈后臂屈伸(8次×2)

预备姿势:一腿微屈,一腿直立,挺胸收腹,双手各持一哑铃,举至头上方。

(1)两臂屈肘向头后弯曲,使哑铃一端触背部。

(2)两臂用力向头上方拉起还原成预备姿势。

(3)同(1),(4)同(2)。

5. 俯卧臂伸展(8次×3)

预备姿势:俯卧,保持髋部贴紧地面,两手持哑铃置于体侧,拳心向下。

(1)直臂向上方举到极限,稍停。

(2)还原成预备姿势。

(3)同(1),(4)同(2)。

6. 单臂屈伸(8次×2)

预备姿势:一腿稍屈,另一腿支撑直立,收腹挺胸,左手持哑铃置于颈后,肘关节向头上方,右手抵住哑铃手臂的肘部。

(1)慢慢抬起持哑铃的前手臂于头顶上方。注意上臂保持静止状态不动,右手仍用力挡住肘部。

(2)还原成预备姿势。

(3)同(1),(4)同(2)。

7. 屈体臂屈伸(8次×3)

预备姿势:上体前屈与地面平行,双膝微屈,两臂屈肘持哑铃置于胸前,拳心相对。

(1)手臂用力后拉至最高点，拳心向上。

(2)还原成预备姿势。

(3)同(1)，(4)同(2)。

8. 仰卧臂屈伸(8 次×2)

预备姿势：屈腿仰卧，两臂伸直上举哑铃，拳心相对。

(1)慢慢屈臂，直到哑铃轻触前额为止。

(2)肘部保持不动，慢慢将哑铃举起成预备姿势。

(3)同(1)，(4)同(2)。

七、膝部过胖的修塑技法

1. 单腿外展(8 次×2)

预备姿势：坐姿，两手撑于臀后外侧，挺腰直背，头正眼平视，左腿向前平伸，右腿屈膝。

(1)左脚背绷直，同时将左腿向外侧转动，膝关节朝外，并将腿抬离地面 15cm 高左右。

(2)接着将左腿尽可能地向外侧移展，至左腿无法再继续移展时，将其在原高度的基础上再提高几厘米，然后回至原位，即到(1)姿。但仍需保持离地 15cm 的高度。

(3)随后左腿再从(1)到(2)重复做 8 次×2。间歇时间 15s。左腿练习结束后，再以同样的方式练习右腿 8 次×2。间歇时间 15s。

2. 屈膝外旋(8 次×2)

预备姿势：两脚左右开立伸直，略比肩宽，两手五指自然分开，分别抓握左右膝盖，眼看膝部。

(1)两腿屈膝至大小腿夹角呈 150°～170°，身体重心下降。

(2)上动不停，两膝前送，弯曲程度超过脚趾。

(3)两膝外旋至极限，随之双腿伸直，还原成(1)的姿势。再重复 8 次×2。

整个动作要求连贯、匀速。动作过程中，两手用力抓捏膝盖。这两节操每天练习 5 次，每次 2min，2 个月就能见成效。

第二节　成年男性不良体型的矫正攻略

一、颈短的矫正技法

颈短，欲称“搓脖子”，看上去与人整体的比例不相称，不但有损于外形的美观，而且影响颈部运动，使头的活动不够灵活，甚至引起颈椎损伤或骨质增生等病症。

颈短主要是由于颈椎间韧带弹性差，或是颈部皮下脂肪较多，颈部肌肉群的力量差，不能将颈椎有力地支撑住的缘故。因此每天坚持做下列活动 2～3 次，加强颈肌的力量和颈椎间韧带的弹性，是可能将脖子变长一些的。

1. 两足左右分开站立，头屈伸，转动，绕环

可消除颈肌周围脂肪，增强颈部肌群力量，拉引颈肌韧带，提高颈部的灵活性。

1～4 拍：向前屈 2 次（低头），向后屈 2 次（抬头）。

5～8 拍：向左侧屈 2 次，向右侧屈 2 次。

9～12 拍：向左转 2 次，向右转 2 次。

13～16 拍：头由前向左、后、右绕环 1 周。

17～20 拍：头由前向右、后、左绕环 1 周。

要求：肩部放松。在头作动作时，颈肌群放松，两臂自然下垂。做时速度稍慢一点，幅度大一些。1～20 拍为一组，每次共做 10～20 组。

2. 头颈上伸

可拉引颈肌群及颈椎间韧带。

1～2 拍：在头顶上方悬挂一作业物，起踵并尽量伸长脖子，用头顶接触作业物，勿抬头或低头。

3～4 拍：还原。

要求：上体直，尽量伸长颈肌，勿耸肩。还原时放松。1～4 拍为 1 组，每次共做 10～20 组。

此外，还可 2 人 1 组，短颈者仰卧或坐在椅子上，两手伸直用手抓住下边坐板，另一人两手托短颈者两腮侧，轻轻向上提，然后慢慢放松，帮助短颈者做伸颈动作。

二、脊柱侧弯的矫正技法

（一）脊柱侧弯矫正技法

正常人的脊柱有一系列向前后的正常生理弯曲，而没有向左或向右的弯曲，假如脊柱发生了向左或向右的弯曲，那就是脊柱侧弯。这种畸形，在脱掉衣服时，就会看得很明显，天热只穿一件背心或薄的衬衫时也会被人们清楚地看见，在一定程度上影响体形的健美。

脊柱侧弯初起时，由于骨骼和韧带还没有发生异常的变化，这一时期做矫正体操效果最显著。侧弯发生较久后，由于一侧的肌肉韧带松弛，另一侧发生萎缩，矫正起来就不如初起时那样快。侧弯发生更久时，脊柱骨本身往往也随着变了形，有的椎骨一边厚一边薄，矫正起来就困难了。不过，青少年如果能长期坚持做矫正体操，还有可能防止畸形再发展，或使脊柱在发育过程中长得直一些。

青少年的脊柱侧弯，以脊柱中段凸向右侧者居多，下面就针对这种侧弯介绍一

套简易的脊柱侧弯的矫正体操。

1. 仰卧挺胸

准备姿势:仰卧,左手用力向上伸,右手用力下伸。

动作要领:挺胸,同时抬起肩部,吸气,放下时呼气。

2. 仰卧举腿

准备姿势:同上节。

动作要领:右腿伸直抬高 60°左右,呼气,放下时吸气。

3. 仰卧弓身

准备姿势:同上节,只是右下肢屈曲,足踩床(垫)面。

动作要领:抬起腰部和臀部,吸气,放下时呼气。

4. 侧卧弯起

准备姿势:向左侧卧,左手用力向上伸,右手用力向下伸。

动作要领:抬起头部、肩部和胸部,呼气,放下时吸气。

5. 侧卧举腿

准备姿势:同上节。

动作要领:右腿伸直抬起,同时呼气,放下时吸气。

6. 俯卧挺身

准备姿势:俯卧,左手向上升,右手向下伸。

动作要领:抬起头部、肩部、上胸部和左手,吸气,放下时呼气。

7. 俯卧举腿

准备姿势:同上节。

动作要领:右腿伸直抬起吸气,放下时呼气。

8. 俯卧两头起

准备姿势:同上节。

动作要领:抬起头部、肩部、上胸和左手,同时右下肢伸直抬起,吸气,放下时呼气。

(二)脊柱侧弯矫正技法的作用

脊柱侧弯矫正技法的作用,在于重点加强脊柱凸出一侧的肌肉,逐渐把侧凸的脊柱拉直。这套操就是重点加强右侧的躯干肌肉。矫正体操的准备姿势和动作,要求左手用力向上伸展而右手用力向下伸直,这样脊柱两侧的肌肉活动就不对称,右侧紧张而左侧松弛。在这一姿势下做背部肌肉锻炼,就可把作用集中到右侧脊柱肌肉,达到矫正侧弯的目的。

在一侧的髋部用力时,可以使同侧的腰腹肌肉紧张,从而达到锻炼和矫正作用。

第 1 节和第 6 节,对胸部脊柱的作用大一些,第 2、3、5、7 各节,对腰部脊柱的作用大一些。第 4 节全面地锻炼了躯干右侧的肌肉，第 8 节则综合了 6、7 两节的动作，这两节做起来较吃力，作用也较强。

这套操，脊柱中段凸向左侧者也可用，但在练习时必须把各节的左右方向全部颠倒过来。否则，不但无益，反而使畸形加重。

做操时，动作要缓慢平稳，每个动作做 3～5s，每一节重复两个 8 拍，逐渐增加到重复 4 个 8 拍。各节中间可适当休息。体力强的，做完全套还不太累时，可以选择某几节动作完成后再停住 10～30s，以增加运动量，提高矫正效果。此操每天要进行一次，一般要做几个月到几年，可获疗效。

除了定期做矫正操外，还要注意经常保持较好的动作姿势。有脊柱侧弯的青少年，两个肩胛不一样平，胸椎突出的一侧肩胛比凹陷的一侧高些，因此，在背书包、挎包或提重物时，都要用肩胛低的一侧来做，以使对侧的胸背肌肉用力，起到锻炼和矫正的作用，同时，可常进行体侧、体转练习，这样效果更佳。

三、背部畸形的矫正技法

(一)年轻人驼背预防技法

年轻人若含胸驼背，不仅不精神，而且大有碍于体型的健美。那么，怎样预防驼背呢？

驼背首先是由于背部肌肉松弛引起的。有许多身体练习可以加强背部肌肉，有助于防止驼背。如人人都能做到的单杠引体向上练习，特别是双手宽握上拉至后颈部触杠的练习，就能很好地发展背部和肩部的肌肉。

预防和矫正驼背最重要的是要经常注意保持正确的姿势。靠墙站立，使后脑壳、双肩、臀部和脚跟贴墙，尽可能长时间地保持这种姿势。每天练习几次，即是一种很有效的预防和矫正法。

让少年学会做各种平衡练习(如在窄平衡木、平衡木或方木上来回走动)，注意姿势，是效果更好的预防措施。这样做不仅心理因素起作用，而且生理因素也起作用——使躯体保持正常姿势的肌肉得到增强。

下列练习有助于矫正(取决于年龄大小)非病理性驼背。

(1)双手背后叉握，尽力上提至肩胛骨，用力顶住后背，头后仰。

(2)仰卧，双臂侧平放，上体挺起，成后脑壳和臀部撑地的姿势。

(3)跪立，两手抓住脚跟，胸前挺，头后仰。

(4)俯卧，双手叉握放头后，两脚固定。上体和头尽量向后上方抬起，两肘同时张开上抬。

(5)坐在椅子上，双手叉握放头后，胸部用力向前挺，头后仰。

(6)仰卧，用手(靠近头部)和脚支撑，做“桥”。

(7)背对墙站立，头后仰，前额触墙。

上述练习每天做 2～3 次，每次 3～4 个，每个重复 12～15 次。这些练习的主要作用在于加强背部和肩颈部肌肉，从而帮助人保持正确的姿势。

(二)老年性驼背防治技法

老年人应根据身体情况选择走、走跑交替、慢跑、健身操、太极拳等活动锻炼，此外还应重点选择有关腰背部的动作练习。

(1)两腿开立同肩宽，两手交叉相握在头上方，反掌向上，做有弹性的连续向后展体运动。

(2)两腿开立同肩宽，两手颈后相握，连续做鞠躬运动。

(3)两手扶墙站立，两膝伸直，两下肢交换，做向后踢腿或抬腿动作，同时做向后展体。

(4)面背墙，两脚开立，腿跟离墙一脚长，背、臀部贴在墙壁上，反复做挺身后仰动作。

(5)姿势同(2)，在颈后放置一沙袋或其他重物，反复连续做鞠躬运动。

以上动作可根据身体情况选择 1～2 项，在一般的活动后再反复练习。运动量以做完后略感疲劳，但几分钟后即可恢复为适宜。

(三)驼背矫正技法

青少年驼背(圆背)畸形，即影响体型的挺拔健美，又在一定程度上妨碍心肺的发育，容易疲劳，不耐久站久坐。至中年以后，还容易腰酸背疼，不能负重，给一生工作、生活带来困难。

青少年驼背，多数是因平时经常低头、窝胸的不良姿势引起的，比如，看书写字时身体趴在桌上，使用过矮的桌椅，经常用肩背扛过重的东西。在这种情况下，脊柱前面的韧带就紧紧收缩，后面的韧带和肌肉就得放松，日久天长，背部肌肉就会变得松弛无力，形成姿势性的圆背。不及时矫正，发展下去，脊柱骨就可能出现结构性的改变，成为严重的驼背，再矫正就困难了。所以在刚刚出现圆背后，就应该尽快矫正，不能任其发展下去。

青少年时期，身体的可塑性较大，既容易因不良姿势引起驼背，又容易纠正不良姿势，矫治驼背。年龄愈轻，驼背愈容易矫正过来。最简单的方法是每天用一根木棍夹在背后两肘弯处，挺胸行走 5～10min；或双肩后挺，将两手互握于背后腰际，每天步行 5～10min；或头上顶书包行走 300～400m；或单杠上做颈后上拉等，坚持锻炼，即可收到效果。青年人姿势性驼背的预防和矫正，还可采取以下两种方法矫正。

1. 习惯养成法

(1)注意端正身体姿势。平时不论站立、行走，双眼要向前平视，胸部自然挺起，两肩向后自然舒展，不窝胸弯腰。坐时脊背挺直，看书写字时不过分低头，更不要趴在桌子上。

(2)使用合适的桌椅和用具。身高增加,相应增高桌椅;睡觉时的枕头不宜过高;视力不好的,及时配戴矫正视力的眼镜等。

(3)在身体还在发育的青春期内,不宜经常搬扛过重的东西。如挑、扛麻袋时,不要装得过满过重,尽量减少脊柱的过重负担。

(4)睡硬板床。上床后、入睡前,在背后垫上高枕头,全身放松,让头后仰,活动15～20min上。早上起床前再做一次,每天坚持。

(5)坚持做矫正驼背的医疗体操。这主要是为了增强伸背挺胸的肌肉力量,调整身体前后方肌肉的力量平衡,纠正圆背。同时练习扩胸运动,可以增强两肩的肩胛骨向后靠拢的力量。

2.体操矫正法

下面介绍的几节矫正圆背的体操,可以全做也可选用一部分练习。

(1)挺胸运动。仰卧,用枕部和两肘支撑,挺起胸部,同时吸气,放下时呼气。

(2)抬头运动。俯卧,两手置体侧,抬起头部及肩部,同时吸气,维持10s,放下时呼气。

(3)后举运动。俯卧,抬起头部和上胸部,两臂伸直向后举起,双腿尽量上抬,同时吸气,放下时呼气。

(4)扩胸运动。站立,两臂前平举,然后分别向左右挥摆,做扩胸动作,要求抬头,挺胸,收腹,踮脚。

(5)挺背运动。站立,两手轻靠在臀后,两肩及两上臂向后上方提拔,头同时向后仰,做挺背动作。

(6)拱背运动。仰卧,以双脚、双肘和头五点支撑,做上挺动作,挺时吸气,放下时呼气。

以上体操,每天早晚各练一次,长期持续进行。

四、肩部畸形的矫正技法

(一)两肩不平的矫正技法

造成两肩不平的主要原因是,经常用同一侧的肩挎背包、书包或肩扛、手提重物,使一侧肩关节周围的软组织长时间地处于紧张状态,久而久之,致使肩部下肌群紧缩,上臂肌群拉长而成斜肩。如果不及时纠正,还会进一步引起颈向一侧歪斜,甚至造成脊柱向一侧弯曲等病症。除负重不平衡导致肩不平外,在日常生活或运动中,不注意保持正确的姿态,如站立时爱用一只脚支撑身体,坐或走路时,上体时向一侧弯倾,这样久之因脊柱弯曲也会使肩一侧下垂而不平。

在青少年时期,及早预防两肩不平是十分重要的。除进行全面锻炼,增强身体素质外,平日还须养成良好的生活习惯。比如,用两肩或两手轮流挎拎书包,提重物或扛重物，使两肩肌群轮流承受压力，有张有弛。挎包的背法也可斜肩背，或背后双肩背。负重的重量要少一些，不要过重。在坐、站、走、跑时，要注意姿势端正，大方美观。运动时则要注意正确的锻炼方法。

如果已经形成斜肩，在骨化前及早矫正还比较容易取得效果，骨化后就比较困难。轻微的斜骨，容易矫正，而严重的就困难。下面介绍几种预防和矫正的方法。

(1)两臂侧平举，向内和内外交替绕环。开始向外绕小环，逐步绕中环，至绕大环，四八呼后再向内绕环四八呼。可增强肩臂肌肉群及胸、背肌肉群的力量，加快这些部位的血液循环。做时保持侧举绕。内绕和外绕各四八呼为一组，共做 3～4 组。

(2)两臂侧屈，屈肘，向内和向外绕环。动作同上节。所不同的是，要加大肩绕环的幅度，由侧向前、向上、向侧后绕环，由小逐渐放大。做时上体注意保持正直，主要靠肩部运动。做四入呼后换另一方向做。内绕和外绕各四八呼为一组，每次共做 3～4 组。

(3)两肩轮流上提，一肩提两次后换另一肩上提。做四八呼为一组，共做 3～4 组。可加强肩部的血液循环，使肩部肌群新陈代谢旺盛，增强肌肉力量。做动作时上体正直，单纯是提肩动作，头、颈勿动，肩放松。

要求：做动作时思想应集中，用力协调，放松，速度由慢渐快，幅度从小到大，呼吸自然。如果用作矫正，则针对肩歪斜一侧增加锻炼次数，甚至可以手握最轻量的物品做。但另一侧也要做，只是次数减少一些。

(二)肩太窄或太宽的矫正技法

1.肩太窄的矫正体操

肩是人上体的主要组成部分之一，肩宽窄适度，与人体总身高的比例匀称协调，可显得开阔、稳健而有朝气，突出体型的曲线美。如果肩太窄，则给人们纤细软弱、无力支撑头颈的感觉；从横面看上体呈锥状，穿着衣饰显得空旷、拖踏，衬不起来。而且肩狭窄，会缩小胸腔体积，除影响外形美观外，更有害的是限制了心、肺内脏器官的功能。肩还是上肢负重的主要支撑部位，如果肩窄而下溜，会影响日常生活劳动中负重、攀登、上举等动作。

肩带由锁骨和肩胛骨组成。肩的宽窄与锁骨和肩胛骨的平正有关。肩狭窄的根本原因是，锁骨和肩胛骨(肩胛带)周围附着的各肌肉群(如三角肌、胸大肌、背阔肌、斜方肌等)不发达而无力，使锁骨和肩胛骨远端下垂，另一个原因是两个横面的肌肉发育不平衡，前紧后松弛而形成扣肩凹胸。锁骨及肩胛骨的长短大小，除先天的遗传因素外，与后天缺乏锻炼，不注意保持正确姿态，也有重要关系。

要使窄肩变宽，可以通过锻炼，增强上提肩胛骨及锁骨远端的肌肉群，以及胸肌和上背肌的力量，使锁骨得到平正。另外采用增强上臂肌的肌肉群(如三角肌及肱三头肌等)的力量的锻炼方法，加粗这些肌肉群的肌肉体积，使肩两侧隆起，前后增加一些厚度，以改变其外形。为了便于锻炼，可采用下列几种练习和徒手操练。

(1)站立，两臂侧举，下落。可增强三角肌力量。男性可手握哑铃、沙袋等重物，做同样的动作。做时上体要正直，侧举要到位，下落时要加强控制力。做 10～15 次为一组，共做 8～10 组。逐步加快速度。

(2)两足左右分开站立，两臂向内、向外绕环。可发展肩带肌群的伸展性。两臂由内向外绕环 4 次，再向内绕环 4 次，为一组，共做 4～6 组。做时肩放松，臂自然伸直，贴近上体的平面绕，上体和头正直。

(3)两足左右分开站立，两臂侧上举下落，再由上经侧下落。可增强肩带肌群的力量。做时要举到位，下落时要慢慢经侧下落。开始时约二拍时间一动，逐步提高到一拍一动。做 12～16 次为一组，每次 3～4 组。

(4)俯卧撑臂屈伸。可增强胸大肌、三角肌的力量。做时身体要平，勿塌腰、耸肩，腿蹬直。做 10～15 次为一组，每次做 3～4 组。

(5)臂交替上举。可增强斜方肌和三角肌等肌群的力量。做时上体要正，上举或下落时都要加强控制力。做 10～15 次为一组，每次做 3～5 组。这节练习也可使用拉力器或橡皮条做。

以上 5 节动作可作为一套做，也可以选取择几节单独做，但要增加次数，肩、胸、背肌群的锻炼要全面。此外还可以负重做，尤其是男子，手持一定重量的哑铃、沙袋或其他重物，进行负重练习，有助于肌纤维发达粗壮。如有条件，还可以利用双杠做支撑前行、支撑摆动、支撑双臂屈伸，利用单杠做引体向上，或进行爬绳、爬竿，或利用拉力器做前举、侧拉开，可锻炼胸大肌、三角肌、斜方肌、背阔肌等肌群。除以上练习外，游泳和划船也是窄肩变宽的极好运动。因游泳和划船时上肢活动大，呼吸深而有节奏，可促进肩、胸、背部肌群的发育。

总之，增强肩、胸、背部肌群的锻炼方法很多，可根据自己的体质、性别和条件进行选择。

刚开始锻炼时，可从徒手操做起，逐步加负重，持之以恒，就能获得明显效果。但须指出，锻炼时要注意配合全面锻炼，如跑、跳、打球等，只有在改善整体健康的基础上，才能奏效快。如果单纯为肩宽而狠练几块肌肉，就会欲速则不达，甚至会使其他部分的功能受到限制。另外做完练习后，必须及时做放松肌肉的练习，缓解肌肉的紧张状态，以免肌肉僵硬而影响血液循环。

2.肩太宽的矫正体操

肩太窄影响人体健美。同样，肩过宽，超过总身长和胸厚的比例，则不能突出胸的曲线美，穿衣时肩部架起空荡而不显曲线，外形也一样不美观。

肩过宽的主要原因是，肩胛带较长，锁骨远端上翘，上肢肌肉群周围的脂肪肥厚。另一个原因是平时偏重于肩带肌和臂肌群的锻炼，而又不得法，使其体积粗大、僵硬。如果在青少年时期，及时采用正确的锻炼方法，使肩带肌群及上臂肌群拉长，缩小肌细胞和肩部脂肪的体积，可以改善肩过宽的现象，而且使肩部肌肉丰满有力而圆润美观。下面介绍锻炼肩带肌，增强其弹力的方法。

(1)两臂肘侧屈，手腕向内屈置于肩上，两足左右开立。

1～4 拍：两肘慢上举，吸气。

5～8 拍：两肘慢下举，呼气。

要求：以肩为主做动作，上体正直。要慢作。下举时尽量向下沉。1～8 拍为 1 组，每次共做 8～12 组。

(2)两臂侧屈肘，同上节的准备动作。

1～4 拍：两肘带肩由侧向前、向上、向侧慢绕环。

5～8 拍：两肘带肩由侧向上、向前、向下至侧慢绕环。

要求：边意念“缩……缩”，边动作，动作要很慢，似有阻力。1～8 拍为 1 组，每次做 8～12 组。

(3)两足左右分开站立。

1～4 拍：两臂由下经侧向上举(掌心向外)至两臂夹耳边，手背相碰，吸气。

5～8 拍：停在 1～4 拍姿态上，闭气。

9～16 拍：臂由上经侧慢慢下落(控制力)，两手侧垂，同时呼气。

要求：侧举和下落时要保持臂伸直，上体要正，勿前倾、缩颈、低头，在动作过程中保持平面。幅度要大，要到位，要慢做。

(4)两足前后分开站立，两臂侧平举，从肩关节开始，轮流做侧斜上摆和下摆，臂呈大波浪状。

要求：以肩关节为轴，逐节向上或向下摆动，上体不动，连续做。做 20～30 次为 1 组，每次做 5～8 组。或不分组，一直做到感到肩臂发酸为止。

(5)臂肩放松。

1～4 拍：两臂由前向上、侧下放松绕环 4 次。

5～8 拍：反绕环 4 次。

9～12 拍：两臂自然伸直，左、右手轮流上伸。

13～16 拍：上体放松前屈。两臂松弛前下落，前后摆动。

要求：做动作时全身要协调、放松，不要用力。1～16 拍为 1 组，每次做 4～6 组。

在坚持慢做动作的过程中，容易引起肩带及臂部肌肉群发酸，这是因为肌纤维承受的阻力和紧张程度较大，同时消耗能量较多，血液供应暂时不足等缘故。因此，在做完上述练习后，必须做放松肌肉练习，及时缓解肌肉的紧张程度，使血液循环畅通。

五、胸部畸形的矫正技法

男性强健隆起的胸部则充分显露着阳刚之美。胸部形态以骨性胸廓为基础。骨性胸廓由1块胸骨、12块胸椎和12对肋(肋骨和与之相连的肋软骨)借助韧带联结而成。其中12对肋呈向前和向外的弯曲状,使得胸廓内空加大,以保证胸腔内脏器官的良好发育。由于胸廓的存在,再加上宽大的胸大肌的覆盖,胸部就显得丰满、前挺。丰满而富于弹性的胸部。除了能显示健美体形、曲线美、阳刚美之外,还是强健体质的一种表征。

胸部健美与否,可通过目视和测量胸廓来衡量。根据胸廓前后径和横径的大小,一般可将胸部形态分为正常胸、扁平胸、桶状胸、鸡胸、漏斗胸、不对称胸等。如胸前后径与横径之比约为3∶4,胸骨较平,胸肌结实而丰满,即为正常胸。如胸部平坦,胸背径较小,胸背径与横径之比明显小于3∶4,则为扁平胸。扁平胸说明胸廓发育不正常,会影响胸腔内脏器官的发育和机能,同时也表明胸肌不发达。如胸背部特别外突,胸背径过大,则为桶状胸。此形态貌似肌肉发达,实际是胸廓发育不正常和各部肌肉发展不均衡。如果胸骨突起程度过大,则形成鸡胸。如果前胸是凹陷状,则呈漏斗胸。如果胸部左、右两侧发育极不均衡,则称为不对称胸。以上四种形态均为不健美形态或畸形,可通过矫形操进行矫正。

(一)不对称胸的矫正技法

不对称胸的形成有先天性和后天性两种。先天性不对称胸一般是因神经或血管的病理性原因,造成一侧骨骼、肌肉发育不良。对于这种畸形,只通过矫形操来进行矫正,效果不明显。必须先进行临床诊治,然后在康复医生指导下采用综合性手段,其中包括矫形操锻炼,以获得身体的康复和形体的矫正。后天性不对称胸形成的原因较复杂,有的是因为佝偻病后遗症,有的是职业特点所致,有的则是由于神经或者血管的病理性原因等。对于病理原因造成的不对称胸,应该先诊治,再进行康复矫形。对于后遗症、职业特点或不良习惯所致的不对称胸,可以直接进行矫形操练习和健美训练。这种练习应以加强弱侧的训练为主。

下面介绍一套矫形操,它既可成套按顺序做,也可以选择性地单节组合做;既可弱侧单独做,也可以两侧以不同负荷同时做。练习者可视训练效果,随时进行内容、组合、数量和时间的调整。此练习进行一段时间后,最好与健美练习配合起来做。

(1)持铃摆臂:站立,两脚同肩宽,手持哑铃连续做前后摆臂。

(2)持铃绕环:站立,两脚同肩宽,手持哑铃连续做前后绕环。

(3)肋木斜撑臂屈伸:斜撑于肋木上,两腿伸直,足趾撑地,抬头、紧腰、收腹。呼气伴随臂弯屈,身体下降;然后吸气伴随撑起。重复数次。

(4)站姿举铃:屈肘,手持哑铃或壶铃于肩上,上举器械至肘充分伸直,然后缓慢还原。重复数次。

(5)仰卧举铃:仰卧于长凳、木板上,或斜卧于木板上,手持哑铃,屈肘。深吸气,臂向上伸直,然后屏气,臂向同侧下方放下,还原。重复数次。

(二)胸部过大的矫正技法

胸部健美练习若以减脂为主,可以适当增加练习数量和时间;以训练肌肉为主时,可适当加快动作速度。

(1)含胸和挺胸:直立,含胸、低头,挺胸、还原。重复8~16次。可快速做。

(2)含胸低头和挺胸仰头:直立,含胸、低头,挺胸、抬头。重复8~16次。

(3)胸绕环:直立,以腰椎为轴,胸部依前、后、左、右方向绕环,重复4~8次。再做方向相反,动作相同的练习4~8次。

(4)拉胸:离墙约50cm,面对墙站立,两脚略分开,两臂上举,抬头挺胸,体前屈两手扶墙。弹性下压,塌腰直膝,使胸部贴墙。重复8~16次。最后保持胸部贴墙姿势停数秒。

(5)胸波浪:直立,两臂上举,手心向前。两臂向前,眼睛看手,稍含胸,脊柱前屈约45°左右,依次做胸上提、挺腰、低头伸颈、抬头,同时两臂做小波浪。重复4~8次。

(6)扩胸:直立,两臂胸前平屈,两手半握拳,拳心向下,扩胸,两臂经前向侧,扩胸。重复8~12次。此练习可持重物做。

(7)提胸:站立,两脚同肩宽,两臂腹前交叉,稍低头,两臂侧上举,抬头,提胸。重复8~16次。可双手持重物做。

(8)振臂提胸:预备姿势同上。两臂下垂后摆,两臂经前上举后振提胸。重复8~16次。此练习可单臂依次做,也可双手同时做,或者手持重物做。

(9)躯干波浪:跪坐,两手前撑。胸部贴沿地面向前依次做躯干波浪式运动,呈俯撑状,抬头挺胸,胸部贴沿地面向后依次做躯干波浪式运动,还原。重复8~12次。

(10)双手对抗:跪坐,两臂胸前屈肘,手指紧握另侧前臂。两手相互猛力推动,胸肌紧收。重复8~12次。

(11)俯卧撑:俯撑,两手分开与肩同宽,身体保持挺直,稍含胸收腹。屈臂,两肘不外张,胸部接近地面,再快速发力推起使肘关节伸直。重复10~20次为一组。此练习可通过改变足支撑点的高度,降低或增大强度。每次练习做2~3组。

(12)体前屈提重物:站立,双脚同肩宽,体前屈,上体与地面平行,两手持哑铃或重物,手心向后。上提重物至胸前,还原。重复10~12次为一组,做2~3组。

(13)仰卧扩胸:仰卧于长凳,两手持重物,臂上举,手心相对。两臂向两侧慢慢分开至两臂不能再下降,并使胸部隆起,还原。重复8~16次为一组,做2~3组。

(14)仰卧推举:仰卧于长凳,屈肘,两手持重物,掌心向上。两臂上推,还原。

重复 8～16 次为一组，做 2～3 组。

(15)双臂屈伸：两手撑低双杠或俯卧撑架或桌子，两手置于高处(高度视练习者水平而定)。屈臂，还原。重复 8～16 次为一组，做 2～3 组。

六、腿部畸形的矫正技法

在幼儿时期，站立过早或行走时间过长，或缺乏营养和体育健身锻炼，或病后或伤愈后两腿支撑时间过长，或站立行走姿势不正确等，都可能造成罗圈腿或“X”形腿，有些青少年深为此影响健美而苦恼。其实，青少年尚在长身体的时期，如果能早发现，早做矫正体操，还是有可能减轻或矫正这种畸形的。腿部是否畸形，很容易检验。立正姿势站立，若两腿膝部足部能互相接触则为正常腿；若两腿膝部能靠拢，而两脚不能靠在一起并且相距 1.5～2cm 以上，就称为“X”形腿；反之脚能靠拢而膝不能靠拢，并相距 1.5～2cm 以上，则称之为“O”形腿，俗称罗圈腿。下面介绍两套矫正体操，供青少年试用。

(一)“O”形腿矫治体操

(1)膝部回转运动：直立，两脚并拢，两手扶膝，做蹲下起立的屈伸运动，然后半蹲，左右交替做膝部回转运动。

(2)膝部靠拢运动：两脚开立，距离 50cm 左右(高个子可以宽一些)，两手扶膝半蹲，做两膝靠拢运动。

(3)脚跟外展内收运动：直立，两脚平行，做提脚跟运动(提起放下)；然后以脚跟为轴，做脚尖外展内收运动；再以脚尖为轴，做脚跟外展内收运动。

(4)跪坐两腿前移运动：跪坐腿上，塌腰，两脚慢慢向外向前移动，腰部随之渐渐直起。

(5)两腿夹书运动：坐在椅子上，用两脚夹住书本，不使脱落，坚持一会儿。这是增强两腿内侧韧带弹力的有效方法。若腿夹书时用橡皮带把两膝捆住，效果更好。

(二)“X”形腿矫治体操

(1)坐姿压膝运动：坐正，脚掌相合，两手扶膝，轻轻下压。注意脚掌不要分开，膝盖压到不能再压时，坚持一会儿。

(2)坐姿两腿对抗运动：正坐，两臂于身后支撑，用橡皮带或布带系成圈套在脚腕上。两腿伸直抬起，两脚用力向左右分挣。

上述各项矫治运动，只要经常坚持，每天做 1～2 次，每个练习做得认真准确，达到一定的运动量(重复次数应该多一些)，就一定能收到良好效果。

七、足部畸形的矫正技法

(一)八字脚的矫正技法

一般人走路,两只脚的脚尖是正对着前方迈步的,大腿和脚掌在同一平面上。但是,有的人,脚尖不是向外,就是向内,大腿和脚掌不在同一平面上。从这种走路姿势的人的两只脚的脚印上看,很像一个“八”字,人们就把这种脚叫做“八字脚”,脚尖朝内的叫“内八字脚”,脚尖朝外的叫“外八字脚”,常见的大多是外八字脚。

有八字脚的人,因为脚尖偏离前进的方向着地,所以步幅比正常走路的人小,走起路来一摇一摆的,动作迟缓。这不但影响身体姿态的健美,而且跑跳时脚掌一侧着力,不能充分利用所有的脚趾蹬地,反蹬力和弹跳力减弱,还影响跑跳的速度和高度,锻炼吃力,劳动工作不便。

有的人的八字脚,是幼年时过早地站立学走路,腿的力量弱,很难保持身体平衡,脚尖就自然地向左右分开,慢慢形成的习惯。有的人的八字脚,则是用不正确的姿势走路,慢慢形成的习惯。既然都是习惯,只要认真注意,肯下功夫,是可以矫正的。

“外八字”脚患者,行走时,每走一步,都要让自己感觉到两膝内侧有轻擦的过程,随时随地选择有直线的地面,两脚正直踩线进行练习,这主要靠生活中坚持。

“内八字”脚患者,行走时,应让五个脚趾和前脚掌牢牢地接触地面,使脚的外侧部位吃重,随时随地选择有直线的地面,两脚正直踩线行进练习。这同样主要靠生活中坚持。下面,介绍 5 种矫正八字脚的方法。

(1)平时走路和跑步,随时注意使自己的膝盖和脚尖始终对着正前方,不要偏。

(2)在沙土、松土和水湿的地上走过后,检查一下脚印,看看脚尖是否朝正前方,边走边改。

(3)在田径的跑道线上练习走和跑,要求每一步都踩在直线上,或者脚步与直线平行。

(4)反复练习从高台阶上往下跳的动作。这样可便两脚尖被迫并拢一起起跳和下落。

(5)两脚交换用脚内侧连续向上盘踢毽子,或者用脚外侧拐踢毽子。

只要思想重视,坚定信心,经常注意,持之以恒,时间长了就会矫正过来。但有些严重的八字脚,实际上是由臀肌挛缩引起的一种症状。有的青少年症状较重,用一般矫正方法难于见效,而只能通过完全、彻底的松解手术才能达到矫正效果。动手术的最佳时间在 10～15 岁较理想,年龄太大,挛缩越广泛,甚至出现髋关节挛缩,造成终生髋关节功能受限。故应引起高度重视。

(二)平足的矫正技法

平足又叫平底足、扁平足,就是足弓塌陷,是足部肌肉和韧带的力量薄弱,不能维持正常的足弓姿势引起的。足弓富有弹性，能使足部各肌群均匀地负担体重，还能使肌体在活动时减少震荡，感到轻快省力。所以足弓塌陷形成平足后，走路时容易疲劳，走路多时感到脚痛，不能多走路，也不能长时间站立和搬扛重物，运动时小腿肌肉和膝腰部难以适应，甚至下肢血液循环发生障碍，出现足部肿胀，小腿前面胫肌痉挛。

平足多发生于青少年和儿童。是不是平足，可以自己检查一下，方法是两足沾水，在地上踩个足印，看看足印内侧中间有无凹陷。要是没有明显的凹陷，就是平足。

造成平足的常见原因有：先天性肌肉和韧带发育不良；经常站立和负重过久，足肌过度疲劳，肌力减退；过分肥胖，足弓不能维持正常；缺乏锻炼，足弓力量不足。有人曾对一些平足学生进行全身体格检查，发现他们的平足大多属于非病理性的，主要是足部肌肉、韧带力量弱造成的，而且平足程度大多数是轻度的。所以青少年及儿童的平足，只要能及早采取措施，是可以矫正或者减轻的。

矫正平足，目前医学上除了采用矫形鞋治疗外，尚无良好方法，主要还得靠加强体育健身锻炼。通过适当的锻炼，增强足部肌肉和韧带的力量和弹性，消除过度负重和长久站立的疲劳，消耗掉多余的脂肪而减轻体重。适合青少年矫正平足的锻炼方法有以下几种。

(1)足尖走，足跟走，足底外缘着地走，各 1～2min。

(2)两腿前伸，用力勾足尖和绷足尖，并且尽量使足外翻或者内翻，停留 20s。

(3)足尖向内或向外绕环，做 20 次。

(4)足背弓起，放下，做 20 次。

(5)屈曲足趾，伸直，连续做数次，然后再做用足趾夹起小球、沙袋等小东西的练习。

(6)两足心合抱一小皮球，前后左右揉动，做 20s。

(7)足踏一圆木棍在地上滚动，做 1～2min。

(8)站立，足前掌用力顶地，足跟提起，放下，连做 10～20 次。

(9)下蹲，足尖着地，足跟抬起，做短跑起跑的预备动作，到足部稍感疲劳为止。

(10)踮足尖跳绳，连续跳 2min。

以上这些体操练习，每天早晚各做一遍，每次 10min 左右。轻度平足，连续 3 个月见效。少年儿童矫正快些，青年慢些，只要每天紧持做，至少可以减轻症状，防止平足发展。

游泳时多练蛙泳，也是锻炼足部肌肉的好方法。多参加跳高、跳远、跳绳以及踮足走的舞蹈动作，对轻度平足也有一定的矫治作用。

第三节 青年男性身高过矮的运动促进攻略

身材修长，形体优美，是每一个时尚青年梦寐以求的愿望。然而，并不是每个人都能从自然的恩赐中获得天生的美貌和健美的身躯，即便幸运获得，但随着年龄的增长，也会逐渐消失和衰落。更有人因遗传或遭遇某种生活或者生理上的突变等，而造成身体的某部畸形甚至缺陷也是常有的事。如何弥补或矫正那些可塑性尚存的身体畸形或缺陷呢？科学的修塑与矫正锻炼及保健措施具有极其重要的作用。例如，身高太矮的青少年，只要抓住增高训练的最佳时机，特别是掌握科学的增高方法，就可以达到"亡羊补牢"的效果，即便是有颈短、脊柱侧弯、背部畸形（驼背）、腿部畸形（"O"形腿和"X"形腿）和足部畸形的成年男性，通过矫正训练也可能达到增高矫形的作用。

一、影响青少年长高的因素和长高的一般规律

（一）影响长高的因素

现代医学研究证明，人体身高有75％取决于父母的遗传因素。遗传学的奠基人孟德尔的第一遗传定律告诉我们如果父母都是高个或矮个时，则子女都是高个或矮个，如果父母一高一矮，第一子代也都是高个，但到第二子代时，就会有高有矮，高与矮之比为3∶1，这就是著名的遗传分离律。遗传中父母的几率大于祖父母、外祖父母的一倍。偶然两个矮个子的父母可能生出一个高个的孩子。

先天遗传因素决定着人的生长发育模式，但并不是固定不变的，其生长的潜力，很大程度上还要受后天因素的影响，也就是说至少有25％取决于后天因素，如营养、运动、生活习惯、地理环境和精神状态等，都会影响到生长发育。不过要强调指出的是，这种影响最终体现在身体长高上的效果是很缓慢的，但绝对不能因此而忽略后天因素，其中，体育锻炼是主要的刺激因素。

而日本川畑爱义教授采用电脑分析京都1～3年级所有中学生身高增长率的主要原因后得出的结论是：影响身高最大的是营养，占31％；其次是遗传占33％；再次是运动，占20％；另外是环境，占16％。根据以上分析，可以看到影响身高的先天遗传因素仅占33％，而后天作用和努力则占67％。他在这里指出的运动是各种形式的运动和日常生活中的劳动活动。所谓营养是指食物中的蛋白质、脂肪和碳水化合物，另外还包括钙、钾、磷、铁等矿物质和各种维生素类；所谓环境则包括日光、大气自然环境和文化等意识形态的社会环境。

（二）身体长高的一般规律

婴儿刚出生到出生后的6个月内是第一生长高峰，每月约增长2.5cm；6～12

个月每月约长 1.2cm；到 2 岁时可再长 10cm 左右；以后每年递增 4～7.5cm。

男孩 11～14 岁（青春期）增长最快，即身体长高的速度出现第二次高峰，大约可增长 20～25cm。一般来说，到了青春发育后期，即性成熟期，男子 20～24 岁时，一旦骨骺部位闭合、骨化，长高的速度就会下降直到慢慢停止。而男孩的脊椎增长也是跳跃式的，14～18 岁增长较快。骺软骨完全骨化前是人生发育的重要阶段，在这个时期锻炼效果最好。

二、增高训练的最佳时机和要素

运动增高是为了弥补青少年身高不足而采取的专门性的身体锻炼。锻炼者必须掌握增高训练的四大要素。一是最佳时期（即青春发育期），男性一般到 25～26 岁就很难再增高了。二是了解增高原理，骨的生长主要靠软骨的增长，通过科学适量的运动可促使骺软骨细胞不断增殖、肥大，并与钙盐沉淀，使骨逐渐加长。故运动很重要。三是季节与月份，一般一年中春夏两季长得较快，而五月又是一年中增长最快的月份。四是掌握科学增高的方法等，这样才能达到"亡羊补牢"的作用。此外，还要做到保证足够合理的营养；增加户外活动时间；加强运动健身锻炼；保持合理充足的睡眠，促进生长激素的分泌；遵循适量、渐进、系统科学的训练原则，注意全面训练与专门训练的结合，要做到情绪饱满的生活、学习与训练。

三、科学增高的基本原理与攻略

如前所述，人的生长由多种因素构成，涉及体内、体外诸多方面。国内外专家一致认为，增高应采取综合性措施，主要包括科学适度的锻炼、合理必要的营养、良好而有规律的生活方式，乐观向上的精神状态和抓住增高潜力的有利时机等。只有这样，才能达到增长身高的目的。

（一）增长身高的科学原理

1. 体育锻炼对增高的作用机理

（1）促使生长激素分泌量增加：适量的锻炼可以调节神经和内分泌的功能，刺激脑垂体分泌生长激素，增加血液中雄性激素的浓度。

（2）能增加骺软骨的增殖能力：适量的锻炼可以增加对骨端骺软骨板的刺激，长骨两端的骨骺软骨就会经常受到挤压和摩擦，加速骨细胞的增殖，从而促进骨骼的增长。

（3）能获得更多的维生素 D 和"空气维生素"：适量的户外增高锻炼除可以加快自身血液循环，使新陈代谢旺盛，改善肌肉和骨骼系统的营养外，还可使人体获得更多的维生素 D 和"空气维生素"。紫外线能使人体皮肤中的一种叫做"麦角固醇"的物质变成维生素 D，维生素 D 进入血液，能促使胃肠对钙、磷等物质的吸收，给骨细胞的生长提供更多的制骨原料。自然环境里锻炼阴离子数倍于室内。阴离子是维持人体细胞正常生长功能必不可少的“元素”，科学家们称它为“空气维生素”。人体内阴离子数增多，既有助于少儿增高，又有助于提高有机体的机能和健康水平。

2. 促进身体长高的运动

根据对骨结构和生长规律的作用，动力性练习大体可分为以下三类运动。

(1)下肢运动。如跑步、弹跳(如原地单足或双足跳、行进间单足和双足跳、跨步跳、纵跳、立定跳远、立定多级跳远、跳绳、跳橡皮筋、蛙跳、跳远、支撑跳跃、跳跃障碍、跳高及伸手摸高)、上下楼梯、爬山、踢毽子、滑冰、滑雪等。通过这类运动，增强下肢承受重力和其他方向压力的作用，使骺软骨在运动中不断受到挤压和摩擦的刺激，强化骨细胞不断地加快分裂、吸收、骨化，加速骨骼长粗、伸长。

(2)伸展运动。如徒手操、韵律操、健(身)美操、自由体操、单杠(悬垂、引体)、双臂屈伸、屈臂伸摆浪、悬垂摆动、摆腿、压腿、踢腿、骗腿、劈腿、“桥”及游泳等。通过这类运动使关节充分伸展、肌肉、韧带拉长并增强其柔韧性。如单杠引体向上可以拉伸脊柱，促进脊椎骨的生长，游泳可以使全身各部分得到舒展和锻炼，均有利于长高。

(3)全身性运动。如各种球类运动(篮球、乒乓球、羽毛球、排球等)、蛙泳、滑冰、滑雪、划船、舞蹈、活动性游戏等。全身运动能使血液循环加快，新陈代谢旺盛，生长素分泌增多，使食欲与睡眠良好，增强体质。

据日本学者川畑爱义的观察，采用力量大、较激烈地运动适宜横向发展，亦即适宜增加体重，增加胸围，其能量代谢率在 7～15 之间。增加身高的运动远比促进身体横向发育的运动复杂，它包含着技巧问题，其运动激烈程度比前者低，其持续时间较长，能量代谢率在 2～5 范围内为最佳。

3. 增高锻炼注意要点

(1)增高体育锻炼应是适宜的全面锻炼。要根据锻炼者的年龄、性别、身体状况和环境条件，安排适量的运动。

(2)锻炼内容要多做些悬吊、跳跃、伸展性、灵敏性和柔韧性运动项目，少做负重性练习。并应尽量避免那些过于紧张、持续时间长、憋气的耐力性和静力性的练习。注意运动的整体性，不要单一过分地做局部拉伸动作。

(3)要循序渐进，凡涉及力量的练习，要注意用力适度，不可操之过急，避免拉伤、扭伤肌肉韧带。须知身体长高，不管做哪项运动都不可能“一蹴而就”，否则欲速则不达。因此，贵在坚持、持之以恒，才能功到自然成。

(4)要有长高的强烈愿望，并要有信心和坚强的毅力。愿望是坚持锻炼的动力，信心和毅力是达到目的的保证。

(5)要对增高运动怀着兴趣去做，没有兴趣便会使效果减半。要严肃认真地做好每一个动作，切实完成锻炼计划，才能达到预期的效果。不管在生理上或心理上，能让人感到真正快乐的运动才是一种自然的、动作优美的运动。

(6)创造长高的环境条件。家长如能多为孩子创造适合生长素分泌的环境——多睡眠、多运动、多食含有丰富蛋白质的食物，儿童自然会发育得更好。

(二)增长身高的营养措施

苏联人民保健大学校长医学博士阿纳托利・帕科科经过长时间研究认为，应在全面锻炼身体的基础上做到保证全面完善的营养，要有足够量的蛋白质、脂肪和碳水化合物。

营养是骨骼发育的物质基础。与骨骼发育关系最密切的营养素是蛋白质、钙、磷、某些维生素(A、C、D)及微量元素。

第一，按年龄和生长发育的需要，要保证充足的热能供应。例如我国规定13～19岁女青年所需热能为10 463～11 301kJ(2 500～2 700kcal)。

第二，在热量分配中，要保证完全蛋白质的供给量。通常将营养价值较高的蛋白质称为完全蛋白质，如瘦肉、禽蛋、乳类、鱼鸡肉，对大脑的发育起着重要作用。因此，日常饮食中蛋白质应占15%～25%，脂肪占15%，碳水化合物占60%左右。

第三，保证营养素的供应，营养学家主张青少年每日膳食中起码要有250～500g蔬菜、100g植物蛋白(如豆制品)、100g动物蛋白(如肉、蛋、鱼等)及250～500g粮食。7～12岁时期尤其要保证供给骨骼生长的必需营养素。

(三)增长身高的生活方式

生长方式影响着人们的健康状态，因而也影响着人的生长发育过程。要建立文明、健康、科学的生活方式，这就要对劳动、学习、娱乐、休息等进行合理的安排。

(1)生活有规律。人的生长素分泌是有规律的，如脑垂体生长素的分泌是在睡熟后1h开始上升的，如不定时进餐、就寝，就会打乱体内的生理规律，影响生长激素的正常分泌。入睡的延迟会导致生长激素释放的延迟。必须戒烟酒。

(2)睡眠充足，休息放松好。必须始终在规定的钟点内就寝，一般学龄前儿童(4～7岁)每天应睡11h；小学生应在晚上8点入睡，睡足10h；中学生应在9点入睡，睡足9h；大学生10点钟入睡，睡足8h。最好睡硬床，枕头不超过5cm高，以利于身体的伸展。

(3)保持正确的坐、立、行、睡的姿势。一般人每天的坐、卧时间约占一天总时间的一半以上。因此，正确的坐姿和睡姿对脊柱的正常发育有很大的影响。川畑教授认为最佳的睡眠姿势是仰卧，两脚分开10°～20°，两手自然放于体侧，但应以自然或个人习惯为主，一种姿势不宜持久。当然还应注意桌椅的高矮比例和纠正异常步态。

(4)多进行户外活动和日光浴。户外活动对儿童少年的生长发育非常重要。一是可呼吸新鲜空气，二是日光中的紫外线能使皮肤里的麦角胆固醇和去氢胆固醇转变成维生素 D,促进钙、磷的吸收,加速骨骼生长。

所谓日光浴,并非单指直接接受日光照射而言。日光经过大气之后成为分散光,但散光中仍然包含着许多紫外线。因此,即使是树荫下或建筑物的阴影中,仍然可以吸收紫外线。在酷暑或盛夏时,长期受太阳光的照射是很危险的。正因为如此,在开始进行日光浴时,应以背光为宜,戴上眼镜,避免阳光伤眼。每次照射以5～20min 为宜,或者日光浴的时间以不使皮肤发生日光皮炎的程度为宜。

此外,城市环境也可以让人们从感观上获得较多的刺激,进而刺激脑垂体,使生长激素分泌增加,并普遍引起生长发育长期的加速趋势。种族间通婚(父母亲的血缘关系间隔越远,则所生的子女个子就越高大)和医疗保健水平的提高,对青少年长高也有一定的影响。

还有保持良好的精神状态和不嗜烟酒也有益于身体长高。譬如,终日争吵的家庭中,孩子缺少欢乐,家长经常训斥甚至打骂孩子,尤其在吃饭时孩子心情苦闷、忧郁,变得沉默寡言、饮食减少,久而久之就会造成消化吸收功能减弱,营养不良,内分泌失调,导致生长发育不良。

四、促进青少年长高的运动处方范式

(1)慢跑 5～7min。

(2)柔韧和放松练习。劈腿、摆动、抖动,18～20min。

(3)单杠悬垂。尽量放松身体,两组不带负荷(每组 20s),一组带 5～10kg 负荷(重物系在腿上),持续 30s。

(4)头朝下悬垂(双脚用皮带固定)。两组不带负荷(每组 20s),一组带 5～10kg 负荷,持续 15s。

(5)纵跳、摸高(树枝、篮球板、天花板等)。双腿跳、单腿跳各两组,每组 10 次,组间间歇 5～8s,换腿时间间歇 4～5min。要全力起跳,尽量跳得高些。

(6)登 20～30m 高的小山,尽量加快速度,然后疾步跑下,重复 3～4 次。

(7)伸拉躯干。请同伴帮助,一人抓住你的手腕,一人抓住脚腕,两人同时向相反方向轻轻拉伸你的躯干,连续 2～3 次,每次 15～20s。

以上内容每天早晚各进行一次练习。此外,还应经常游泳、打篮球、排球和进行各种活动练习。最主要是跳跃运动,每天应尽全力跳 200 次,训练要多样化,球类、跳跃运动和要骑自行车、溜冰、滑雪等结合起来。训练要循序渐进,不可操之过急。练习后要休息好,尤其要保证睡眠充足,饮食多样化。

五、青少年身高不达标的运动与营养干预处方

对于处在生长发育期的儿童少年来说,身高是生长发育最有代表性的指标。儿童少年的身高受遗传因素的制约,但是科学的运动和合理的营养也是促进身高

增长的重要因素。

1. 运动干预处方

科学运动能刺激骨骺的软骨分化为骨骼，从而使骨骼不断变长。

(1)运动类型。

跑、跳、蹲等运动(田径或球类)：可刺激长骨骨骺，促进骨骺部分血液循环加速，有助于骨骼的增长。

柔韧性练习：可使胸椎、腰椎等部位充分舒展，对于身高的增长也会有一定的作用。

(2)运动强度、时间和频率。运动时心率控制在个人最大心率的60%～80%，每次运动20～60min，每周运动3～5次。

(3)注意事项。避免过多的负荷较大的负重运动，例如，举重(指过重)等运动项目。因为这种运动，可以导致骨骺软骨受到损伤，骨骺过早闭合，使骨骼停止生长。

2. 营养干预处方

合理营养可以提供原料，促进成骨细胞分化，使得骨骼生长速度加快。

(1)膳食改进。膳食方面主要是增加蛋白质和钙的摄入量，因为蛋白质和钙是骨骼生长的主要原料。在一日三餐中多吃“优质蛋白质”，即瘦肉、禽肉、鸡蛋、牛奶、鱼虾类、豆类和豆制品等。

牛奶是首选食品。它含有大量的优质乳蛋白，几乎百分之百能被身体吸收和利用。牛奶中还含有大量能促进骨骼生长的钙，因此能够提供骨骼生长的所有主要原料。青少年每天应摄入1 000～1 200mL的钙，500mL的牛奶中含钙500mL，几乎能满足日需要量的一半。贫困地区的青少年，可以喝豆奶或豆浆，也可以多吃一些豆制品。这样既节约了开支，又补充了优质蛋白质和钙。

(2)运动营养食品的补充。乳清蛋白：乳清蛋白是最优质的蛋白质来源，每天补充25g左右即可。补充时间放在运动后半小时内或者睡觉前较适宜。

钙制剂和维生素D：保证钙的摄入量，并促进钙的吸收。

重点提示：保证青少年的睡眠时间。人体生长激素水平是决定身高增长的重要因素，而生长激素主要是在睡眠当中产生。所以晚上就寝不应过晚，中午最好有午休。

六、简易增高锻炼处方

此法方便易行，随时可做，可加强刺激，促使身体更快的长高。

(1)每天早上起床时，多伸几个长长的懒腰，充分舒展四肢。

(2)每天早晨坚持步行或慢跑15min，宜前脚掌先着地，步幅大些。

(3)早晚纵跳、摸高各50次。

(4)仰卧在垫上或床上，足绑 3～5kg 的重物，屈腿抬起前踢。两足交替进行，每足踢 20 次，每天坚持 1～2 次。

(5)双腿屈膝，脚尖钩着一根杠，做后仰、收腹动作，每回 30 次。

(6)运动前，自上而下按摩各个大关节；运动后，除做放松运动外，自下而上按摩各大关节。

七、形意拔高训练处方

(1)提踵拔身。立姿，两臂经体侧上举，掌心相对，停顿 2～3s，意想头有外力将身躯向上轻拔，脚跟同时随意念向上抬起。

(2)屈体拔脊。立姿，左腿横跨一大步，两臂经体侧上举。然后带动上体前屈约 90°，两臂向正前方伸展，停顿 2～3s，意想头前方有外力拔脊。

(3)侧向伸展拔臂。立姿、左腿横跨半步与肩同宽，两手同时带动身躯两侧伸展摆动。当摆向左侧时，右脚跟提起。这时意想侧上方有外力拔臂，摆向右侧时，左脚跟提起，意想同上。

(4)扶物拔腿。立姿，右手侧向扶物体，右腿做前后放松摆动。摆动时，意想足部悬有重物。当前摆时，支撑腿的髋关节和足跟应随势向上提起。

在做这套操时，宜心静体松，神舒身展，动作缓慢，形断意不断。呼吸要柔和深长，意念拔动时吸气，身体下沉时呼气。时间最好安排在早晨，宜在 30min 内做完全部动作。

主要参考文献

蔡宇之.减肥长块长高.[M].北京:人民体育出版社,2002.
丹顿.减肥与体重控制[M].范志红,译.北京:中国轻工业出版社,2005.
丹纳.艺术哲学[M].张伟,译.北京:北京出版社,2004.
方彰林,姜世正.人体美学[M].北京:北京出版社,2000.
古桥.健美理论与实践[M].北京:人民体育出版社,2000.
国家体育总局职业技能鉴定指导中心.健身教练[M].北京:高等教育出版社,2009.
何其霞.运动处方理论与实践[M].北京:人民体育出版社,2008.
黑格尔.美学[M].朱光潜,译.北京:商务印书馆,1979.
康比特运动营养研究所.运动·营养[M].北京:北京科学技术出版社,2005.
李京诚.锻炼心理学[M].北京:高等教育出版社,2009.
李仁惠,秦惠基,梅旭辉.帮你正确选择食物[M].武汉:华中科技大学出版社,2008.
李相如,张先松,相建华,等.健身教练[M].北京:高等教育出版社,2011.
刘胜,张先松,贾鹏.健身原理与方法[M].武汉:中国地质大学出版社,2010.
纳米.上班族轻松锻炼身体要诀.北京:人民军医出版社,2004.
沈勋章.全民健身处方大全[M].上海:上海科学技术文献出版社,2002.
施洛斯伯格,内伯伦特.健身[M].黄志斌,译.北京:机械工业出版社,2008.
田里,张盛海,张先松,等.健身私人教练理论与实践[M].北京:北京体育大学出版社,2004.
田麦久,等.运动训练学[M].北京:人民体育出版社,2000.
王丽君.上班族立体健身处方[M].武汉:湖北人民出版社,2014.
小林信次.体育美学[M].孔祥安,译.北京:人民体育出版社,1998.
薛建国.亚健康食疗小方[M].南京:江苏科学技术出版社,2007.
杨静宜,徐峻华.运动处方 DIY 减肥[M].北京:北京体育大学出版社,2004.
杨则宜.生命在于运动和营养[M].北京:北京体育大学出版社,2006.
裔程洪.健美减肥健身[M].北京:北京体育大学出版社, 2002.
于康.写给上班族的营养书[M].北京:文化艺术出版社,2010.
张钧,张蕴琨.运动营养学[M].北京:高等教育出版社,2006.
张先松,等.少年健美大全[M].长春:辽宁少儿出版社,1991.
张先松.现代健美大全[M].武汉:湖北科学技术出版社,1992.
张先松.人体增高的科学[M].武汉:湖北科学技术出版社,1996.
张先松.健身健美指南[M].武汉:湖北人民出版社,1998.
张先松.实用长寿全书[M].武汉:湖北人民出版社,1999.
张先松.健身健美运动[M].北京:高等教育出版社,2005.

张先松.健身健美运动[M].武汉:华中科技大学出版社,2009.

张先松.人体美的表现与塑造[M].武汉:中国地质大学出版社,2010.

张先松.女性立体健身处方[M].武汉:中国地质大学出版社,2011.

张先松.强身健美立体健身处方[M].武汉:中国地质大学出版社,2011.

张先松.青少年儿童立体健身处方[M].武汉:中国地质大学出版社,2011.

张先松.体形体态矫正立体健身处方[M].武汉:中国地质大学出版社,2011.

张先松.中老年立体健身处方[M].武汉:中国地质大学出版社,2011.

赵文清,等.亚健康预防与干预[M].北京:科学普及出版社,2009.

中国营养学会.中国居民膳食指南(2011版)[M].拉萨:西藏人民出版社,2010.

周力生.形象设计美学[M].北京:化学工业出版社,2009.

周琴璐.科学健身[M].北京:化学工业出版社,2007.

朱光潜.西方美学史[M].北京:人民文学出版社,1963.

Agrawal S. Normal vital signs in children: Heart rate, respirations, temperature, and blood pressure[J]. Complex Child E-Magazine, 2008.

Kliegman R M, Behrman R E, Jenson H B, et al. Nelson Textbook of Pediatrics(18th ed.)[M]. Saunders Elsevier, 2007.